财经系列经典教材

Melanie K.Smith

文化旅游 第3版

Issues in Cultural Tourism Studies
Third Edition

[匈] 梅勒妮·K.史密斯 ◉ 著

徐瑾 曾尼 李红 张琳娜 ◉ 译

刘兴威 ◉ 校

Routledge
Taylor & Francis Group

东北财经大学出版社
Dongbei University of Finance & Economics Press ｜ 大连

辽宁省版权局著作权合同登记号：图字 06-2018-281 号

Issues in Cultural Tourism Studies by Melanie K. Smith
ISBN：978-7-5654-4137-0
Copyright ⓒ by 2016 Routledge
Authorized translation from English language edition published by Routledge，part of Taylor & Francis Group LLC；All Rights Reserved.
本书原版由 Taylor & Francis 出版集团旗下 Routledge 出版公司出版，并经其授权翻译出版。版权所有，侵权必究。

Dongbei University of Finance & Economic Press is authorized to publish and distribute exclusively the Chinese（Simplified Characters）language edition. This edition is authorized for sale throughout Mainland of China. No part of the publication may be reproduced or distributed by any means，or stored in a database or retrieval system，without the prior written permission of the publisher.
本书中文简体翻译版授权由东北财经大学出版社独家出版并仅限在中国大陆地区销售，未经出版者书面许可，不得以任何方式复制或发行本书的任何部分。

Copies of this book sold without a Taylor & Francis sticker on the cover are unauthorized and illegal.
本书贴有 Taylor & Francis 公司防伪标签，无标签者不得销售。

图书在版编目（CIP）数据

文化旅游：第 3 版／（匈）梅勒妮·K. 史密斯著（Melaniek K. Smith）著；徐谨等译. —大连：东北财经大学出版社，2021.3
（财经系列经典教材）
ISBN 978-7-5654-4137-0

Ⅰ. 文… Ⅱ. ①梅… ②徐… Ⅲ. 旅游文化-教材 Ⅳ. F590-05

中国版本图书馆 CIP 数据核字（2021）第 033349 号

东北财经大学出版社出版发行
　　大连市黑石礁尖山街 217 号　邮政编码　116025
　　网　　址：http：// www.dufep.cn
　　读者信箱：dufep @ dufe.edu.cn
大连图腾彩色印刷有限公司印刷

幅面尺寸：200mm×270mm　字数：328 千字　印张：15
2021 年 3 月第 1 版　　　　2021 年 3 月第 1 次印刷
责任编辑：李　季　刘慧美　　责任校对：刘东威　王　玲
　　　　　　　　　　　　　　　　　　　石建华　吉　扬
封面设计：原　皓　　　　　　版式设计：原　皓
定价：56.00 元

教学支持　售后服务　联系电话：（0411）84710309
版权所有　侵权必究　举报电话：（0411）84710523
如有印装质量问题，请联系营销部：（0411）84710711

我也将此书献给我三个可爱的儿子——Làszló，Levi 和 Ferdi。

序

在我写《文化旅游》第三版的时候，文化旅游已经成为旅游业的一个重要组成部分。如今，很多的书籍、文章、报刊、研究项目和会议都以文化旅游为主题。在世界上的许多地方，文化旅游已经成为一种大众旅游形式。这种旅游形式不仅在许多有历史遗迹的地区是普遍的，也影响了一些像巴塞罗那这样的大城市，当地居民正在被这种取得巨大"成功"的文化和创意旅游所累，他们也想知道自己是否能应对这种现象。文化旅游的管理难度越来越大，因此，本书有一章专门讨论旅游的可持续管理。

近年来，"创意"和"体验"成为旅游和其他行业的流行语。因此，本书中的全部章节都会介绍这种创新型和体验式的旅游形式。此外，众所周知，创新型和体验式方法正在被整合到文化旅游的许多领域，包括产品开发、遗迹解说、服务创造和营销。

本书的前两版有一章是关于偏远乡村地区的土著人，对城市中的少数族裔群体关注较少。然而，近年来我的工作越来越关注城市中的民族文化旅游（Diekmann 和 Smith，2015），考虑到城市旅游日益普遍，将这一主题纳入一个章节是有趣且合适的。

在我写《文化旅游》第一版时，我还是单身，没有孩子，住在伦敦，是一个充满激情的文化游客，也是艺术和遗迹的狂热消费者。在写第二版时，我和小儿子住在布达佩斯，我更喜欢学习关于匈牙利文化和语言的知识。在写第三版时，我仍住在布达佩斯，带着两个年幼的儿子，很少有时间去欣赏艺术、遗迹和享受文化之旅，除非旅途中有对孩子有益的元素！另外，儿童一般不会厌烦体验新鲜的文化，他们对不同的人和地方充满好奇，从小就对历史和遗产有着惊人的接受能力。和我们所有人一样，他们特别喜欢艺术和节日。年幼的孩子很像第一次到访的文化游客：兴奋、好奇、投入。通过观察孩子，我学会了用新的眼光看世界。在本书中，我试图将这种新方法引入文化旅游研究，希望给读者——即使是那些经验丰富的文化游客——带来一些新的和意想不到的感受！

Melanie K. Smith
布达佩斯城市大学
布达佩斯，2015 年 4 月

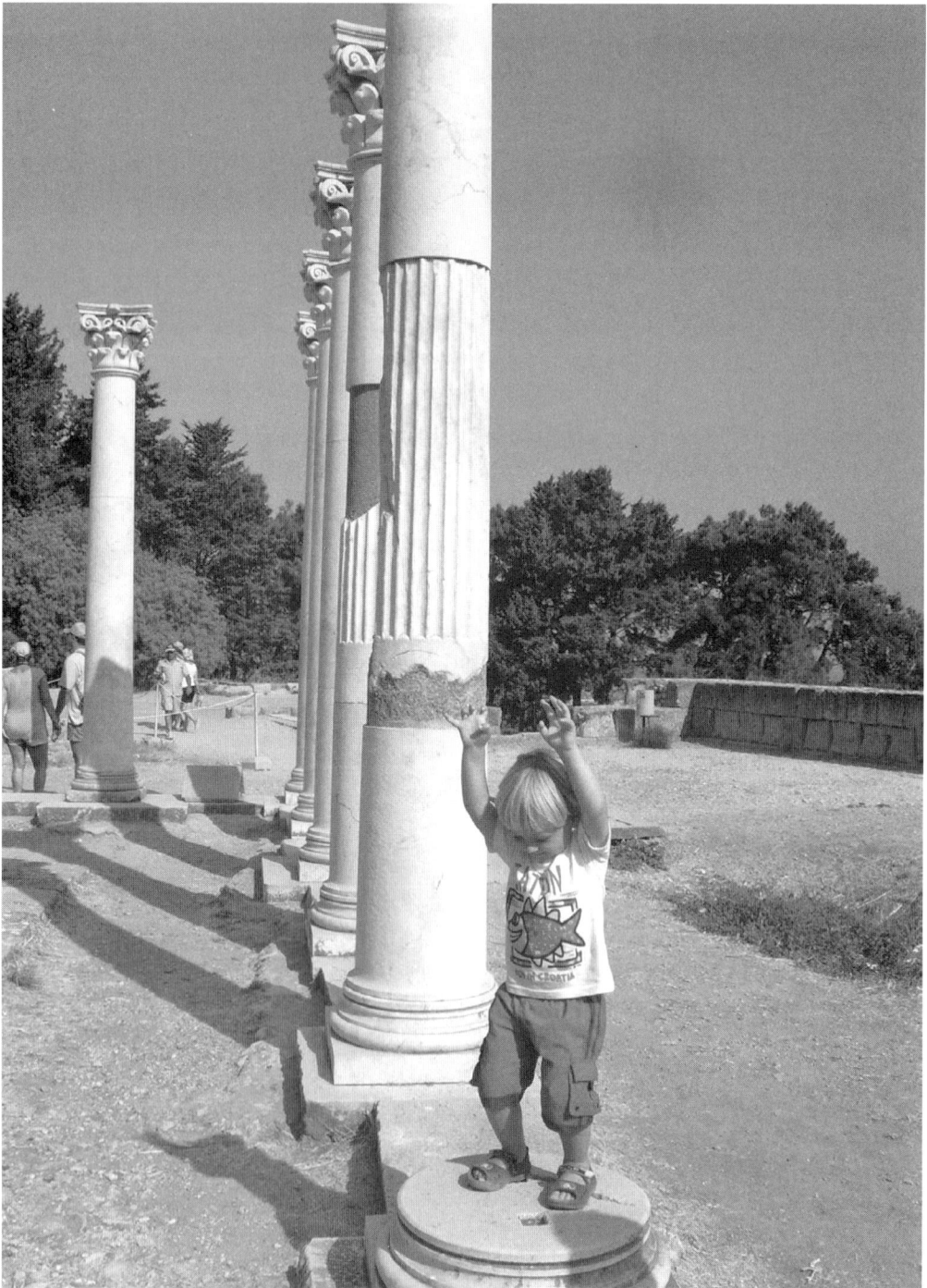

图 P-1　从孩提时就开始欣赏文化遗产

（资料来源：Làszló Puczkó）

致 谢

我想感谢 Routledge，尤其要感谢 Pippa 在我写作中给予我的帮助。

感谢你们赋予了我源源不断的写作灵感，尤其是 Greg Richard 和 Sue Millar，你们给了我在文化旅游领域的第一个职业机会，并鼓励我写了第一本书。

感谢所有为我提供照片的朋友们，尤其是我的家人。

前　言

"文化如同信仰和政治，无处不在。"

（Adair，1982）

文化无处不在，在本书第二版出版数年后，似乎文化旅游也是如此！文化旅游过去被狭隘地认为主要侧重于有选择的艺术和遗产。很多文献曾讨论过这种旅游是否过于精英化和后现代主义，并试图为其贴上"高雅文化"或"庸俗文化"、"文化资本"的标签。很多形式的日常生活逐渐渗入文化旅游的定义，如购物、足球、及各种形式的美食和美酒。正如 Smith 和 Richards（2013）所说："我们再一次面对这样一种处境，即我们可以正当地问一句，是否'所有的旅游都是具有文化意义的'？"最引人注目的一个趋势是，整个文化旅游市场呈现碎片化趋势。随着文化旅游的发展，诸如美食旅游、建筑旅游、音乐旅游和电影旅游等小众产品应运而生。随之出现的还有许多关注文化旅游细分领域的出版物，这些细分领域包括艺术旅游（Hughes，2000）、文化遗产旅游（Timothy，2011）、遗产旅游（Park，2013）、世界文化遗产（Leask 和 Fyall，2006）、文学旅游（Robinson 和 Anderson，2004）、电影旅游（Beeton，2005）、节日旅游（Picard 和 Robinson，2006）、土著文化旅游（Butler 和 Hinch，1996，2007），以及创意旅游（Richards，2011）。近年来，文化旅游成为全球旅游发展最快和最重要的部分（OECD，2009）。

任何关于文化旅游的探讨都离不开对文化的定义。文化既有全球性的意义，也有地方性的意义，同时深具历史性或当代性，因此定义文化这一任务的难度是不言而喻的。文化的呈现形式可以是物质的、有形的或无形的；可以是政治性及象征性的，或是日常生活的实践。在文化旅游发展过程中，直接或间接参与其中的众多利益相关者对其也有不同的表述。

Williams（1958）认为文化是一种整体生活方式并兼具艺术性与学习性，这一观点至今仍然适用。他认为文化是特定个体或社会群体的具有独特标志体系的整体生活方式，这种体系包括所有形式的社会活动，以及艺术或智力活动。如此综合的定义涵盖了个人与集体文化的发展，表达了遗产和传统的重要性，以及当代文化和生活方式。文化不仅仅是艺术和少数人的审美判断——这些少数人受过教育，懂得欣赏某些文化活动，也关系到市民的生活与爱好。Greetz（1973）等人类学家在定义文化时强调它的整体性特点，他们认为文化是人类创造的整个世界，包括物质文化、人造景观、社会机构和知识与意义。这也意味着文化关系到历史与传统（如历史与遗产）、创意表达（如艺术作品与表演），以及人们的生活方式、风俗与习惯。许多游客开始对世界上不同民族的文化感到好奇，正如同他们对历史遗址、遗迹、博物馆和画廊感兴趣一样。

尽管旅游界对文化定义具有一定的共识，但文化的内涵是否要扩大到日常生活的所有方面仍有待讨论。Eagleton（2000）表示，"我们很容易得出这样的结论：'文化'一词的内涵既太过广泛，又太过狭隘，因而不够实用"。在这个后现代的全球化世界里，文化可以被合理地定义为几乎任何与人类生活和生活方式有关的活动，因此要界定文化的内涵范畴确实有难度。Eagleton 质疑与生活方式和文化偏好相关的文化定义过于无所不含，"足球文化""咖啡馆文化""博物馆文化"都是这种观念下的产物。然而，将有关文化定义的讨论仅仅局限于艺术和文化遗产又过于狭隘，这种讨论可以说是精英主义的，代表和服务于少数人。正如 Butcher（2001）所说：

> 对生活在贫穷国家的人民来说，文化通常更接近其原始意义，即照料农作物与牲畜，这是一种由生活在全球经济偏远地区所决定的生活方式，而非一种文化生活方式的选择。

图 Ⅰ-1　非洲桑布鲁族

（资料来源：Georgina Smith）

事实上，世界上很少有土著和部落民族围坐在一起讨论文化的意义。相反，他们的生活就是文化。这种文化代代相传，深深扎根于他们的日常生活中。

文化是人们的日常生活，也是当地人民表达观点的方式，这一观点很少受到重视。因此，文化发展往往不能很好地融入当地，当地居民也无法全面参与相关的文化活动。由于文化交融于日常生活中，要对其辨识或定义确实困难重重。毕竟，它不像一件艺术品或一场展览那样被明确地表达出来，而是蕴含许多难以捉摸的因素，如个人对历史渊源的认同感、对社区或身份的认同感、对某些习俗、传统或活动的认同感。对来自少数种族群体或文化的人而言，这甚至是一种"小众"的感受。因此，我们需要向居住在当地的个人或群体提出问题，让他们表达自己的文化，而不是使用标准化的定义（用共同活动、归属感、喜好等指标可能比用文化一词更恰当）。实际上，大多数决策者与执行者可能没有意识到文化的无形形式，如当地人赋予景观或一些活动的意义等。因此，发展文化旅游时，考虑利益相关者对文化的不同表达相当重要，即便这些人使用相同的语言，但是通常以不同的方式表达自我。表 Ⅰ-1 为文化认知与表达的各种可能形式。

表 Ⅰ-1 描述了不同文化的定义和表现形式。"理论/政治"一栏的内容是学术界或决策者常用的词汇，"社会/美学"一栏的内容是艺术工作者或当地社区工作者最常用的词汇，"日常生活"一栏的内容是一般大众词汇，代表比较个性化的观点。文化工作者和社区工作者似乎比较熟悉日常生活与大众语言，并倾向于关注文化的生活体验；而市民比较关心个人和集体的文化意识，以及表达这种文化的日常行为。然而，那些在正规文化领域（如艺术、遗产）以外工作的人或在当地社区工作的人不太可能清楚地了解这些不同的表达方式，许多政治家和旅游从业者就属于这一类人。

表 I–1　　　　　　　　　　　　关于文化的不同观点

文化是……

理论/政治：	社会/美学：	日常生活：
文化是一种工具	文化是一种活动	文化是一种生活方式
文化具有教育性	文化是美的	文化与我的家庭相关
文化具有体验性	文化提升地区的美感	文化是我的交友圈
文化具有治疗性	文化提升地区的活力	文化是我的住处
文化具有启发性	文化是轻松愉悦的	文化是我的国籍
文化具有超越性	文化是有趣的、令人兴奋的	文化是我的宗教
文化是守恒的	文化改变日常生活	文化是我的语言
文化创造新的融合契机	文化意味不同人群的融合	文化是我的肤色
文化是一种多样性的表达	文化使地区变得特别	文化是我的饮食
文化加强身份认同	文化使地区与众不同	文化是我的穿着
文化赋予空间生命力	文化意味着更多游客到访	文化是我的音乐喜好
文化创造地方感与特色感	文化意味着体验新事物	文化是我的阅读喜好
文化创造独特点	文化改善人们生活	文化是我的购物去处
文化提升形象		文化是我的日常生活
文化促进再生		文化是我周六夜晚的去处
		文化是我带着家人一日游的去处

　　上述概括并不能公正地说明观点的多样性，因为即使在一个部门内也存在差异，更不用说部门之间的冲突了。例如，遗产、艺术、博物馆或旅游工作者对文化的认知往往不同，这会给各方相当大的挫败感。文物管理者可能视文化是需要保护与保存的珍贵资源；艺术经理认为文化能启发、丰富参与者与观察者的人生；博物馆策展人将文化定位为需要专家用心研究的藏品，而非一种公众兴趣的来源；但旅游经理可能会把文化看作一种资源，应该让尽可能多的人接触到它，并且应该让它具有趣味性和娱乐性。这些不同认识使得冲突难以避免，但沟通和妥协也是必要的。

　　文化界和旅游界内部和彼此间仍存在冲突，但许多争论已通过某些方式解决，政府也通过放宽政策和加大补贴来鼓励其合作。这意味着尽管遗产、艺术、博物馆或旅游的语言与重点不同，但人们已经认识到共同工作的互利性。此外，体验文化旅游发展的变化也代表多数文化场所已接受"寓教于乐"（edutainment）的必要性（尽管在一些情况下也有例外）。新媒体和新技术的竞争太激烈，因此，更具创意和体验性的产品对于文化景点至关重要。尽管这有时与大众认为的传统文化核心功能相悖，但这是文化旅游本身发展的趋势。

文化的政治层面

本书对文化旅游的政治层面给予了部分关注，其论点主要来源于文化研究、文化政治学，以及旅游、遗产及博物馆研究。文化理论家 Raymond Williams 的著作是这本书中有关文化定义和观点的重要基础，他对文化及文化发展兼容并蓄的民主观点，特别适用于视文化为兼具民主性与多元性的概念。他特别关注阶级制度的社会和政治影响，支持大众文化。他的工作旨在使文化政策民主化，挑战艺术委员的精英主义认知，以及过去在文化政策制定中注重所谓"高级"或"精英"文化的倾向。文化研究的政策观不仅局限于艺术与公共治理，也与日常政治、权谋和赋权相关。文化的内涵已越来越政治化，尤其是当它被定义为一个民族或社会的生活方式时。Sarup（1996）认为："文化并非如传统主义者所讲的那样僵化，而是会伴随不同文化的互动及经济、政治与社会因素的影响，变成一种持续抗衡的过程。"高雅文化与平民文化的壁垒正逐渐瓦解，而通俗文化或大众文化越来越受到重视。类似的情况也体现在文化遗产与博物馆领域，在这些领域中，代表性是个关键问题，以前被边缘化的群体的历史也得到了承认。放弃"宏大叙事"意味着工人阶级、女性、少数民族的声音得到了倾听。史实比美学的接受度更高，使工人阶级的社会历史和工业遗产与政治历史或皇室的资产阶级遗产一样重要。"包容性"、"可达性"与"民主性"成为新兴热门概念，其意义对定义未来的格局相当重要，不仅关系到文化发展，也与由此衍生的政治、社会冲突相关。

在 18 世纪和 19 世纪，文化被定义为与自然相对立的一系列社会、政治、伦理、宗教、哲学和技术价值。Hegel 等思想家与哲学家认为，接近自然原始状态的文化形式比那些富有人文主义的形式更低级。许多重要思想家也相信，民族国家是一个民族文化或民族精神的真正载体（Gomez，2001）。

作为"文化与文明"传统的一部分，Matthew Arnold 等 19 世纪的文化理论家强调文化的社会与教育意义，他们声称"文化试图废除阶级并让世界达到最理想的美好境界"（1875）。Arnold 认为文化带来启蒙或"教化"，可以超越阶级、性别、种族、宗教及民族等社会藩篱。有趣的是，Arnold 用"Culture"（单数、首字母大写）而不是"cultures"（复数、首字母小写）来指代文化，这意味着它在美学上是狭隘的，不是多元的或多样的文化概念。如今，他的理论被认为具有"欧洲中心论"与精英主义的本质，特别是他曾批评通俗文化缺乏美学价值（Jordan 和 Weedon，1995）。

不过近年来，文化思辨持续演进，部分归功于后现代理论的发展——把文化从过去的"宏大叙事"中解放出来。一些后现代理论倾向于以一种更具有参与性和民主性的方式来发展文化，包括打破文化与社会、艺术与生活、高雅文化与通俗文化之间的障碍。人们已经认识到，在文化的体制和实践中有必要进行民主性和多元化的参与。近年来，文化理论家倾向于接受多元文化概念，承认不同文化的多样性和杂糅性。例如，Hannerz（1990）认为所有人都置身于多种"文化"中，而且文化一词是经过不同本土文化的日益交融及多元文化的发散发展而形成，没有明确固定于任何领域，因此，广义的文化概念蕴含了许多亚文化。不过，Lechner 和 Boli（2005）在他们有关世界文化的著作中指出，"客观"文化远胜于"主观"文化，这意味单一的"世界文化观"仍然普遍存在并处于主导地位，部分原因在于昔日的帝国主义与如今的美国化。

文化旅游研究的理论框架

本书的目的是在旅游研究的背景下提供关于文化发展的关键问题的概述和分析。文化旅游学是一门综合性学科，因此有必要对许多相关问题和当代社会、政治及伦理问题进行深入分析。本书无法囊括这个领域内的所有内容，也无法包含所有涉及文化发展的复杂理论，但是本书能够引发思辨，并为更深入的探讨与研究抛砖引玉。书中内容综合了许多不同领域的重要观念，并鼓励在文化旅游研究中采用跨学科的方法。这些理论讨论已经在世界不同地区背景下得到了应用。

文化旅游的跨学科研究方式有助于人们理解现象的复杂性，历史学、地理学、社会学、经济学、人类学、城市研究等在旅游研究中的应用越来越普遍。然而，Smith 和 Richards（2013）认为文化旅游学在某种程度上更像探讨而不是学科。文化旅游研究需要涉猎文化研究、文化政治学、社区研究、遗产研究、博物馆学等领域。Hollinshead 和 Ivanova（2013）甚至建议采取后学科（post-disciplinarity）的方式对文化旅游进行探讨。有鉴于此，本书广泛运用了不同学科的理论。希望更深入地探讨任何特定理论问题的读者应该利用一些辅助数据源，它们可能提供更丰富的信息来源。换言之，本书中的理论为讨论相关问题提供了一个概念框架，而不是以讲解理论为目的。正如 Milner（1994）所言："正因为文化涉及太多的社会问题，文化已经成为一个理论性课题。"

文化旅游在（后）现代世界中处于复杂、变化的地位。Wallerstein（1997）持有如下观点：现代世界的运行进入充满不确定性和混乱的危机状态，但创造力却欣欣向荣。本书部分内容所强调的创意产业和创意旅游逐渐受到关注。正文中反复出现的其他主题，如全球化，是任何一本关于旅游业的书籍不可避免的主题，因为旅游已经成为典型的全球产业。流动性的增加促进了旅行人数的增长，但也促进了移民和永久/临时移民劳动力的增长。Hannam 和 Roy（2013）认为这些人员的流动性"促使旅游成为我们社会文化生活的中心，而非处于边缘地位"。这些人员流动使社会文化结构产生剧烈变化，从而促进文化形式的融合发展，但是也引发了移民或散居群体的身份认同问题。帝国主义和殖民化的历史进程塑造了遗产的复杂、多层次的本质，许多原住民备受压迫与边缘化，甚至在一些去殖民化国家中，帝国主义的遗毒在多年后仍然存在。换言之，弱势文化代表性不足的问题仍然存在争议，本书第 7 章具体讨论了种族文化和团体。

Castro-Gomez（2001）对如下概念进行区分：传统理论将文化自然化，并聚焦于美学与和谐等概念；批判理论则强调文化的社会政治层面或冲突层面，认为文化的含义是具有争议的，并将文化置于政治经济的背景下。这些背景包括帝国主义、欧洲中心主义和现在的"美国化"，它们影响了世界许多地区的历史和政治经济。由此衍生出的是后殖民主义问题，它是多元文化主义和身份认同的分析框架（Hall 和 Tucker，2004）。此外，他也深入探讨了全球化进程的社会经济与地理政治的意义，特别是文化商品化和旅游业带来的影响。这些主题中包含了广泛复杂且常常是凶险的权力平衡，它们控制着社会、经济和文化的发展。

身份认同和再现是文化研究中不断出现的主题，19 世纪 80 年代中期以来，种族和民族问题越来越受重视，相关争论从未平息，这些争论的核心是后现代政治、权力和意识形态理论，这些理论质疑霸权主义、欧洲中心主义和种族中心主义对"他人"文化的表现方式。除了 Hall 外，Gilroy、Mercer、West 和 Said 等理论家也关注种族问题，挑战人们对国家身份的认知。Hall 在书中提出了"代表性政治"，并声称有必要加强自我认同的主张，以消除刻板印象、打击虚假陈述。Mercer 叙述了非洲、亚洲和加勒比地区的移民，以及混合身份的出现。此外，Hall 也注意到离散性和多重身份认同，认为认同的形成由国家主义转向种族性。其他后殖民理论学家，如 Bhabha、Spivak 和 Sarup 等也提出过类似问题。Bhabha 有关种族融合（hybridisation，两种文化既保留了各自的特点，又通过一种融合形成了新的东西）的著作特别值得关注。Spivak 以女性主义的视角讨论了后殖民时代的身份构建和代表性，她对"知识暴力"的分析聚焦于"边缘化"的概念，认为前者主宰了历史、帝国主义和殖民的相关讨论。除了对后殖民研究的批判，Sarup 关于种族、民族和"国民性"关系的著作也引人入胜。

Edward Said 的著作考察了东方与西方的关系，以及欧洲文化的霸权属性，在旅游和文化研究方面具有非常大的影响力。Bhabha 主张这种有权和无权之间的二元对立说法过于简单，没有留下多少谈判或对抗的空间。因此，他对 Said 的著作的批评值得一读，他认为殖民者和被殖民者之间的权力关系存在某种程度的矛盾，他们的身份有时会被忽略。

不过，土著屈服于殖民统治的事实毋庸置疑。1914 年以前，欧洲控制全球 85% 的区域，以宗主国的方式统治遥远的领地。欧洲人相信自己有责任和义务去征服这些在其看来野蛮、原始又未开化的土著，其同化或灭绝政策对当地传统、生活方式和文化实践具有毁灭性影响。Sarup（1996）注意到这对土著身份认同的影响：

> 帝国主义是一种地理意义上的暴力行为，通过它，世界上几乎每一个地方都被探索、绘制，并最终被控制。在外来者掠夺土地后，当地人的殖民奴役史就此开始，此后，他们必须寻求并设法重拾地理意义上的身份认同。

由于欧洲在科技、社会观念和文化上处于领先地位，欧洲中心主义曾经是构建世界历史地理观的主要原则。根据 Dirlik（1999）的观点，欧洲中心论体现在：

> 任何优等的事物都源自这个独一无二的起源——欧洲，地理性的分隔造成了同质化的西方国家和异域化的东方国家；换而言之，欧洲处于中心，世界的其他区域处于边缘。

Dirlik（1999）认为对欧洲中心主义的任何批判，都应考虑全球化和后殖民主义的当代问题，本书反复提到这两个主题。当然，欧洲中心主义是历史上覆盖全球的唯一一种中心主义，它在空间和时间上重新定位了整个社会和社区，并改变了它们的历史、社会和文化轨迹。Mowitt（2001）认为多元文化主义正在有效地取代欧洲中心主义，成为人文研究的核心。

Reisinger（2013）认为"人们过度强调西半球和西方或者美国文化塑造世界其他地方的文化，这个世界并非文化上同质化的极权主义世界，而是由不同文化的力量组成"。当然，美国历史并非始于白人移民者的到来，但它通常被定义为由白人发现并定居的故事。在构建或确认美国身份的过程中，土著、非裔和西班牙裔移民的观点应获得同等重视。然而坚持白人至上，并同化、灭绝或贬低原生或移民文化，一直是欧美共同的特点。

Sardar 和 Davies（2002）视美国为超级强权，具有毁灭当地文化的潜力。这个观点也呼应了 Ritzer（1993）的观点，他们认为：

　　因为只有一个强权，只有一种法律和秩序的来源，所以没有任何竞争者。在这样的自然秩序中，谈论帝国和美式帝国主义是毫无意义的。这样的言论和分析确实危险又过时。这些帝国需要使殖民地国家那些不情愿的民众臣服于它们，帝国主义需要一个有影响力的大城市，从而能够占据市场，并将自身规则强加于他国。

（Sardar 和 Davies，2002）

　　此外，不应简单地认为美国是一个同质化的国家，因此，Sardar 和 Davies（2002）试图区分美国的政治和经济实体，以及土著居民和少数族裔移民的文化多样性。不过，尽管美国公民生活在所谓的民主体制内，但是公民本身对政府的全球决策的政治影响力相对较小（当然这不是只有美国才如此）。

　　许多理论家形容旅游是一种新帝国主义，认为这对国家身份认同构建产生了相似的作用，正如 Lanfant（1995）所说，"国际组织常将旅游，特别是文化旅游视为一种教育工具，可以催生新的身份认同，响应目前正在形成的新的多元民族或多元国家结构"。她质疑国家身份认同的形成在多大程度上受到意识形态的推动。旅游业经常被描述为帝国主义或霸权主义的力量，身份已经成为一种产品，可以像其他产品一样被制造、包装和销售。然而，Lanfant（1995）认为，将旅游业简单地描述为一种新的帝国主义形式可能过于简单化，他说：

　　　　旅游机制并非一股难以撼动的整体力量，因此认为帝国主义霸权可以永久地假装成新殖民主义这个想法是毫无意义的。这个机制是一种代理人网络，可能引发各种难以定义的动机，而这些动机通常实际上相互矛盾。

　　Sarup（1996）用"自我"与"他人"及"身份认同"来把旅游（至少是到欠发达地区的旅游）概念化：

　　　　旅游象征着将西方的眼光强加于人。旅行也成为一种越来越流行的"发现身份"的方式。

　　这一主张的哲学基础可能来源于存在主义对"自我"与"他人"的理论——我们的自我意识在一定程度上由他人定义。Said 在殖民和后殖民研究里，进一步阐述了这个概念，Hall 也在他有关的种族文化政治的著作中探索相关理念。"异己"或"他人化"确实已上升为文化政治和文化研究学科的核心，以至于影响到文化旅游研究（见 Hollinshead、MacCannell、Nash、Selwyn 等人的著作）。当地社会的优势团体和边缘团体受到游客的"凝视"（Urry，1990），这种现象一般被简化成不真实的刻板印象，在这种"凝视"下相关文化也会被化石化、浪漫化。正如 Kirschenblatt-Gimblett（1998）所言，旅游目的地和居民会因此变成一个博物馆或主题乐园：

　　　　旅游通常把观众带到目的地，由于相关代表性地点成为旅游景点，整个地区变成一个扩大版的民族主题乐园。无论出于何种目的，街区、村庄或地区等都会变成一个活的博物馆。

　　当地社会如果没有强烈的自我身份认同，很可能屈服于商业化的诱惑，而忽视自己的传统。尽管相关社区不应失去经济发展的机会，我们应注意确保当地居民能在获得充分信息的情况下，作出对自身命运的抉择。当然，旅游业发展的性质和范围将部分取决于当地现有的自然和文化资源。Butcher（2001）认为：

> 文化的多棱镜所折射出的东道主的社会面貌，不可避免地会影响到其发展的前景和类型。以功能和差异来定义文化会把文化转化成对那些渴求经济发展的社会的一种紧箍咒，文化会因此物化，成为一种固化的浪漫景象，而无关东道主的创意主体性。文化可能成为遗产的一部分，一种过去时，保存给游客欣赏，而不是在社会变化下形成或再造。

文化当然是动态的而非静止不变的，因此文化僵化可以说是对当地传统不断发展的歪曲（在第6章将详细讨论）。然而，西方对遗产的着迷常将当地文化简化成一种没有生机的状态。遗产当然是一个充满问题与争议的概念，特别是在解释和再现层面上，第5章将对此有所讨论。

在一定程度上，这些争论可以说是文化政治的核心，文化旅游研究对种族和民族重要性的探索一直不够深入，许多研究都倾向关注后殖民、发展中国家，视旅游为一种新帝国主义，而主客关系需要谨慎维护。在土著文化遗产成为旅游商品的一部分国家（如澳大利亚和新西兰）中，大部分文化旅游研究侧重于研究当地人，第6章将对此有所讨论。在后帝国主义国家中，文化旅游研究聚焦于国家和区域文化的重要性，而不是少数民族文化。然而，Diekmann和Smith（2015）及本书第7章将弥补这一缺失。

有鉴于此，本书整体上着眼于一些最不寻常、不协调或边缘化的文化旅游形式，毕竟现在有许多书籍都在探讨旅游与遗产管理，以及旅游对文化的冲击等现象，文化旅游政治学虽然在学术文献和研究上受到重视，但仍需要更多关注。新的文化旅游形式也正在出现（或至少正在重新包装），如创意和体验旅游。不管是执行更民主化的文化政策，还是发展更具创意和体验性的景点，业界人士需要愈加留意这些迅速变化的趋势。旅游存在争议，且没有任何策略足以适用于所有情况，文化旅游尤其复杂，因为每个旅游目的地都有自己独特的文化和传统，这是外人（无论是学者、从业人员或游客）难以完全理解的。文化旅游的乐趣之一是发现世界的丰富多样性，但这也是其主要挑战。

本书结构

第1章分析了近年来文化旅游的发展，包括相关定义的变化与扩展，并将文化旅游细分为不同部分，配合相关实际案例，以分析遗产、艺术、创意、城市、乡村、土著及体验文化旅游的关键问题。

第2章探讨了文化旅游的需求和动机，包括过去对文化游客的一些概述和细分。这一章回顾了文化游客的动机的悠久历史，并考察了当前旅游的创新和体验形式的趋势，以及为什么这些发展越来越吸引文化游客。

第3章侧重于文化旅游地理学，分析世界各地主要文化资源与景点的整体概况。尽管无法面面俱到，但尽可能呈现以文化旅游作为优先旅游发展策略的旅游目的地。越来越多的国家开始涉足文化旅游，以实现景点多元化，或作为自己的独特卖点。

第4章考察了文化旅游的政治层面，首先讨论了全球化和作为一种新的帝国主义形式的旅游业，其次分析了曾经有殖民地的国家（通常也是主要旅游消费国），再分析那些曾经被殖民过和占领过的国家，以及在后冲突时代中的新兴国家。另外，这一章也关注了那些有土著居民的国家，那些曾经经历过苦难或者黑暗历史的国家，以及那些旅游产业受到宗教冲突产生的负面影响的国家。

第 5 章探索了文化旅游发展及文化释义和文化呈现之间的关系，特别是在文化遗产与博物馆的层面上。这一章回顾历史与文化遗产的关系，包括如何正确描述一些历史问题，也深入思考了博物馆角色的转换，讨论博物馆在讲解和重现藏品和展品时，是否需要采用更具包容性的方法。历史上的冲突与黑暗的历史也会被讨论。

第 6 章讨论了旅游业的发展，包括参观土著部落或定居地，以及文化旅游对土著居民的冲击。此外，这一章还讨论了采取更多基于社区文化的旅游举措的必要性，概述了需要采取哪些措施来支持、鼓励土著人民，并赋予他们权力，使他们最终能够拥有和管理自己与旅游有关的企业。土著民族的文化表征也被讨论，因为在展览、明信片或旅游文学中，少数民族和部落群体被视作"异国他乡"的现象仍然很常见。

第 7 章考察了城市中少数族裔和少数民族文化旅游的发展，包括唐人街、小意大利和孟加拉镇等民族景观，以及城市中的犹太人居住区和同性恋区。这一章还概述了贫民窟旅游业和乡镇旅游业，包括管理这类旅游形式所固有的伦理和敏感性。当地居民的作用是这种旅游形式的核心，需要考虑所有权、占用和参与的问题，以及文化的阐释和表现的性质。

第 8 章谈到文化旅游、艺术和节日之间的关系，讨论这三者之间是如何从互不信任转变为相互理解，再发展为更大程度的合作的。这一章还涉及与一些艺术形式相关的可达性、民主化、包容性等敏感性政治问题；也涉及将这些艺术形式传递给更多的受众，从而促进这些不为人所知的艺术形式的发展，其中包括很多一直被忽视或者没有得到很好的资助的少数族裔的艺术创作；同时也关注具有包容性、参与性与社区性的节日、活动和狂欢节。

第 9 章考察了创意旅游的成长及其与文化旅游的关系和分歧，并广泛地探讨文化创意产业（CCLs）的发展。Richard 和 Raymond（2002）认为，创意旅游的重要性在于促进游客积极参与并发挥个人创意潜能，其中包括绘画、舞蹈、陶艺、音乐等活动。它可能包含与当地居民的直接互动或出席某一文化活动，也有可能发生在没有直接文化接触的地方。许多创意旅游形式也以创意产业的产品为核心（如建筑、时尚、设计、电影和媒体）。

第 10 章考察了"体验经济"的形成及其对文化旅游的影响。旅游显然越来越具有互动性与体验性。Pine 和 Gilmore（1999）在关于"体验经济"的论述中建议，产品、景点的发展和营销应有创新。Tyrell 和 Mai（2001）也强调需要采用更具创新性的发展途径，以满足那些具有高度个人主义、寻求体验胜过产品却"有钱无闲"的消费者。这一章也讨论了不同"新类型"的游客间的关系（如后现代游客、新休闲游客），以及如何为其量身定制文化旅游产品，以满足其需求和期望的方法。

第 11 章考察了可持续文化旅游及其在经济、文化和社会文化之间平衡的必要性，重点关注受旅游影响最显著的发展中国家与传统社会。旅游在经济上是国家或区域未来成长的最佳选项，但必须谨慎思考相关决策对社会、文化及环境可能带来的后果。这一章聚焦于文化旅游管理，从不同的环境、产品中识别出有效的做法，证明文化旅游通过适当的规划管理能够产生最大效益。

目 录 CONTENTS

插图目录

案例目录

第1章

全球文化旅游研究框架

"如今，文化旅游变得无所不在，在许多人眼里，它也是全能的。"

（Richards，2007）

1.1　引言

本章旨在为本书后续部分所提到的相关定义、内容及观点提供基础分析框架。尽管近年来文化旅游成为一个重要的研究领域，也成为许多学术出版物的主题（Smith，2003，2009；Raj 等，2013；Smith 和 Richards，2013；McKercher 和 Du Cros，2002；Du Cros 和 McKercher，2015），我们仍然需要一本综合性书籍，把其涉及的不同领域的主要理论和实际问题都汇集在一起。文化旅游是全球化现象，在世界不同地区有不同表现。本章将从文化对不同人群有着不同意义的概念谈起，阐述文化旅游本质的多样性有历史、地理、政治和社会等原因。此外，历史进程创造了不同的文化遗产，社会发展进程则创造了不同的价值体系，并非所有的政治体系都以相同的方式支持文化。

全球旅游业持续发展，文化旅游业似乎也在以同样的比例增长。许多人认为几乎所有的旅游行为都是有文化价值的（Smith 和 Robinson，2006；Richards，2007），尤其是当文化被定义为人类整体的生活状态时（Williams，1958）。然而，对这些增长的预期大多来自文化旅游概念范围的扩大，这一范围包括购物、运动和所有形式的当代活动和生活方式趋势。

1.2　文化旅游的定义

尽管人们为气候变化、油价上涨和全球恐怖主义等现象担忧，但还是有越来越多的人选择旅行。自 2003 年本书第一版出版以来，文化旅游持续增长，其重要性被许多国际组织如联合国教科文组织（UNESCO）和世界贸易组织（WTO）认可。然而，文化旅游的定义范围持续扩大，不断变化。

Richards（1996）曾在他为旅游休闲教育学会（ATLAS）所做的研究中提出文化旅游的两个定义：

• 技术上的定义：人们离开日常生活的居住地，访问特定的文化景点，如博物馆、文化遗址，或观看艺术表演和参加节日。

• 理论上的定义：人们离开日常生活的居住地，参与文化表演活动，期望从中得到新的信息和体验，以满足其文化需求。

然而，这些定义并没有将文化作为人类的生活方式来考虑。Richards（2001）后来提出的定义较为全面，他认为文化旅游的范围：

不仅包括过去的文化产品消费，也包括当代文化或一群人、一个地区的生活方式。因此，文化旅游可以被视为同时涵盖"遗产旅游"（与传统艺术作品相关）和"艺术旅游"（与当代文化产出相关）。

Richards 也指出文化旅游并不仅仅代表被动消费，如参观历史景点、博物馆收藏品和画作、剧场表演等，许多游客开始对涉及参与文化活动（如绘画、摄影、雕塑、舞蹈、烹饪）的创意旅游感兴趣。本书第9章将详细探讨创意旅游。

McKercher 和 Du Cros（2002）指出文化旅游有以下几种定义：

- 文化旅游作为一种特殊的旅游形式，既能吸引游客也能鼓励人们旅游。
- 从商业角度来看，文化旅游涉及各种旅游景点和休闲场所的开发和营销。
- 从动机角度来看，游客行为始于他们对文化活动的兴趣。
- 作为实验性活动，文化旅游中的文化是独特而密集的，游客在休闲的同时也在一定程度上获得知识。
- 从运营角度来看，游客参与了大量活动和体验（如遗产、艺术、节日、当地文化等）。

Du Cros 和 McKercher（2015）最近给出的有关文化旅游的定义为："文化旅游是依赖于当地的文化遗产资产并将其转化为可供游客消费的产品的旅游形式。"这一定义适用于文化遗产旅游和某些艺术形式，但不适用于人们的日常生活。遗产意味着一种文化属于过去，而今天吸引文化游客的许多社区的做法却不是这样的。Raj（2013）认为，定义文化旅游的困难在于其没有一个让全社会普遍接受的定义。

然而，为了本书的目的和随后的讨论，文化旅游将使用以下定义：

文化旅游是与社区的遗产、艺术和文化进行被动、主动和互动的接触，使游客获得教育、感受到创意和/或娱乐性的新体验。

这个定义反映文化旅游逐渐转变成具有主动性和互动性的形式，如创意或体验式的旅游（详见第9章及第10章）。它同时指出娱乐和教育可以并存，游客可以同时处在多元文化和多元社会中。

文化旅游经常被认为是一个成长型产业，是一个越来越多样化的旅游部门。因此，有必要考虑它的细分产品和市场。以下是比较全面的文化旅游类型：

- 遗产景区（如古文化遗址、完整城区、纪念碑、博物馆）
- 表演艺术场所（如剧场、演唱会场地、文化中心）
- 视觉艺术（如画廊、雕塑公园、摄影博物馆、建筑）
- 节日和特殊活动（如音乐节、体育赛事、嘉年华）
- 宗教现场（如教堂、庙宇、朝圣地）
- 乡村环境（如小村庄、农场、国家公园、生态博物馆）
- 土著部落和传统（如部落群体、少数民族、少数群体文化）
- 城市的民族聚集区（如唐人街、犹太人聚居区、南非的乡镇、巴西的贫民窟）
- 艺术和手工艺品（如瓷砖、陶器、绘画、雕塑）

- 语言（如学习或练习）
- 烹饪（如品酒、食品展示、烹饪课程）
- 产业和商业（如参访工厂、矿坑、酿酒厂）
- 现代流行文化（如流行音乐、购物、时尚、媒体、设计、科技）
- 创意活动（如绘画、摄影、舞蹈）

我们非常容易搞混遗产旅游、艺术旅游、民族旅游和土著旅游。然而，从多种角度来说，艺术和遗产具有密切关系，而且几乎不可能把二者分开。特别是对于土著居民来说，他们对于过去、现在和未来的概念不像西方社会那么清晰。许多艺术传统成为一个民族或一个地方的独特组成部分。这一点在一些手工制品和节日上体现得尤为明显。即使在一些古老的城市（如意大利的城市），区分文化遗迹和文化旅游中的艺术成分也是不容易的。由于历史建筑主导着艺术表演，所以歌剧在古老的露天剧场上演，节日和活动在古街道上举行。它们之间的边界是模糊的，区分它们并不总是可能的，或有用的。Du Cros 和 McKercher（2015）认为，把文化旅游分为不同成分弊大于利，这实际上掩盖了共同问题，且造成不必要的复杂性，还会产生与表演艺术、土著居民、建筑遗址等相关的管理问题。因为文化的定义过于宽泛，以至于我们无法讨论一般形式的文化管理。出于本书的目的，文化旅游因其多样性和复杂性被划分为若干子部门或类型（同时存在一些重叠）。这些旅游类型包括遗产旅游、艺术旅游、创意旅游和土著旅游。旅游所处的环境可以是城市，也可以是乡村；可以是自然的，也可以是人造的。这些领域都有涉及批判性研究和实践管理的具体问题。以下是文化旅游各领域的关键问题。

1.3　文化遗产旅游

文化遗产旅游主要是对过去的诠释和再现。因此，它是文化旅游的一个分支，可能成为政治和伦理的雷区。随着以前被边缘化的人群和少数民族群体得到承认，文化遗产已经变得越来越政治化。在后现代、全球化环境中，西方主导的以欧洲为中心的历史解释方式已经不再被接受。

历史研究通常在某种程度上总是脱节和扭曲的。对绝对真理的追求和对"现实"的描述最终是徒劳的，因为证据往往很难得到，对它们的解释往往是主观的和有偏见的。对过去所谓的"宏大叙事"（grand narratives），常常因为其父权主义和民族中心主义思想的偏见而遭到驳斥。相反，工人阶级、妇女、少数民族和土著群体的社会史逐渐成为学术界和公众关注的主题。多元历史的存在正日益受到人们的关注，尽管这本身是有问题的，因为边缘群体的历史往往存在更多的缺口。这可能是因为这些群体往往无法记录自己的历史或被剥夺了继承权，他们的遗产也被重建或摧毁。这种现象在少数民族和土著群体中尤其明显。

越来越多的人开始对这些历史感兴趣，这些地方也随之开放了很多景点和博物馆。尽管如此，少数民族和土著居民的博物馆策展人仍占少数，他们也有待于接受更多的教育和培训。大多数对于少数民族和土著群体的解读是由西方白人来做的，其中多数人并没有相关的知识，或对当地文化没有产生共鸣。

图 1-1 古希腊科林斯柱

（资料来源：Melvyn Smith）

旅游业有时会增强对少数民族的支持力度，因为它有助于提高少数民族在国际上的社会和政治地位。然而，对文化遗产的解读通常敏感且有争议。某些形式的文化遗产对于特定民族来说是不适宜的，如暴行遗产（战争、大屠杀、种族灭绝）。在对这些文化遗产进行解读和介绍的时候，我们必须小心翼翼，不能剥夺那些特定群体解读自身的文化遗产并呈现它们的权利。通常，针对这种特定民族发展旅游业也非常不合适。

文化遗产的全球化在世界文化遗产名录中有所体现。近几年，联合国教科文组织在选择遗产的标准上体现了更广泛的包容性，着重关注其历史和文化价值而非美学价值。这意味着有的文化遗产可能是当地的非物质文化遗产或者是工人们工作的场址。虽然世界文化遗产称号对于当地社会的帮助实际上非常有限，但是至少它能够带来资金，并促进当地旅游业发展，形成巨大的优势。

文化遗产管理近年来也面临一些问题，特别是在 20 世纪 90 年代可持续性发展理念提出之际。很多争论围绕文化遗产展开。如何在文物保护、游客管理和社会参与之间保持微妙的平衡就是争论问题之一。其他争论涉及如何协调融资和遗产，以及文化遗址及博物馆的商业化（如发展旅游业和零售业）对其核心功能的损害程度。人们也认识到非物质文化遗产的重要性。下面的案例 1.1 说明了全球文化遗产保护的必要性。

案例 1.1

文化景观：阿富汗巴米扬山谷

阿富汗位于古代丝绸之路的重要交汇点，自古就是各种文化的汇流处。它独特的文化遗产反映了阿契美尼德王朝、亚历山大帝国、佛教、印度教和伊斯兰教之间复杂的、原始的文化交融。

巴米扬山谷的文化景观和建筑遗址表现了13世纪巴克蒂阿里族的艺术和宗教发展，融合了多种文化的交互影响，并产生了佛教艺术中的犍陀罗文化。这个地区有多种佛教庙宇建筑和保护区，以及坚固的伊斯兰建筑。如世界文化遗产名录所示，它的入选有以下理由：

标准（一）：巴米扬山谷的佛教雕像和洞窟艺术在中亚地区是佛教艺术中犍陀罗文化的卓越代表。

标准（二）：巴米扬山谷作为丝绸之路上的重要佛教中心，其艺术和建筑遗址是对印度、希腊、罗马、萨珊王朝文化影响的交融的特殊见证，并且是促进犍陀罗文化独特艺术表演形式发展的基础。后期伊斯兰文化的影响也纳入其中。

标准（三）：巴米扬山谷是中亚地区已消失的文化传统的良好见证。

标准（四）：巴米扬山谷是展现佛教辉煌时代的卓越文化景观。

标准（五）：巴米扬山谷是在西方佛教发展进程中最具纪念性的代表，也一直是很多世纪以来重要的朝圣中心。

然而，因为它的代表性价值，纪念碑自建立以来多次遭到破坏。由于持续的武装冲突，大多数杰出文化遗产都遭到破坏，包括阿富汗塔利班极端组织在2001年3月破坏的两座闻名世界的佛教雕像。其后数月，剩余瓦砾和原始建筑残骸被整理售出。另外，Kabul博物馆中收藏的小型雕像也遭到破坏，其中包括许多出于安全保护考虑存放于信息文化部的雕像。

阿富汗政府向联合国教科文组织寻求国际上的协调与帮助，教科文组织主持成立了保护阿富汗文化遗产国际协调委员会。该委员会建议阿富汗政府针对近期和长期的遗产保护措施建立文化保护框架。这一行动的重点在于保护所有的阿富汗文化遗产，包括有形文化遗产和无形文化遗产，如博物馆、遗址、建筑景区、音乐、艺术、传统手工艺品等。联合国秘书长指出，"我们的挑战就是帮助阿富汗人保护他们自己"。

（UNESCO，2003）

1.4　艺术旅游

艺术旅游可能比文化遗产旅游发展得慢，这或许是因为人们传统上并不认为遗产和创意具有共同渊源。艺术界通常并不愿意承认旅游的价值，以及通过旅游发展扩大观众群体。人们经常会这么认为：如果艺术展的观众中大部分是游客，这些人可能缺少一些艺术的鉴赏能力，或者在某种程度上会损害演出的完整性和真实性。当然，这种担忧也有一定的道理，毕竟艺术界经常在经济上陷入困境，被迫调整节目以适应更多的主流观众。

也有人认为，艺术比遗产更具"全球性"，遗产往往具有地理上的特殊性和空间上的局限性（也许一些博物馆的藏品除外）。相反，艺术即舞蹈、音乐和视觉艺术都可以通过表演和展览的方式传递给人们。然而，也有许多人，尤其是城市居民，不用离开家乡就可以接触和体验到艺术，如芭蕾舞、歌剧、戏剧、音乐剧等。他们不需要为了欣赏艺术而专门访问其起源地。

可及性无疑是艺术表演的主要问题，特别是在西方社会，"文化资本"或"文化能力"的积累往往被认为是理解或欣赏艺术的必要条件。艺术规划方逐渐尝试扩大人们接触艺术的渠道，也努力拓展受众群体。另外，后殖民社会中逐渐增强的文化多样性和多元文化催生了新的、复合的艺术形态，其中大多数都需要更多的支持以提升它们的形象。

本书也提到旅游可以为新的潜在观众带来多样的艺术活动和表演，特别是对正在争取社会认可或其艺术需要资金支持的少数民族及其他少数群体。近年来，艺术面临诸多压力，需要适应并运用具有包容性和民主化的策展和融资方式，让更多的观众看到。旅游无疑创造了一种渠道，这能为新的艺术形式提供支持（财务和精神上），有助于扩大艺术的受众群体。在许多西方社会中，许多传统艺术被批评过于精英主义，但是这种发展也可能是被人接受的。

第8章特别关注了反映特定群体的文化、传统和生活方式的少数民族艺术形式。这包括讨论节日和狂欢节的发展，它们传统上是当地的庆祝活动，现在已经成为文化遗产的一部分。文化旅游的发展有助于这些活动的蓬勃发展，特别是它们很容易成为当地景点的"特色"。虽然这种旅游形式会牺牲一些这类活动的真实性并将其商业化，但是，由于其潜在的包容性和参与性的本质，它还是被视为一种积极的发展。马来西亚多文化艺术节见案例1.2。

案例 1.2

马来西亚多文化艺术节

大多数国家的文化都是多元化的，但很少有国家像马来西亚这样融合了三种亚洲最古老的文明。由于独特的地理位置，马来西亚融合了马来、中国和印度的地缘文化。此外，这里也有 Kadazns、Ibans、沙巴及沙捞越的土著文化，也包括英国、葡萄牙、荷兰的殖民文化。

马来西亚年度节日 Citrawana 通常每年7月于吉隆坡举办。这个壮观的活动汇集了全马来西亚的文化和遗产。节日由6 000个身穿马来西亚传统服饰的表演者演出的游行拉开序幕，包括所有形式的表演艺术、视觉艺术和手工艺术，吸纳了来自马来西亚13个州和首都吉隆坡的文化，也展现了最好的娱乐表演、艺术和食物。

这个节日有许多富有生命力的活动，许多马来西亚人也引以为荣，期待每年都能参与这个活动。另外，如果有一个特殊月份来专门庆祝节日，也有利于马来西亚吸引外国游客前来观光。活动在1999年首次举办，此后成为马来西亚主要的旅游活动，吸引成千上万来自世界各地的游客。对于游客来说，这是欣赏马来西亚文化的最好时机，歌曲、舞蹈和丰富多样的美食使人陶醉在每个民族的文化和独特的美学元素中。马来西亚的每个群体都有其独特性，马来人、华人、印度人等都有其独特的生活方式，包括传统、建筑和语言。

马来西亚是一个以文化和遗产为荣的国家。对不同文化的宽容、接纳和欣赏是马来西亚人固有的特点，他们的文化如此多元又如此独特，这一切都源于他们的精神——马来西亚人的精神，即和睦而多元的精神。即使有很多不同，他们仍然生活在和平与和谐之中。

（Singh，2006）

1.5　创意旅游

创意旅游是指有参与性和互动性的文化旅游活动，游客由此在个人或群体的基础上创造出新事物。围绕艺术和创意活动——如绘画、陶器、摄影或舞蹈——的节日逐渐增加。这些活动中有些是只有游客参与，远离当地社会群体；有些则是由宾主互动来完成。

Richards（2001）探讨了创意产业和创意旅游形式的发展。他将创意旅游定义为一种游客在创意过程中主动参与的旅游形态，包括许多需要主动参与的特定兴趣活动，如烹饪、绘画、摄影及手工艺品制作。日常生活中没有时间参与创意活动的人们逐渐开始在假期中参与这些活动。他认为在那些无法以文化或者遗址资源作为竞争力的景点（如去工业化的城市或乡村地区），创意旅游应该得到更好的发展。

从全球经济来看，创意旅游的重要性无疑越来越受关注。在这个高科技、媒体和传播导向的世界里，文化产品的发展模式也要改变。文化产业（如艺术、遗产和博物馆）正致力于利用新的互动科技和媒体提升自身产品表现。艺术家也逐渐开始使用摄影、影像和新媒体表达其艺术理念。在这个背景下，艺术和媒体、文化和商业，以及虚幻和现实之间的边界已逐渐消融。随着创意产业的兴盛和围绕创意而建立的体验式旅游的发展，一系列令人兴奋的新产品正在被开发。新西兰创意旅游见案例 1.3。

案例 1.3

新西兰创意旅游

"新西兰创意旅游"（Creative Tourism New Zealand，CTNZ）的成立是为了促进一系列的文化互动，让人们领略新西兰艺术和文化的精华。CTNZ 最初于 2003 年在尼尔森区（Nelson）成立，至今已发展成全国著名的组织。CTNZ 举办的研讨会反映了新西兰的传统价值观：艺术、毛利文化、品味和自然，研讨会的设计理念是提供有趣、非正式及手工操作的创意旅游活动。参会者与导师共同完成手工纪念品，从中学习新技巧，所以大多数研讨会适合家庭共同参与。

毛利文化研讨会主要由具有当地毛利背景的导师授课，让参与者从不同的角度了解毛利文化的美好。游客在这一过程中学习毛利传统，并了解毛利人对过去和现在生活价值的认知。

食品品尝研讨会包括酿酒、橄榄油制作、乳酪制作和烹饪课程（如烹饪海鲜）。

艺术研讨会非常多样，为游客提供参与制作骨刻纪念品、陶器、木工车床纪念品的机会，游客们也可以学习如何制作银饰和青石珠宝、手工锻造刀具、新西兰风格纸艺品、羊毛制品等，并探索熔化玻璃的新方法。

游客花一天时间享受自然风光和文化元素，用互动方式学习新西兰文化，也可以从新西兰花艺和动物中汲取灵感，并创作独特的绘画或旅行笔记。

（Creative Tourism New Zealand，2009）

1.6　城市文化旅游

城市文化旅游的发展，特别是在欧洲城市，已经成为一种大众现象，而且可以说对一些历史城镇的未来可持续性发展具有严重威胁。由于文化旅游传统上被视为一种细分旅游形式，小长假节日的增多推动它快速地，甚至是无法控制地扩张。有趣的是，西欧某些蓬勃发展的城市，如布拉格和克拉科夫已经成为文化游客的聚集地。许多历史城镇和遗产城市并不只是世界遗产地，也获得了欧洲文化之都的称号。虽然这为它们提供了额外的保护和资金，但同时因为地位的提升，它们也吸引了更多的游客。

图1-2 克拉科夫历史中心

（资料来源：Melvyn Smith）

然而，本书的重点不只是探讨在历史城市中如何平衡遗产保护和旅游管理，同时也侧重于探讨衰落的工业城市如何运用文化旅游振兴经济和提升城市形象（如格拉斯哥、鹿特丹）。虽然这些城市并不能和世界其他著名遗产城市竞争，但它们通常把自己定位成小长假的可选目的地，多数时候侧重于当代文化旅游产品（如流行文化、音乐、运动、购物、夜生活），这样的景点如今还是很有市场的。相对于传统文化游客来说，这样的景点可能吸引较多的主流游客，而且这些城镇也能使游客一览过去工业遗产的辉煌。

显然，多数文化城市可以为游客提供一系列文化遗产、艺术和当代文化景点，以及有创意和体验性的活动。像伦敦和纽约这样的"世界城市"，都是大城市并且文化多元，因此它们可以为游客提供世界的缩影，让游客直接感受世界各地的美食、音乐、时尚、舞蹈及运动的魅力。虽然在这本书中，全球化过程被视为一股带着不平等且有压迫感的力量，但是它也对文化形态的多样性和混合性有着正面影响。因此，文化消费者或文化游客可以获得更多的新型文化体验。这也代表传统的土著文化活动变得越来越国际化，或者一些全球性盛事可以通过科技、通信、媒体、旅行或游客传递给更广泛的当地观众。无论如何，世界范围内的跨文化交流可能从未如此具有包容性和参与性，特别是在当今的

"地球村"中。

1.7 乡村文化旅游

本书认为关注乡村和偏远地区的未来旅游发展变得越来越有必要。世界上许多在经济方面和社会方面被边缘化的群体都居住在这个区域,因此有必要探讨在多大程度上旅游业可以被视为一种积极的发展选择。第 6 章探讨了土著和部落群体的情况。在某些情况下,文化旅游对那些土著聚集地的文化渗透已经成为一种毁灭性和寄生性力量。然而,这在很大程度上取决于旅游业发展的性质和规模,也取决于当地环境的脆弱程度和当地居民对于旅游业发展的态度及看法。

在某些情况下,对于乡村来说,旅游带来的影响是积极的,或者可以说是促进当地发展的。许多社区非常热衷于发展旅游业,这样可以补偿或抵消传统产业的经济衰退,特别是农业的衰退。艺术和手工艺旅游、美食旅游、生态博物馆的发展,有助于经济多样化发展并为当地提供多样的收入来源。如前所述,在乡村地区发展创意旅游也值得注意。更多的游客开始选择参加这种有着"特殊兴趣点"的假期活动,如绘画、摄影、陶器制作或烹饪。这些活动多数在景色美丽的乡村地区举办(如托斯卡尼或普罗旺斯),或在有大众喜爱的食物的国家(如泰国或印度)举办。许多游客喜欢和家人待在农场里,以增强他们体验的真实性和质朴性。的确,农场旅游或农业旅游已经越来越流行,特别是在那些尝试将旅游产品多元化发展的国家,如希腊、意大利、西班牙和葡萄牙。传统上,这些国家过去主要发展海岸旅游,但它们也逐渐致力于发展其他形式的旅游,如乡村或文化旅游。在许多情况下,特别是在地中海岛屿上,乡村和小城镇提供这些旅游形式的结合体。这有时会在可持续性方面造成问题,因为这涉及将旅游业强加给可能不习惯甚至敌视这种发展的传统社区。斯洛伐克农业旅游见案例 1.4。

案例 1.4

斯洛伐克农业旅游

Otepka 和 Habani(2007)认为斯洛伐克拥有发展乡村旅游的极佳条件。1992 年,斯洛伐克为支持乡村旅游,成立了"农业旅游发展项目",建立了住宿、饭店和商场网络。1993 年,斯洛伐克乡村和农业旅游协会成立。斯洛伐克拥有高低不平的塔特拉斯山地、山洞和水域,温泉和矿泉,丰富的动植物,以及保存相对完好的历史建筑和传统工艺。那里还有广布的骑行小路。一些地区开发了葡萄酒探索之旅,为对当地历史、文化和风俗感兴趣的游客提供品尝当地美食和佳酿的机会。20% 的国际游客主要来自捷克、德国、波兰、匈牙利、奥地利、俄罗斯、美国、乌克兰、英国和法国(Otepka 和 Habani,2007)。

Dudutki(2015)也认为斯洛伐克的农业旅游发展迅速,旅游项目涉及山庄、马场、农村文化博物馆和矿工小镇,以及多样化的景观。有很多博物馆小镇已经被纳入世界文化遗产名录,它们讲述了在这种特有地区的农业特色故事。提供旅游服务的私人牧场的数量也在增加。斯洛伐克有 42% ~62% 的牧场参与农业旅游,即提供牧场旅游服务。

(Otepka 和 Habani,2007)

1.8 土著文化旅游

许多文化旅游带来的重要影响对处于偏远地区或脆弱的生态环境的人民来说感受更深刻。虽然之前我们认为文化旅游是小规模的，并且对于当地的环境和文化较敏锐，但文化旅游的影响程度仍与其他类型的旅游类似。因此，以往吸引少数游客的旅游类型（如生态旅游）如今成为主流。这也包括丛林探险、山区徒步或野外旅行，所有这些都涉及与当地或土著居民、部落群体的接触。显然，在这样的环境下，旅游业的影响可能是相当重大的。

图 1-3 挪威斯塔万格乡村遗址

（资料来源：Melvyn Smith）

第 6 章侧重于介绍土著和部落居民的现状，包括其社会经济情况和政治地位，这往往也代表了被边缘化或被压迫的民族的状况。许多国家的殖民遗产导致土著居民背井离乡，文化的支离破碎也迫使他们中断传统。这种现象往往会使那些背井离乡的人感到沮丧和失望。

除了土地所有权问题外，一些最重要的问题涉及对土著文化和遗产的解释与表达。如第 6 章所述，这可能会变得非常政治化，被边缘化的群体很难让别人听到他们的声音，更不用说为他们自己的项目或企业获得必要的资金。文化旅游可以帮助土著人民重建其社区并恢复对其文化和特性的自豪感。旅游者开始对土著人民的文化、传统和生活方式产生兴趣，这本身就是提升他们地位的一种手段。虽然文化旅游不是灵丹妙药，但对于那些有意愿发展旅游的社区来说仍然不失为一种积极的选择。

显然，有一些重要问题需要加以考虑。其中许多是关于以社区为基础的旅游现象，以及确定如何使当地社区有能力发展和管理自己的旅游事业。联合所有权项目可以提供临时解决办法，但最终仍要加强对土著居民的政治支持和经济支持，同时加大教育和培训投入力度，以加强土著部落管理旅游业的能力。另外，必须与土著居民探讨对于文化和遗产的解释，这些都是在和当地人的沟通中进行的，或者需要他们自己来做。这可能涉及对描述土著人民历史的博物馆的收藏品的解释，或需要保持其真实性的文化表演。某些地方设立文化中心为土著民族提供展示其自身文化价值的空间。萨米人旅游见案例 1.5。

案例 1.5

萨米人旅游

　　萨米人（Sámi）在大约 8 000 年前随着内陆冰川的融化，进入了拉普兰（Lapland）。他们的原居住地区从科拉半岛一直延伸到挪威北部、瑞典北部和芬兰北部。这个地区被称作拉普兰人的土地（Sápmi）。目前只有 10% 的拉普兰人靠饲养驯鹿为生。

　　近年来，土著旅游业逐渐发展。即使是居住于瑞典北部的萨米人也开始从事旅游业，这主要是因为驯鹿业的重组迫使他们必须从事其他产业。然而，旅游业的发展一直以来都是有些争议的。例如，芬兰旅游业在使用萨米文化象征物方面出现了问题。在芬兰 Rovaniemi 举办的一个萨米理事会会议上，北方土著民族通过了禁止不正当使用或擅自解释萨米象征物的决议。他们也希望芬兰政府对任何需要使用萨米象征物的旅游组织进行审核。

　　2008 年，在 Rovaniemi，来自芬兰、瑞典、挪威和俄罗斯的萨米青年发起了游行。游行人士表示，拉普兰的传统服装被拉普兰旅游导游、广告、游客及厂商不当利用。他们希望能建立一个沟通协调的平台，讨论该如何、何时、谁能够保有拉普兰服饰，并且希望停止拉普兰服饰仿制品的买卖。他们认为在信息不足的情况下，旅游会造成刻板印象进而降低萨米人的身份认同感。他们提到大多数萨米人并不愿意政府把他们的象征物用于旅游业，并根据联合国保护土著民族文化遗产的土著宣言提出声明。

　　"来萨米旅行"是萨米人创办的活动，旨在促进斯堪的纳维亚半岛北部的萨米旅游的可持续发展。这个行动也是对政府在促进当地旅游时过度营销萨米文化的回应，而由于当地旅游公司不多，萨米人通常得不到任何回报。该活动的宗旨在于通过旅游给当地社区带来收入。同时，相关旅游公司也要尊重萨米文化并保护萨米文化的整体性，这样游客也可以得到真实可信的旅游体验。

（Hauksson，2008）

1.9　民族文化旅游

　　民族旅游是文化旅游的一个分支。这个词有时涉及土著居民的文化，但在本书中，它涉及城市中少数民族（族裔）群体的文化。城市中的种族越来越多样化，在许多北美或西欧城市，少数民族群体可能占人口的三分之一以上。Diekmann 和 Smith（2015）对这一现象进行了更详细的分析，但本书的章节对管理民族文化旅游的许多主要问题及其固有的争议性和敏感性问题进行了总结。在极端贫困的地区，如印度的贫民窟、巴西的贫民窟或南非的乡镇，这可能尤其具有挑战性。这些地方通常不是游客可以自由、安全漫步的地方，他们通常需要一个导游陪同，而导游就成为某种程度上的文化"中间人"。在其他情况下，少数民族（族裔）居住区的吸引力在于它们提供的食物和娱乐项目的形式的独特性。例如，唐人街或印度人居住区就是如此。犹太人居住区对游客的吸引力也越来越大，特别是在中欧和东欧的城市（如克拉科夫、布达佩斯和布加勒斯特）。有些游客可能想参观大屠杀纪念馆，而其他人则对当代犹太文化的活力更感兴趣。对于许多景点来说，满足这些访客的不同需求和兴趣，并提供适宜的文化释义和呈现是具有挑战性的。关于文化挪用的问题也一直存在，特别是在一些非常贫穷的地区，以及在某种程度上权利被剥夺的地区（贫民窟）。布鲁塞尔马通奇民族文化旅游见案例 1.6。

案例 1.6
布鲁塞尔马通奇民族文化旅游

　　马通奇（Matonge）是比利时布鲁塞尔的一个区，在那里有许多非洲人开的商店和餐馆。在那里工作和生活的非洲人很多都来自比利时在非洲的殖民地，如刚果人，但也有其他非洲群体的移民。从 1990 年开始，为了呈现比利时这座城市的多样性和丰富性，这个地方开始发展旅游业。然而 2000 年初，马通奇当地的居民一直没有意识到他们的土地已然成为比利时旅游地图上的一块官方用地，他们中的许多人甚至在前三年都没有意识到这个改变！这也的确是因为当地旅游局从未和当地居民进行过讨论。由于游客对当地的兴趣越来越大，很多旅游团出现在这个地区（尽管早在 1980 年就已经出现了一些旅游团）。旅游项目包括徒步旅行两个小时。然而，这些旅游项目一般都是由本地非洲裔以外的旅游协会组织的。当地居民不喜欢这种观察他们生活的旅游项目，好像他们是动物园里的珍奇动物一样。随着游客数量的减少，以及一些商铺参与旅游服务，这种不满情绪才有所改善。一些旅游团一直在致力于促进主客关系的积极发展，例如，在景点中游客可以和当地居民、店主、文化协会及顾客交流；同时可以在商店、理发店、酒吧、饭店及一些舞蹈室、音乐室里组织一些活动。游客似乎十分享受这样的旅游体验，但是当地居民却十分不满意，他们认为游客们在他们地区的消费并没有很多，也不满意游客对他们食物及文化的不尊重，于是人们认为后殖民地区旅游形式的发展似乎太过于强制性了，这种旅游发展模式也对改善当地居民的生活影响甚微。

（Cloquet 和 Diekmann，2015）

1.10　体验式文化旅游

　　第 10 章着重于探讨体验式文化旅游的发展，这个名词是基于 Pine 和 Gilmore（1999）的体验经济概念而生成的。在很多方面，如本章前面提到的，如果将文化旅游定义为一种整体的生活方式，则很难确定其边界或参数。然而，对于文化遗产和艺术的准入、包容性和民主化的需求或多或少也扩大了文化旅游的边界，使其包含了所有的文化形式和文化活动。以往的观念认为"文化"只属于少数精英阶层，多元文化概念有助于区分不同观众，也增加了接触文化的渠道。大部分较统一的文化形式都是为大众所熟知和喜爱的，如足球和流行音乐。

在旅游概念中，我们必须意识到大多数游客现在想要参与更多的旅游活动，其中并不一定包括传统形式的遗产或艺术旅游。如今的旅游人数也比过去多，因此旅游业需要迎合更广泛的兴趣和口味。大多数游客在假期中寻求各种旅游体验，他们参与购物、创意活动，就像去参观世界遗产一样。这些发展对于非传统性景点是有益的（如工业城市或乡村地区），因为它们可以为游客提供新的旅游产品和范围更广的活动。

全球科技、媒体和通信技术的发展，不仅打破了雅俗文化之间的障碍，也打破了现实与虚构文化之间的障碍。许多旅游景点（如主题公园、休闲度假村和购物中心）构成了"游客泡沫"，使时间和空间停滞，让游客忘记真实的生活，为游客提供理想化的环境和体验。旅游就是在贩卖梦想，创造出幻想世界并延续神话传说。网络空间模拟技术的发展和电视旅游节目的普及，有助于将崭新的和潜在的旅游体验带到全世界人们的客厅中。这个现象显然激起了人们对于旅游的渴望，也使全球旅游业快速发展。迪拜乐园见案例 1.7。

案例 1.7
迪拜乐园

迪拜乐园（Dubailand）于 2003 年对外开放，是目前世界上发展势头最猛的休闲旅游和娱乐景点，有超过 30 亿平方英尺的世界级主题乐园，其中包括主题文化、运动、购物、休闲和娱乐设施。"一站式、多样化体验"较好地描述了这个乐园的特征。迪拜乐园包括：

- "世界村"的文化娱乐项目
- 摩托城摩托竞技活动
- 迪拜世界级体育赛事和体育学院
- 迪拜奥特莱斯购物城

迪拜乐园的预期发展目标包括促进在迪拜的国际友人、居民和游客的文化多样性，同时提供受国家和国际认可的景点，包括：

- 主题公园
- 文化和艺术景点
- 科学和天文馆
- 体育场馆
- 福利和健康场馆
- 购物场所
- 休闲区和酒店

尽管由于 2010 年的全球经济危机，迪拜乐园取消了一些项目，但是其每年仍然吸引 1 300 万名来自阿拉伯联合酋长国和其他国家的游客。

（Dubailand，2015）

Richards（2001）估计大概有四分之三访问欧洲文化景点的游客并不认为自己在进行文化旅游。因此，旅游经营者对此作出反应，开发了结合若干活动的旅游套餐，其中一些是文化活动，另一些纯粹是娱乐或放松活动。例如，Kuoni 提供到泰国的长途旅行套餐，游客可以在岛屿上的海滩停留、在曼谷购物和享受夜生活，并在清迈的山区徒步旅行。后一种活动特别受寻求与当地人进行真正接触的文化游客的欢迎，因为它通常包括寄宿或参观。

ATLAS（2007）的文化旅游研究显示，近70%访问欧洲的文化游客具有较高的文化水平，只有30%的人从事与文化相关的专业工作，只有17%的人参加的是全包式旅行团。然而，随着文化旅游的定义越来越广泛，这些情况也会随着时间变化。另外，我们必须仔细区分文化类、娱乐类或休闲类旅游，尤其是在确定研究范围或资料收集统计方面。如前所述，对于文化旅游类型的界定仍然有很大的空间。

虽然一般文化游客的概况和动机很难一概而论，但表1-1表明，文化游客的兴趣、期望和动机之间存在显著差异。第2章对文化游客的不同需求和动机进行了分析。

表 1-1　　　　　　　　　　　　　文化游客的类型与进行的活动

文化遗产旅游	• 参观城堡、宫殿、乡间别墅 • 参观古文化遗址 • 参观纪念碑 • 参观建筑 • 参观博物馆 • 参观宗教场所
艺术旅游	• 参观剧院 • 听音乐会 • 参观画廊 • 参加节日活动 • 参观文学场所
创意旅游	• 摄影 • 绘画 • 制作陶器 • 跳舞 • 烹饪 • 制作工艺品 • 创意产业（如影视、建筑、时尚、设计）
城市文化旅游	• 参观历史名城 • 参观再生的工业城市 • 参观艺术和遗产景点 • 购物 • 夜生活
乡村文化旅游	• 乡村旅游 • 农业或农场旅游 • 参观生态博物馆 • 参观文化景观 • 参观国家公园 • 参观酒庄

土著文化旅游	• 山地部落、沙漠、丛林、雨林徒步旅行 • 参观部落的村庄 • 参观文化中心 • 制作工艺品 • 参观文化表演 • 参加节日
民族文化旅游	• 参观"民族景观"（如孟加拉镇、小意大利、唐人街） • 参观犹太人居住区 • 参观贫民窟 • 参观乡镇
体验式文化旅游	• 参观主题公园 • 参观主题餐厅 • 逛购物中心 • 听流行音乐会 • 参观电影和电视剧的拍摄地点 • 现场观看体育赛事

1.11　结论

　　这一章指出文化旅游是动态变化和多元的。文化的意义很难界定，尤其是创意、体验、商业和科技间的界限越来越不清晰。因此，一位文化游客有可能为了获得一次难忘的体验去一个主题公园游玩，这是现代旅游的一个重要的组成部分。然而，这位文化游客可能转身就成为访问原始土著部落的背包客。显然，即使旅游规划者希望锁定特定部分，对旅游加以分类和贴上标签仍然是很难的。把文化旅游区分成那么多细分类型是有益的，也有助于产品开发和营销定位。然而，文化旅游研究不应过于僵化，而是应该接受并尊重其活力和多元性。第 2 章举例说明了游客如何应对挑战。

思考题

　　1. 你认为对文化旅游进行细分是否有益？你对进一步划分或次级分类有何建议？
　　2. 你认同艺术（特别是表演艺术）比文化遗产更加全球化的观点吗？
　　3. 你认为文化旅游在多大程度上仍具有教育功能而不仅仅是娱乐活动？

建议阅读书目

Du Cros, H. and McKercher, B. (2015) Cultural Tourism, London：Routledge.

Raj, R., Griffin, K. and Morpeth, N. (2013) Cultural Tourism, Wallingford：CABI.

Smith, M. K. and Richards, G. (eds) (2013) Routledge Handbook of Cultural Tourism, London：Routledge.

第 2 章

文化旅游的需求和动机

"如今的旅行者想要学习、发现和感受独特的体验。他们在寻找某种互动。他们想知道其他人如何生活，了解幕后发生的事情，参观游客通常看不到的地方。"

(Laliberté，2005)

2.1　引言

本章考察了文化游客的不同动机，并讨论了在这个快速增长和多样化的领域中，对游客进行定性和细分的一些困难。本章将从研究文化旅游需求史开始，重点介绍哪些不断变化的当代趋势影响了文化旅游；分析和考虑文化旅游的主要动机和次要动机，因为人们认识到，度假期间的文化活动消费既可以是精心策划的，也可以是完全随意和自发的。到目前为止，关于文化游客的研究相对较少，即很少有研究关注他们旅游的原因、旅游经历，以及是否认为自己是文化游客（Smith 和 Richards，2013）。正如 Richards（2001）所述，文化旅游作为一个概念，更多地出现在决策者和学者而不是游客自己的脑海中。本章旨在考察不同类型的文化游客的动机，并考虑现有的概况和细分模型，同时为未来研究提出建议。

2.2　文化旅游需求的历史

欧洲现代文化旅游的起源至少可以追溯到 18 世纪和 19 世纪的游学旅行（Grand Tour），对这一点已有充分的文献记载。当时，这种需求主要来自希望完成古典教育的年轻男性贵族。这些旅游路线通常会经过法国、意大利、德国和瑞士等地（Towner，1985）。然而，正如案例 2.1 所示，旅游业早在游学旅行之前就已经存在（Lomine，2005）。

案例 2.1

奥古斯都时代的文化旅游

在公元前 44 年到公元 69 年的奥古斯都罗马帝国时代，有证据表明当时的社会像现代社会一样喜欢旅游活动。这些旅游活动包括去旅馆、海边度假胜地、温泉浴场、音乐会、饭店，以及观光等一系列活动。他们也有导游和旅游指南书。不过在那个时候大多数的游客都是男性，尽管其中也有少数富有的寡妇和单身女性。虽然度假十分需要金钱和时间，但是在炎热的夏季，大批罗马居民选择离开。他们想要去海边或者乡下度假（那个时候爬山还不流行）。换句话说，像现在的罗马市居民一样，没有一个罗马人愿意在夏季观光罗马。

　　和休闲式旅游不同，商业旅游、贸易旅游及军事活动旅游有其自己的特点。那个年代的人都十分好客，而且讲究互惠互利（例如，即使一个人在一个地方仅仅住了几个星期，当有人拜访他的时候，他也会热情地迎接）。因为游客一般到任何一个地方都会受到欢迎并且被提供免费的住宿，所以对于商业旅馆的需求就不是很大了。

　　说起旅游路线，在那个年代有一种类似于现在"豪华游"的指定旅游路线。这条路线从希腊出发，经由西西里岛（意大利）、爱琴海上的一些岛屿到达小亚细亚（土耳其），再到埃及，然后返回罗马。这些景点中的大多数是可以称为"文化圣地"的，即使在现在也广受游客欢迎。例如，现代游客们在希腊观赏神殿，在土耳其领略特洛伊战争的遗址和古代神话中提及的重要场所，在埃及探寻神秘的金字塔、神殿及法老的墓穴。像世界古代七大奇观这样的"伟大的遗址"是比一些自然景观更受欢迎的。来这些景点旅游的游客很多都不带相机，而是带着画板。在这里有很多纪念品：手工艺品、陶器、雕塑模型、绘画及玻璃瓶。对于游客来说，这些纪念品也是一种当地人展现创意的"舞台表演"。除了文化旅游外，罗马人还为了健康和宗教（如温泉、清新的空气、疗伤场所）、神谕（寻求解决问题的方法）和游戏（如奥运会、战车比赛、角斗士比赛）而旅行。

　　有人说，1814—1914 年是文化旅游的"黄金时代"，因为这个时代在游学旅行者和越来越多的"大众"文化游客之间架起了桥梁。在这两个群体中，有像 Murray 和 Baedeker 这样的旅游指南作家，他们帮助定义了当时的文化旅游。乘坐蒸汽火车旅游和采用更便宜的交通方式使更多的人加入由 Thomas Cook 组织的旅行团或者根据旅游指南进行旅游（Bruce，2013）。

　　18 世纪和 19 世纪欧洲博物馆的发展也让越来越多的人认识到了人类在艺术和工业上的成就（Richards，2007），拓展了人们对其他文化和大洲的认识。Boorstin（1964）还认为，一些最早的旅游景点是在 19 世纪中期创建的，如世界博览会。随着公路交通的发展，国内的文化旅游也随之增长。

　　人们认为历史上的大多数游客，无论是贵族、资产阶级还是"大众"，他们倾向于跟随导游手册和旅行团，而不是相信自己的直觉（Walton，2005；Bruce，2013）。过去的旅游往往有点按图索骥，游客从一个地方被引导到另一个地方，很少有机会偏离规定的路线或计划。游学旅行的路线基本上是预先确定的，之后出现了旅游指南等，以及 Thomas Cook 或美国运通（American Express）推荐的旅游路线。因此，游客们很少有自发的体验，因为他们被认为可能无法独自旅游，否则可能会招致危险或不便。

2.3　当代文化旅游的动机与分类

　　这一节首先概述了游客旅游的动机，特别是出国旅游的动机，国外旅游可以带给旅游者不同的文化体验。在此之后是对之前研究的概述，这些研究对文化旅游进行了归类和细分。最后一节更深入地分析了文化旅游向更加独立的、体验式的旅游形式转变，这种转变已开始主导市场，有时甚至超过了有组织的包价旅游。

2.3.1 当代文化旅游的动机

De Botton（2002）在对游客旅行动机的分析中提到，人们会永远憧憬去那些没有去过的地方，目的在于逃避现实。另外，人们会像福楼拜一样痴迷于到东方旅行并追求异国情调。

> 异国他乡的魅力来自新奇和变化的简单想法……我们重视外国元素，不仅因为它们是新的，更因为它们似乎比我们祖国所能提供的任何东西都更忠实于我们的认同和承诺。

（De Botton，2002）

对于那些追求远走他乡、寻求不同体验并想真实地接触当地土著生活的游客来说，他们对于异国情调和文化差异性的痴迷更加热切。Sarup（1996）认为，旅行让我们在找寻自己身份的同时，享受并开发"他人"的异国差异。Wang（2000）认为，许多游客都在寻找"存在"的真实自我而非"客观"的真实性。Seaton（2002）认为，"旅游，与其说是追求所见的景象，还不如说是追求一种身在其中的体验"。当然，通过旅行来逃避现实的概念既适用于逃避自我，也适用于逃避地方或日常生活。如 De Botton（2002）所述，影响人们获得旅行快乐的障碍之一就是我们没办法轻易摆脱自己和如影随形的烦恼。然而，许多游客，特别是文化游客仍渴望自我提升而不是自我逃避。他们认同尼采对于旅行的看法，认为旅行应该是一个持续不断地追求知识和自我提升的过程。这当然也呼应了17、18 世纪对于游学旅行这个优越的教育和文化体验的阐述。许多当代的文化旅游行程对于这种理论也有所借鉴。

Seaton（2002，2013）提出，游客参与一些重复性和仪式性的活动的过程是一种"轮回"，因为他们通常都是追随着名人雅士的足迹。2013 年，他提出，文化旅游"与其说是对一个存在的真实自我的追求，不如说是在度假时采用和编排临时角色，就像一出由游客扮演多个角色的戏剧"。他提到了有关笛福、达尔文、海明威、亚历山大大帝（关于亚历山大大帝的例子见案例 2.2），以及电视发言人马歇尔的例子。当然，多种形式的文化旅游，如文学、媒体、文化遗产或电影旅游，都可以称为轮回，某些形式的遗产旅游，如那些包括再现神话元素的行程也可以称为轮回。他还讨论了"metensomatosis"的概念，即游客临时扮演角色的过程："游客是……典型的多重个性的旅行者，他们的旅游行为是基于对其他人过去经历的再现。"他认为，和同伴在异地的角色扮演行为，在某些情况下，比和当地人互动更重要和常见。

案例 2.2

旅游中的轮回：追随亚历山大大帝的足迹

亚历山大大帝出生于公元前 356 年，是一位征服者，是马其顿的国王。他也统治着波斯、巴比伦和亚洲部分地区。在他 10 岁的时候，他受希腊哲学家亚里士多德的教导，后来成为一名战士，开始了他的第一次远征。他的部队征服了很多土地，这一路上他游览了希腊、波斯、埃及、小亚细亚（土耳其）及印度。12 年里他的旅程长达 22 000 英里。在之后的 2 000 年或者更多的岁月中，很多游客对他的旅程感到好奇，并想追随他的足迹探索。Peter Sommer 帮助英国 BBC 电视台拍摄有关亚历山大大帝足迹的纪录片，1994 年他从亚历山大大帝行程的起点土耳其出发，行走了 2 000 英里，领略了一部分亚历山大大帝行程中的风景。这其中包括伊斯坦布尔、古哈里卡尔纳索斯、以弗所、特洛伊角斗场，以及境内有古代世界七大奇观之一的博德鲁姆。参与者可以领略当地的历史、建筑、地理知识、美食及现代政治。

De Botton（2002）认为大多数旅游目的地并不能满足人们理想化和浪漫的想象，或至少和他们的预期有差异。Urry（2002）也描述了现实很少能带来白日梦的乐趣，虽然每一次花销都会带来想象的破灭，但是大家还是不断地产生新的旅游想法。现代消费主义的核心就是新奇和不满足的辩证法。因此，许多游客即使失望却仍然去旅行，希望下次会更好。然而，另一些游客开始对旅行感到厌倦。Richards（2001a）提出，人们实际上有文化超载的现象，因此许多游客饱受"打卡景点"之苦（这些打卡景点就是指必须去的景点）。对新体验的追求，就像消费社会中对物质财富的贪得无厌一样，可能是一个令人厌烦并最终无法实现的过程。

如本章前面所述，De Botton（2002）指出游客通常会受旅游指南的影响，对旅游目的地和景色没有本能的或者主观的欣赏，而是顺从地跟着既定路线前进。Urry（2002）也提出，"当代游客的关注点日益被标记化，而这些标记性的事物和地点值得我们欣赏"。Eensor（2001）更深入地分析了这个现象，认为每个潜在的旅游景区实际上都是精心安排并受到严格监管的，"这种带有一定规范和实用的机制引导着游客的行为，也影响着他们对自己表现的理解"。尽管 Wright（2002）对其中一些假设提出了质疑，Robinson（2013）指出，即使是在今天，大多数游客在旅游的时候如果被迫超出"事先既定的活动内容"时，也会产生一定程度的焦虑，尤其是在跨文化交流的背景下。

然而，这种情况可能正在发生变化，因为在过去几个世纪甚至几十年里，大众传媒、技术和交通不像今天这样发达，这种情况更容易理解。Salazar（2013）描述了由历史、社会、文化因素，以及市场营销、广告等商业因素所产生的"想象力"如何极大地影响游客对目的地和体验的感知和期望。在过去，影响因素的范围要小得多，主要包括探险家、冒险家、人类学家、导游书作者及后来的旅游公司的旅行报告。获取全球大部分地区的信息和图像的途径的增多意味着文化游客可能需要到越来越偏远的地方独自旅行，或者体验他们认为"未被触及"、"独特"或"真实"的异域文化。许多文化游客将热衷于体验新的和与众不同的地方，这样可以在某种程度上追求真实性，无论是在自我完善方面，还是在参与到旅游目的地居民的生活方面。

2.3.2 文化游客分类：对以往研究的概述

随着全球化的程度加深，文化体验和活动的同质化和标准化或许是不可避免的，因此，人们可能需要通过旅游获得不同的体验。可以看出，旅游市场能够完美地迎合现代消费者不断变化的多样化的品味。旅游业将国际旅游与人们对各种休闲娱乐活动的渴望和对世界上各种文化日益增长的兴趣融合在一起。如今，普通游客可能想要把周末的购物、一两天的观光、一个晚上的剧院表演或音乐会、几家酒吧或夜总会与海滩之旅结合起来。许多游客不再像以前那样能被容易地划分为"大众游客"（海滩和夜总会）或"文化游客"（观光和艺术活动）。

因此，对普通文化游客的概况和动机进行概括是困难的，最终也是毫无意义的。随着文化旅游市场的扩大，游客文化消费的复杂性也随之增加（Pulido-Fernandez 和 Sanchez-Rivero，2010）。Stylianou-Lambert（2011）指出，现在有许多文化旅游的类型，试图根据动机、兴趣、寻求的体验或从事的活动来描述文化游客。然而，她也指出，很少有研究能解释为什么某些游客属于这一类或那一类。尽管如此，在过去若干年间，对于文化游客的分类、概貌和群体特征的研究已经有所发展，这里将对此进行回顾。

Silberberg（1995）将文化游客按照其参观文化景点的动机分为 4 种类型，分别是：

● 旅游动机强烈的文化游客（他们的访问目的主要是体验文化）。

● 动机多样化的文化游客（他们的访问目的是体验文化，除此之外，还会拜访朋友、亲戚或参加会议）。

● 附属性文化游客（游览的主要动机不是体验文化，但文化可能是除了主要活动之外的消费）。

● 偶然性文化游客（无意从事文化活动，但可以参观博物馆或参加艺术活动）。

Hughes（2002）对文化游客的分类方式与 Silberberg 相似，他指出文化游客可能希望关注文化的不同方面，如历史维度或当地体验。他的分类包括：

● 核心文化游客（消费文化是主要动机，也包括其他多种动机）。

● 外围文化游客（偶然的和意外的，类似于 Silberberg 的"附属性"和"偶然性"游客）。

McKercher（2002）根据参与程度和体验深度对文化游客进行分类，划分了 5 种不同类型的文化游客：

● 目的型文化游客（高中心性/深度的体验——了解另一个国家的文化是旅游的主要原因）。

● 附带型文化游客（低中心性/浅显的体验——在计划旅游时，关注文化问题，并不特别重视，但在逗留期间从事某种形式的文化活动）。

● 休闲型文化游客（适度的中心性/浅显的体验——在规划旅游时，文化问题并不重要，文化遭遇对认知的影响相当浅显）。

● 意外发现型文化游客（低中心性/深度的体验——在计划旅游时，文化问题并不重要，但在逗留期间，他们乐于从事某种形式的文化活动）。

● 观光型文化游客（高中心性/浅显的体验——希望了解另一个国家的文化，但游览性质比较松散，以娱乐为主）。

Du Cros 和 McKercher（2015）认为，在大多数情况下，市场是由休闲型和附带型文化游客主导的，目的型游客是最少的。这意味着文化通常不是选择目的地的主要动机。然而，所有 5 种类型的文化游客都可以在同一时间出现在任何一个目的地，根据景点的类型，细分的数量也有所不同。Du Cros 和 McKercher（2015）指出，"文化旅游很少会让人们逗留更长时间，但逗留时间更长的游客更有可能从事文化活动"。

Dolnicar（2002）指出，不同类型的文化游客从事不同类型的活动，享受的程度也不同。正如 Dicks（2003）所述，大多数文化旅游类型是按不同类型的文化景点，而非不同类型的文化活动区分的。Dolnicar（2002）根据不同文化活动的参与情况，确定了 9 种类型的文化游客（但是，应该指出的是，这种划分只是一个国家的一项研究的结果，尽管它有一个很大的样本容量）：

- 第 1 类（标准的文化之旅参与者）：这些游客基本上都是在乘坐巴士、购物、观光和参观博物馆中度过整个行程。
- 第 2 类（超级活跃的文化迷）：这些游客想一饱眼福。
- 第 3 类（非活跃文化游客）：每一项文化活动的得分都低于平均水平。
- 第 4 类（有组织的远足爱好者）：对于为游客打包的文化活动他们并没有偏离太多。
- 第 5 类（以活动为中心）：这个群体非常活跃，通过参观当地活动来丰富标准的文化旅游计划。
- 第 6 类（个人文化探索者）：购物、观光和参观博物馆——这些活动由这部分的每一个成员参与。任何包括"有组织"在内的词汇似乎都被这些旅行者拒绝。
- 第 7 类（戏剧、音乐和歌剧爱好者）：每个游客在逗留期间都至少去过一次剧院。另外，比赛项目对这类游客根本没有吸引力。
- 第 8 类（超精益文化之旅参与者）：73% 的人参加有组织的巴士旅行，唯一真正参与的活动是观光和参观展览。
- 第 9 类（有组织的文化游客）：每位游客都参加有组织的短途旅行和有组织的巴士旅行。由于一般人对购物、观光和参观博物馆都很感兴趣，所以晚上的文化活动（歌剧、戏剧）对这部分人不太有吸引力。

Dolnicar（2002）也认为不同国家的游客文化消费模式略有不同。例如，德国游客可以在每个细分市场找到，而瑞士游客更喜欢去剧院听歌剧和音乐剧（第 7 类），法国文化游客最有可能成为标准文化旅游团的成员（第 1 类），意大利游客也是如此，英国游客大多出现在当地或地区活动中（第 5 类），一半的美国的文化游客是超级活跃的文化迷（第 2 类）或有组织的文化游客（第 9 类），最后，西班牙游客更喜欢有组织的活动。案例 2.3 也涉及不同民族在文化旅游背景下的不同偏好。

案例 2.3
匈牙利文化旅游

从传统意义上来说，匈牙利发展文化旅游至关重要，其中一部分原因是这个国家海岸线短、山脉也少，另一部分原因是这个国家有着区别于它的邻国的独特文化和语言。而且在 1989 年以后的欧洲中部和东部地区，像匈牙利这样通过发展文化旅游来重新获得欧洲身份认同感的举措是很常见的。布达佩斯，这个在奥匈帝国期间仅次于维也纳的第二大城市，在 1867 年至 1945 年之间真的存在过"黄金时代"。匈牙利的游客大多会去欣赏 19 世纪的雕塑，其中一部分雕塑还是世界文化遗产。的确，在 2009 年举办的有关布达佩斯的市场活动中，也是以 19 世纪 90 年代"黄金时代"和"美丽年代"为主题特色的。

Michalko（1999）指出，布达佩斯作为匈牙利的首都因其丰富的文化和历史遗产，以及这座城市独特的功能，对于旅游发展起到了重要的作用。一些国家打算与布达佩斯建立联系，也主要是因为它丰富的文化和艺术特色。例如，澳大利亚人欣赏城市中心的建筑，法国人喜欢咖啡文化和各式各样的博物馆，瑞士人会前来欣赏文化场所和文化活动。对于匈牙利人来说，文化旅游也是十分重要的，尽管匈牙利人不同于其他国家的游客，他们喜欢去国外旅游，不过每年还是有大约半数的匈牙利人参观布达佩斯。HNTO 在 2008 年对 1 000 名当地居民进行调查，结果表示其中超过 45% 的本地游客将文化旅游作为首要动机，16% 的游客在旅游中以参加文化活动作为次要动机。很明显，受访者更喜欢建筑遗产旅游，这似乎在很大程度上也适用于国际游客。同样明显的是，有形遗产比以艺术为基础的无形遗产更受青睐。美食对国内和国际游客都很重要，因为匈牙利在该地区以美食和葡萄酒闻名。在布达佩斯以外的匈牙利地区，民间传统尤其浓厚，节日的重要性也日益增加。

Ark 和 Richards（2006）根据对欧洲 19 个城市的到访频率和感知吸引力来区分文化游客。他们发现了三个类别，大致对应特定的文化游客、一般的文化游客和对流行文化与娱乐有偏好的旅游稀客。其他对文化游客动机和个人资料的分析也显示，对多样化的旅游形式进行细分是十分复杂的，特别是，根据不同的文化体验的消费形式进行划分更加复杂。Peterson（1992）指出了一种"涉猎广泛型"文化消费趋势，这种消费形式结合了"高雅"和"流行"或"大众"文化。人们认为对一个文化领域感兴趣的人也可能对其他文化领域感兴趣。Toivonen（2005）利用大量的地图集数据，在文化旅游的背景下分析了这一假设，这表明参加文化活动和参观文化景点具有很强的广泛性。这尤其适用于 50 岁以上和受过高等教育的人。Chan 和 Goldthorpe（2005）发现，教育对音乐消费的影响特别大，但对电影或剧院消费没有影响。例如，在短期度假期间，"涉猎广泛型"旅游在城市环境中尤其普遍（Ark 和 Richards，2006）。Richards（2007）指出，那些在休闲时间内混合消费高雅文化和流行文化的文化游客，在假期也更有可能消费不同形式的文化产品。Nash（2001）提出了"溢出假说"，该假说认为个人在日常生活中的经历会延续到旅游领域。许多文化游客利用假期不是为了休息，而是作为他们工作或职业生活的延伸，如体验和观察他们工作中的文化景点（Richards，2007）。有关文化旅游是如何"涉猎广泛的"见案例 2.4。

案例 2.4

文化旅游是如何"涉猎广泛的"

研究文化旅游线路可以让我们对文化旅游者的"涉猎广泛"程度进行了解。例如，大多数旅游公司只关注 1 种或最多 2 种文化活动或者景点。Toivonen（2005）认为，一个文化爱好范围广泛的人在旅游过程中至少参加 5 种类型的旅游活动。一些文化旅游公司，如马丁兰德尔旅游公司将旅游分为以下类别：艺术、建筑、考古、音乐、历史、文学和美食。然而进一步分析这些不同种类的旅游项目会发现，它们很多都是艺术、建筑和宗教场所的结合。甚至在它们的旅游描述中也提到：旅游包含了各种各样的主题元素，有些结合了艺术史、建筑和音乐。换句话说，大多数的旅游都包含了所谓的"高雅"或者"经典"

文化。其他的旅行社，如展望旅游（2014），组织文化旅游 30 多年，现在关注个人游、自助游及团体游方面的业务。但是它们提供的旅游项目还涉及歌剧、音乐等经典艺术项目。ACE 文化之旅（2014）这家旅行社提供的旅游项目涵盖了文化的各个方面，包含了音乐、美术、戏剧、建筑、考古和历史。此外，这些旅行社更多地关注古典音乐节、戏剧而非音乐剧，它们更关注几个世纪之前的视觉艺术而非现代艺术。这些旅行社表示，追求以前的"高雅"文化是很有必要的，将一些文化活动列入"高雅"文化当中也变得越来越普遍。

2.3.3　按景点或景点类型细分的文化游客

当 McKercher 等人（2004）对 5 个国家的文化景点进行调研时，他们发现无论目的地是哪儿，游客都倾向于参加相同类型的活动。博物馆是最受欢迎的景点，其次是美术馆和名胜古迹。这也在跨越数年、涵盖多个国家的 ATLAS 文化旅游调查中得到证实（Richards，2009）。

一些研究旨在分析特定文化领域内的文化游客。然而，也有一些例外。Stylianou-Lambert（2011）使用所谓的"博物馆的感知分类"（museum perception filters）或"MPFs"来识别人们在家乡和度假时参观艺术博物馆的不同方式。她认为，对感知进行分类比对个体进行分类更有意义。MPFs 的内容包括专业、热爱艺术、自我探索、文化旅游、社会探访、浪漫、拒绝和冷漠。

她认为人们在任何时候都可能会表现出多种类型，他们在家里和外出时的行为可能会有所不同。例如，那些通常不会在家乡参观艺术博物馆的人，很可能不会因为他们在国外度假就去参观。另外，那些通常会在家乡参观艺术博物馆的人，不在家乡的时候可能也会这样做。许多年前，Hughes（2002）注意到艺术领域也有类似的模式。不过，他也指出，由于语言障碍和购票困难，在节假日观看艺术表演往往受到限制。

Pulido-Fernandez 和 Sanchez-Rivero（2010）对西班牙的文化旅游市场进行了细分。他们确定了三大类别："博物馆文化爱好者"，他们非常重视博物馆，但不参加活动；"文化不活跃"人群，他们在理论上特别重视博物馆，但不太可能真正去参观；"漫游文化爱好者"，他们很可能在逗留期间进行文化访问，在选择目的地时考虑文化活动，但他们对博物馆几乎没有兴趣。

Hughes（2000）认为，"文化遗产"和"艺术"游客之间的划分通常是基于这样一个事实，即博物馆和文化遗址往往比艺术活动或表演"格调更高"，而艺术活动和表演更通俗易懂。然而，这取决于对艺术和遗产的定义，因为对歌剧、古典音乐和芭蕾舞感兴趣的人仍然少于对流行音乐会或音乐节感兴趣的人。Richards 和 Ark（2013）注意到，艺术画廊的吸引力往往位于两者之间；文化资本的增加（主要以教育水平的形式）与戏剧和音乐的关系不大，而与博物馆和历史遗址的关系更大。Du Cros 和 McKercher（2015）注意到，许多文化游客并没有深入研究当地的历史和艺术，而这往往与另一个国家的特定文化资产完全无关。

假日类型或感知的假日类型也会影响消费，那些受访者声称他们在进行文化旅游度假的时候消费了最高雅的文化，但是一般情况是他们只是参观博物馆而没有参加节日聚会和活动。那些在阳光和海滩度假的人通常不参加任何文化活动。在城市旅行的结果是不同的，在那里游客最有可能混合不同的文化形式（无所不在）。年龄较大的游客随着收入和文化资本水平的提升，更有可能认为自己是文化游客。另外，缺乏自我认同并不意味着年轻人不参与文化旅游。他们最有可能在"前沿"或边缘享受更具创意和体验性的文化形式（Pappalpore 等，2010；Richards，2011）。

游客也有一些年龄、性别和生活方式的差异。Hughes（2000）指出，艺术教育和童年时期对艺术的早期接触增加了消费，因为先前的经验给消费者提供了一种舒适感，让他们知道在艺术环境中应该期待什么和该如何表现。Mitchell（1984）认为，那些单身、离异或分居的人，或者中年人更有可能参加表演艺术活动。Chan 和 Goldthorpe（2005）的研究表明，女性可能比男性更经常参加各种现场表演艺术，但在视觉艺术领域却不是这样，在这一领域，性别差异消失了。Lopez-Sintas 和 Garcia-Alvarez（2004）认为，较高的教育水平也会减少性别差异。他们还提到，和小孩子住在一起减少了休闲时间，增加了参加表演艺术（当然，通常还有度假）的成本。Kim 等人（2007）指出，女性和中年人是节日和活动最频繁的参与者，而高收入和中等收入群体更有可能参加音乐活动。

2.4 游客体验文化

当前的文化游客很可能是在寻找"流行的"、"日常的"或"街头的"文化，就像他们可能会去参观一个文化遗址或博物馆一样。博物馆似乎已经失去了在后现代社会的存在意义和主导地位，所以文化游客去其他地方寻找意义。旅游形式扩展的主要方向是"日常生活"（Richards，2011）。文化旅游在很大程度上是建立在体验的基础上的，因此，Williams（1958）将文化定义为一种生活的方式、一种艺术及一种学习的过程。过去对文化旅游的定义过于狭隘，它强调文化旅游仅是一种艺术旅游或者遗址旅游，如参观博物馆、遗址、画廊和剧院。文化游客也对文化的体验方面感兴趣。在国际背景下，特别是在土著或民族旅游的背景下，一国人民的生活方式可以成为一个焦点，旅行者的动机主要是与族裔不同或文化背景不同的人进行最直接、真实或密切的接触。

游客体验的一个重要方面是游客在旅行时所喜欢的自发接触（Richards，2001b）。虽然这本书的大部分内容集中在旅游或文化景点管理者创造的体验上，但旅游也包含了不可预测和令人惊讶的体验，这些体验往往涉及与当地人交往和接触当地的文化。其中一些可能不是愉快的，但大多数将是十分难忘的。对于独立旅行者和背包客来说尤其如此。Pine 和 Gilmore（1998）认为，只有付出金钱了，体验才真正有价值。这个观点有点狭隘，特别是对于旅游业来说。因此，Richards（2001）指出，如果只认为用金钱购买的才有价值，就忽略了旅游中游客自主发生的一些事件，而这正是旅行的一个特点。这些偶然的经历不需要花费什么，却可以成为一次旅行中最难忘的部分。甚至连旅行社也意识到了这一点，并开始提供更灵活的旅游套餐，让游客在打造自己的旅游体验中发挥更大的作用。旅行社，特别是那些推广特殊兴趣的旅行社，注重为游客提供以前很少访问的目的地的独特体验。这些项目可能包括探访偏远的野生动物或部落目的地，以及进行探险旅行或极限运动。甚至，旅游目的地的营销也倾向于注重旅游中的无形元素和体验感，如氛围、动画或地域感。游客在这场体验中也变成了一个创造者，因为他们通过自己的个人视角来看待景点和活动，并受到他们的社会和文化价值观的影响。根据游客是寻求"真实"的文化，还是仅仅寻求"体验"，他们的期望可能会有很大的不同。

Wolfram 和 Burnill（2013）提出所谓的"战术游客"，这个术语是基于 Certeau（1988）的概念，即使用战术颠覆主导系统的人。这些游客寻求独特的个人体验，希望与"真正的旅游景点"接触，这些地方是当地人日常生活的地方，也是当地文化的储藏地。他们认为"游客"一词已经变得有些贬义，因此这些游客甚至不愿意让自己被定义为游客。这对于开发和提升访问者体验具有重要意义，因为"战术游客"希望在他们所看到和所做的事情中具有一定程度的独立性、灵活性和自发性。最近的研究表明，许多游客正试图参与和当地人亲密接触的旅游形式。Maitland（2007），以及 Maitland 和 Newman（2009）讨论了游客现在越来越想体验那些当地人都鲜少涉足的地方。Russo 和 Qualierii-Dominguez（2013）讨论了一些游客，如在巴塞罗那的游客，如何变得和当地人没有什么区别。伦敦的边缘游客见案例 2.5。

案例 2.5
伦敦的边缘游客

在世界上的很多城市，特别是像伦敦这种国际化大都市，现在很难区分游客、一日游客和居民了。游客也越来越多地寻求更有意义的体验，其中就包括接触当地文化。当然，像伦敦这样的城市，其实已经很难弄清楚什么是真正的当地文化了，而是其中包括的文化体验是受当地居民喜爱的（因此越来越多的游客通过爱彼迎这个订酒店民宿的软件住到当地居民家中体验文化）。在伦敦的很多地区，如伦敦的东部，聚集了很多富有创造力的人，如艺术家、设计师及很多新媒体从业者。这些地方没有那些传统的旅游体验，而是一些富有创造力的人的聚集地，在 19 世纪 80 年代英国中产阶级化的过程中，这些城市也越来越受当地居民的欢迎。在这些地区汇集着许多酒吧、餐馆、咖啡店，有着丰富多彩的夜生活。例如，在"红砖巷"这个地方，具有民族风味的美食十分受欢迎。Pappalepore 等（2014）对于游客和访问者的研究显示，人们趋向于认为这些地方就是"典型的伦敦城市"，他们将这些城市同那些传统旅游城市区分开，在这里他们努力去模仿真正的伦敦人。几乎所有的外来参与者都表示吸引他们到来的首要原因就是这里的文化和艺术魅力，当然他们也乐于享受这里的咖啡和市场。来这里的半数游客也是从事创意工作的，他们在探寻这里的人和物的魅力，这可以让他们在自己的国家也有此吸引力。在这些地方，体验那种氛围和真实的感受是极为重要的，但是这里的创意工作者也是吸引游客的关键。人们通常会聚集在酒吧和咖啡馆这种地方，无论游客们是否对这些地方感兴趣或者感到舒适，酒吧和咖啡馆都是最能吸引游客的地方，这和那些在伦敦中部游览大本钟、白金汉宫和国会大厦的游客们极为不同。

（Pappalepore 等，2014）

游客也越来越喜欢在"共同创造"的过程中选择自己体验的元素。在这种体验中，游客也可以积极地创造自己的文化体验。这一点在创意旅游领域表现得尤为明显，创意旅游包括游客同当地人一起参与文化活动。博物馆和画廊越来越多地使用更复杂和更精细的解释方法和技术给游客带来创新体验。20世纪90年代末的"新博物馆学"趋势强调，需要把重点放在游客身上，而不是藏品上，这需要让更多的游客接触并广泛参与活动。所谓的"后博物馆"鼓励代表性不足的群体参与文化活动，这包括关注特定的群体，如"80后"和"90后"（见案例2.6）。

案例2.6

博物馆和"80后"

很多博物馆面临着增加游客和使其多样化的压力，因此它们把重点放在了新的或者特定的游客群体上。对于它们来说，年轻的游客群体的参与十分重要，尽管现在"80后"还不是主要的参观者，但是在将来他们很有可能成为博物馆常客。"80后"之所以特殊，是因为他们生活的年代也是电子媒体发展的年代。这个年代的人比起存钱更加喜欢花钱，虽然他们似乎在娱乐和旅游上的花费比上一代人要少。他们认同钱是十分重要的，并且也认同那些结合品牌价值的情感价值。因此"80后"是十分社会化的，亲人和朋友的意见及建议对于他们来说是十分重要的，市场上的口碑对于他们来说比广告更加可靠。当然，社会媒体的作用也是十分重要的。对于"80后"来说，夜生活和"24小时营业"的文化是必不可缺的。他们都是享乐主义者，活在当下，一直在寻找"下一件大事"。因此，博物馆很难满足这群人的需要，并且和那些休闲行业提供的高科技产品体验进行竞争也是一项挑战。不过博物馆已经开始着手为那些没有孩子的特定人群组织了夜间活动，有音乐、食物及表演。博物馆也在"推特"等虚拟社区平台上同"80后"进行互动，并且发布了应用软件。"80后"在博物馆似乎更愿意少听多做，因此博物馆将互动性和实践活动作为发展的关键，当然，使游客获得愉快体验也是一个重要的目标。苏格兰博物馆组织了一系列活动，包括游戏社交、无声迪斯科、在线艺术创作和拍照活动等。

（Leask 和 Barron，2013）

目前，游客对定制服务和消费的需求正在增加。如今，消费者在寻求真实而深刻的体验的同时，也渴望在体验提供者定义的活动和他们自己定义的活动之间取得平衡。越来越多的游客寻求共同创造体验，这可以获得更有意义的经历（ETC，2006）。价值共同创造的概念（Prahalad 和 Ramaswamy，2004）使公司能够将消费者作为共同创造者并为他们定制产品。

一些研究者使用创造力的概念来解释为什么自我发展的需要越来越多地推动消费（Florida，2002；Richards 和 Wilson，2006）。有人认为，创造性、创新和参与性的解决方案可以在共同创造的概念中找到，而共同创造体验可以为游客和旅游部门带来更高的价值（Binkhorst 和 Dekker，2009）。Prebensen 和 Foss（2011）的研究表明，在不同的环境和情境下（主-客、客-客、客-家人），互动、参与各种活动都会使游客产生更积极的感受，从而提升参与者的价值。参与主办的社区活动会带来难忘的旅游体验（Kim 等，2010）。第10章详细介绍了体验旅游的概念。

2.5　总结

从本章可以看出，对文化游客进行分类、细分和描述是一项复杂的工作，随着行业的发展和多样化，这一工作变得越来越具有挑战性。根据文化旅游的定义，几乎每项活动都可以被视为"文化"。因此，如果不谨慎地进行界定，统计数字可能被夸大并不具代表性。表 2-1 总结了许多实现此目的的方法。

表 2-1　　　　　　　　　　　　　　文化游客分类

按动机
- 动机强烈/多样化/附属性/偶然性（Silberberg，1995）
- 核心（主要动机和多重主要动机）/外围（偶然和意外）（Hughes，2002）
- 目的型/附带型/休闲型/意外发现型/观光型（McKercher，2002）

按活动的类型
- "涉猎广泛型"（Peterson，1992），在假期享受不同的活动，文化活动（只是）是其中之一
- 文化旅游、活动、戏剧、音乐和歌剧爱好者（Dolnicar，2002）

按性别、年龄、生活阶段
- 单身、离异、分居的人和中年人更有可能参加表演艺术活动（Mitchell，1984）
- 女性更有可能参加更广泛的现场表演艺术活动（Chan 和 Goldthorpe，2005）
- 没有孩子的人更有可能参加表演艺术活动（Lopez-Sintas 和 Garcia-Alvarez，2004）
- 女性和中年人最经常参加节日和活动（Kim 等，2007）
- 高收入和中等收入群体更有可能参加音乐活动（Kim 等，2007）

按旅游的类型
- 艺术游客（Hughes，2002）
- 艺术和遗产游客（Smith，2003，2009）
- 节日和活动游客（Richards 和 Palmer，2010）
- 博物馆游客（Stylianou-Lambert，2011）
- 本土文化游客（Butler 和 Hinch，2007）
- 民族文化游客（Diekmann 和 Smith，2015）
- 创意游客（Richards，2011）

根据体验的深度或类型
- 与个人、地方、国家和世界遗产的联系程度（Timothy，1997）
- "人迹罕至"和"边缘"文化的游客（Maitland，2007）
- 成熟的游客，希望接触"真实"的目的地和那里的居民（Wolfram 和 Burnill，2012）

2.6　结论

文化游客传统上倾向于遵循导游手册和导游。然而，最近他们开始追求更加自主和可以参与创造的旅游体验。在很多情况下，对"其他的旅游形式"的恐惧已经被一种强烈的愿望所取代，那就是探索当地的社区，参观"真实的"居民经常去的地方，并与他们互动。在大城市尤其如此，但也许可以这样说，这种愿望也存在于许多访问少数民族和土著社区的游客身上。随着文化游客变得更有经验，以及人们普遍接触到许多在电视上出现的旅游和冒险节目，这个世界的各个角落及其文化似乎对游客来说越来越熟悉。

大多数游客的动机不只是体验文化，他们还十分想要放松身心，享受乐趣，也许这一切都发生在一个假期里。对于大公司来说，提供包含多种活动的组合产品是很常见的。那些独立的游客会根据他们在某一天的感受来改变他们的活动安排，他们可能不会坚持任何预先确定的行程。这使得研究文化游客的概况和动机变得更加困难。然而，做一些细分显然是有用的，这可能包括根据活动（如参观遗产、表演艺术、博物馆）或年龄（如"80后"）重点关注特定的部分。

思考题

1. 文化游客如何随着时间的推移而改变？一个古罗马时代的游客真的和今天的游客有这么大的不同吗？

2. 你是否同意旅游业一直都是过度导向或过度标示的？文化游客应该被给予多少自由？

3. （新）技术对文化游客的需求、感知和期望有哪些影响？

建议阅读书目

De Botton, A.（2002）The Art of Travel, London：Hamish Hamilton.

Richards, G. and Van der Ark, L. A.（2013）'Dimensions of cultural consumption among tourists：Multiple correspondence analysis', Tourism Management, 37, pp. 71-76.

Walton, J. K.（ed.）(2005) Histories of Tourism, Clevedon：Channel View.

第 3 章

文化旅游地理学

"文化多样性的号角声传到耳边时也几乎无声无息。"

(May，1999)

3.1 引言

本章分析文化旅游的地理分布，考察世界主要地区和国家的文化资源，包括它们的建筑、自然、非物质和土著遗产。每个国家都有其独特的文化（群），尽管有些国家的文化（群）比其他国家更趋于全球化或传统化。虽然我们不能对所有地区一概而论，但是许多地理位置接近的国家确实具有类似的资源和特征。这些相似点可能表现在自然景观、建筑风格、宗教和传统风土民情方面。有时连它们自己都很难区分彼此，也很难向游客推广其特色，尤其是对那些文化意识相对有限的游客。本章与下一章的内容相辅相成，第 4 章讨论不同的历史背景、政治发展如何塑造不同的文化。有些国家风景秀丽，有些国家建筑优美，有些国家民俗文化丰富，有些国家三者兼具，也有一些国家资源较少。这意味着，对一些国家来说，发展广为人知的文化旅游是比较困难的。本章将引导读者概览这些文化资源和特色景点。

3.2 全球文化旅游景点分布概览

统计资料显示全世界有几个国家是游客常去的旅游目的地，通常法国和西班牙位居前列。与文化景点相比，人们在这些地方更能享受到阳光、沙滩和海洋。但是，如今越来越多的游客不仅仅是欣赏已建成的遗产景点，还对当地人的生活方式很感兴趣。例如，许多游客开始探索法国、西班牙、意大利和希腊的小村庄。这种探索通常包括美食探秘（如食物与酒）、参与烹饪课程，或者参与近期比较流行的创意旅游。历史古城在欧洲国家一直很受欢迎，如今的游客也会像到巴塞罗那或塞维利亚一样，经常光顾西班牙的海岸。廉价航空的发展也意味着许多欧洲人开始安排较长的周末假期参观以往很少去的城市和小镇。这得益于城市的新发展，即通过一些文化活动和文化倡议，将城市转变为令人心驰神往的旅游目的地。

然而，近年来随着游客到世界各地旅游，欧洲旅游业有所下滑。随着环球旅行和机票越来越便宜，旅游也越来越受背包客、休学年学生的欢迎，甚至上班族也想借此逃离职场的激烈竞争。尽管面临世界经济衰退和气候变化，长途旅行的游客人数还是逐年增加。这表明澳大利亚和新西兰等旅游目的地对来自地球另一端的游客越来越有吸引力。东南亚地区的游客更是爆发式增长，一些国家，像泰国开始成为大量游客涌入的旅游目的地。未来中国和印度可能是世界上吸引游客最多的国家。中国的愈加开放，以及举办 2008 年北京奥运会等重量级活动，如，都有利于振兴旅游业，而且目前中国稳居全球五大旅游目的地之一。印度也因为现代设施建设的改善增加了国内旅行的便利性。巴西旅游业受到 2014 年世界杯的影响而蓬勃发展，里约狂欢节举世闻名。

图 3-1　西班牙帕尔马大教堂

（资料来源：Melvyn Smith）

图 3-2　中国：旅游业发展最快的国家之一

（资料来源：Edward Smith）

　　大多数世界文化遗产通常位于西欧地区。然而，对世界遗产地位的追求似乎愈加强烈，因为发达国家和发展中国家都在为获得这一充满吸引力的全球荣誉而竞争。产生这种现象的部分原因是过去 10 年世界遗产选择方法的战略调整，即不再倾向以欧洲为中心，而是以更具包容性和民主的方式筛选。1994 年，世界遗产委员会呼吁：

调整世界遗产现行名录中世界各地区遗产、历史时期的配置失衡状态，同时改变过去以建筑为主的世界遗产标准，更趋于人类学、多层次和普世的方向。

一些发达国家被要求暂缓申请提名，以改变这种不平衡状态和大众对物质遗产的兴趣高于非物质遗产的现象（Pocock，1997）。1996 年世界遗产委员会新增文化地标项目，对非物质文化与土著文化有了更完善的解释。同样，许多工业地标也开始被列入世界遗产（Smith，2000）。经过努力，世界遗产名录在全球地理分布上更趋平衡。

图 3-3　兵马俑：中国境内的世界文化遗产之一

（资料来源：Edward Smith）

3.3　欧洲

过去几年的欧洲旅游市场有明显的变化，原来到地中海旅游度假的人流开始转向城市旅游或乡村旅游，人们普遍认识到旅游产品可以通过增加文化元素而大幅提升价值。在欧洲，短期旅游和假日活动旅游成为必然趋势。另外，文化休闲在商务和会议旅游中不可或缺。随着欧洲廉价航空与互联网技术的发展，短途城市旅游蓬勃兴起。这些目的地包括许多"经典"的历史古城（威尼斯、布鲁日、阿姆斯特丹），一些东欧国家的城市（布拉格、布达佩斯、贝尔格莱德、克拉科夫），波罗的海国家的城市（塔林、里加、维尔纽斯），还有过去很少有人访问的斯堪的纳维亚地区的城市，如哥本哈根、赫尔辛基、雷克雅未克。

3.3.1 中欧与东欧

中欧与东欧地区蕴含的多元化旅游产品的潜力相当巨大，同时该地区的发展也有利于分流热门旅游城市过多的游客。随着当地基础建设和新景点的容量增大，原来游客少和名气小的地区可能会吸引越来越多的游客。就经济而言，这股热潮将会带动罗马尼亚、保加利亚和阿尔巴尼亚等低收入国家经济的增长，而且游客也会享受到更多元、充满惊喜的文化之旅。在许多东欧国家，温泉之旅一直是非常受欢迎的旅游形式，特别是在捷克的卡罗维发利和匈牙利的黑维兹。

有一些城市，如斯洛文尼亚的卢布尔雅那、克罗地亚的萨格勒布、塞尔维亚的贝尔格莱德越来越受游客的青睐。杜布罗夫尼克老城一直都是克罗地亚的主要文化景点，即使经历了战争的摧毁，它的地位依旧如此，这要归功于修复工程。斯洛文尼亚虽然面积较小，却拥有天然的海滩、山川、文化城镇。波兰、捷克和斯洛伐克都拥有一些具有独特的文化历史背景的小镇和村庄。每个国家都有不同的风土民情和文化风貌，这些也是发展乡村旅游的主要资源。

3.3.2 南欧

南欧的许多旅游胜地，尤其是西班牙、葡萄牙和意大利，都曾经历过旅游度假村的减少或者降级。这些地区已经开始考虑采取适当的方法重新振兴旅游业。这些方法多种多样，包括对这些旅游目的地的升级改造，发展更加环保或者更加可持续发展的旅游业，定位新的市场，发展乡村旅游的多样性，推广商务旅游、会议旅游、体育旅游及文化旅游。

西班牙政府从 20 世纪 90 年代初就开始齐心协力发展形式多样的旅游项目，如在巴塞罗那举办奥运会，以及在马德里和塞维利亚举办世界博览会时推广欧洲文化之都的概念。圣地亚哥德孔波斯特拉朝圣之路在 1993 年被重新启用，而沿着古罗马路线从北到南的白银路线也被重新启用。西班牙还发起了一个世界遗产城市项目，目的是在阿维拉（Avila）、卡赛雷斯（Carceres）、萨拉曼卡（Salamanca）、圣地亚哥（Santiago de Coompostela）、塞戈维亚（Segovia）和托莱多（Toledo）之间建立文化旅游路线（Onate 和 Bertolin，1996）。巴塞罗那近年来成为欧洲最受欢迎和最具创造力的城市之一，毕尔巴鄂（Bilbao）也因古根海姆博物馆获得新生。

葡萄牙也尝试过类似的方法，使其产品多样化，以缓解阿尔加维（Algrave）沿海旅游业的高度集中问题。文化活动同样成为文化旅游发展和升级的主要催化剂，如 1994 年在里斯本举办的"欧洲文化之都"活动、1998 年在里斯本举办的世界海洋博览会、2001年在波尔图举办的"欧洲文化之都"活动，以及 2004 年在里斯本举办的欧洲足球锦标赛。

葡萄牙的辛特拉（Sintra）主打世界遗产旅游，其他城市如埃武拉（Evora）和科英布拉（Coimbra）也越来越吸引文化游客。此外，乡村小镇也开始推广当地文化，如杜罗地区推出了美食与美酒探秘之旅，阿尔托米尼奥（Alto Minho）已经发展了工艺品旅游（Fernades 和 Sousa，1999）。葡萄牙也因为宗教和朝圣之旅出名。

图 3-4　毕尔巴鄂古根海姆博物馆

（资料来源：Melvyn Smith）

图 3-5　葡萄牙里斯本世博会场址

（资料来源：Melvyn Smith）

　　意大利无疑拥有丰富的文化宝藏，这里有无数的世界遗产，以及世界知名的美食、音乐和美术作品。意大利的文化城市显然被过度参观了，尤其是三大城市——罗马、佛罗伦萨和威尼斯。意大利目前面临的挑战是怎样更好地推广地方旅游，以分散主要旅游景点的大量游客（见案例 3.1）。Borg 和 Costa（1996）指出意大利有很多古迹并不在这几个传统景区城市，但是当地没有将其开发为古迹景点以吸引游客。意大利南部的文化旅游发展相对缓慢，这与政治控制有紧密的关系。宗教朝圣之旅在意大利很盛行，在一些相对较小的城镇也很受欢迎。例如，在意大利南部有个名为圣乔瓦尼罗通（San Giovanni Rotondo）的城镇，每年有 700 万到 800 万名游客到此旅游，当地有一半的人口以旅游业为生。游客来此瞻仰 1958 年去世的 Pio 神父，他的遗体至今没有腐化，甚至还保留当年的模样（Dobszay，2008）。

图 3-6　意大利乌迪内

（资料来源：Melanie Smith）

案例 3.1
意大利文化旅游

　　意大利在 20 世纪 80 年代曾是国际旅游胜地，目前排名却逐渐下降。虽然仍然非常受欢迎，但意大利似乎一直在努力保持其在欧洲的竞争力。意大利拥有深厚的文化底蕴和丰富的自然资源，但旅游业的价值被低估，南部明显仍未得到充分开发，地区发展不平衡。有些景区挤满了游客，而另一些则鲜为人知。当地政府没有规划和提供足够的基础设施或公共服务来满足实际的旅游需求。旅游行业虽然有合格的毕业生，但仍缺乏有专业技能的员工。该地区旅游业发展受限的 3 个主要因素是无序的城市化（如规划不善、不当的甚至非法的建筑）、过度的官僚主义（包括腐败丑闻）和逃税行为（欠缴税款增加了意大利国民和游客的消费成本）。

　　人们认为文化旅游是意大利最需要关注的领域。"文化旅游不仅能传递我们国家的特色，还能为我们的历史遗产和艺术遗产提供无限增值的机会，并吸引新的资源使其得以维护和发展。"（Angeloni，2013）从建筑学和美学上看，意大利是世界上最美丽的国家之一。世界上很少有城市能与罗马、佛罗伦萨和威尼斯相媲美。与其他国家相比，意大利的文化遗址被列入世界遗产名录的较多。但不幸的是，近年来，意大利在文化旅游市场的份额有所下滑，所以政府需要加大对文化遗产的保护、恢复和保障力度，也需要更好地推广当地文化，发展更具创意的旅游形式（如时尚、电影、设计）。美食和葡萄酒旅游，以及节日和活动也应该得到更多的推广。

　　在人们的心中，意大利通常是一个颇具魅力的旅游目的地，但他们最终可能会去一些花费更少或更方便的地方旅游。要想使意大利重新成为世界上最美丽的文化旅游胜地，就必须加大对文化遗产的重视、支持和推广力度。

（Angeloni，2013）

　　其他南欧旅游景点也采取不同的策略发展文化旅游。希腊考古遗迹分散在大陆和岛屿各处，因此推广考古遗迹旅游也是多元化经营方式之一。在各个小岛上发展的乡村旅游、美食旅游、手工艺旅游也引起了大众的兴趣。土耳其还利用其丰富的考古遗迹使其主要以海滩为基础的旅游产品多样化，特别是在西部地区。像以弗所和帕加马这样的考古遗址吸引了大量的游客。

　　虽然法国南部地区的有些沿海景区被过度开发，特别是在"蔚蓝海岸"和 Languedoc-Rouccillon 地区，当地却没有像其他南欧地区一样面临严重退化问题。不仅如此，法国南部地区还给予游客丰富的文化体验。例如，游客可以探索令人叹为观止的古罗马遗迹，可以欣赏尼斯的著名画家，如毕加索、马蒂斯、夏加尔、杜菲留下的艺术遗产，还可以游览西部海岸巴斯克地区的独特文化风光。

3.3.3　欧洲岛屿

　　欧洲岛屿展现了丰富多元的天然景观与人文特色。保护这些岛屿逐渐成为当前的重要课题，因为小岛的资源毕竟不如大陆丰富。而且，相比之下，小岛的遗迹、文化、民族认同也比较脆弱。有一些岛屿，特别是希腊和西班牙的 Balearics 和 Canary 群岛的旅游基础设施相当发达，过度开发也很常见。正因为如此，许多小岛旅游都试图升级或实行多元化经营。例如，马略卡岛（Mallorca）已经开发环保型旅游模式，塞浦路斯实行乡村旅游与山川旅游多元化经营，同时也积极宣传当地的美食与传统节日。克里特岛（Crete）大力推广当地的考古遗迹、乡村旅游，特别是工艺美术旅游。

　　撒丁岛（Sardinia）有许多受保护的遗产海岸地区。多年来尽管游客络绎不绝，但西西里岛一直是一个隐藏的宝藏。岛上有丰富的考古和建筑宝藏等待被发掘，而且像撒丁岛一样有当地独特的文化、方言和美食。Azara 和 Crouch（2006）曾经这样描述过骑马节（撒丁岛的一个节日）：多年以来游客比当地人更喜欢当地的传统节日。这也逐渐演变为重建文化的方式，许多当地民俗文化如果不复兴就很可能消失。然而，欧洲岛屿开发也遇到了一些阻力，如在科西嘉岛（Corsica），民众举行活动抵制旅游业（Richez，1996）；还有马耳他共和国的城市 Mdina 发生了居住人口外流，原因就在于他们觉得村庄似乎变成任人围观的动物园（Boissevain，1997）。

3.3.4 北欧

很显然，许多北欧旅游目的地以文化旅游作为发展旅游业的一种方式。既没有温暖的气候，也没有美丽的海滩，许多景区都依靠文化旅游和遗产旅游来吸引游客。商务旅游和会议旅游也是有利可图的旅游产品，文化活动和短途旅游逐渐成为会议旅游的一部分。随着欧洲廉价航空的蓬勃发展，新兴短途旅游城市景点也如雨后春笋般冒出。英国近年来以多元方式推广其古迹与当代文化，如文学、电影和电视旅游节目。

德国积极发展文化城市，如柏林与慕尼黑。莱茵河流域也吸引了众多的游客。比利时试图推广根特和安特卫普等知名度较低的小城市，还有更早建成的布鲁塞尔和布鲁日。同样地，游客也开始挖掘城市的文化元素，如荷兰的鹿特丹，它曾于2001年荣获欧洲文化之都的称号。其他特色城镇也一度成为受到好评的文化景点，如代尔夫特以陶器出名，高德以乳酪制品闻名世界。

图 3-7 安特卫普市中心

（资料来源：Melvyn Smith）

从传统来看，斯堪的纳维亚半岛与波罗的海国家比欧洲其他地区的吸引力小，这在很大程度上是由于人们认为去该地区旅游的成本很高，并且其气候寒冷、冬季漫长而黑暗，且地处北部边缘地区。然而，近年来，人们对斯堪的纳维亚半岛的城市和乡村地区都产生了浓厚的兴趣。这在一定程度上是由于人们越来越能负担得起前往哥本哈根、赫尔辛基、雷克雅未克等城市的机票，另外各地结合开往斯德哥尔摩与奥斯陆的航线，发展邮轮旅游。哥本哈根当选 1996 年的欧洲文化之都，斯德哥尔摩是 1998 年的欧洲文化之都，赫尔辛基和卑尔根在 2000 年并列成为欧洲文化之都，维尔纽斯是 2009 年的获奖城市，这项荣誉有助于增加这些景区的收益。一些游客开始对去北极看极光的专业旅游或游览芬兰圣诞老人洞穴的圣诞旅游产生兴趣。同样，芬兰北部和拉普兰的土著萨米人聚集地也是游客们感兴趣的地方。例如，Miettinen（1999）曾描述过当地人如何通过纺织品和工艺品遗产旅游来提升萨米人的地位。不过平心而论，除了城市地区，斯堪的纳维亚地区的旅游是以乡村产品而非文化产品闻名。大多数冰岛的旅游产品都围绕着大自然多样的地貌，如冰河、峡湾、岩浆、瀑布、温泉和湖泊，冰岛的文化，特别是维京文化遗迹，也吸引越来越多的目光。雷克雅未克城里有许多有趣的美术馆，艺术和工艺品的旅游越来越流行。格陵兰岛（丹麦的一部分）的文化大部分来自因纽特人。狩猎、捕鱼、狗拉雪橇在当地还是常见的情景。波罗的海三国的文化旅游见案例 3.2。

案例 3.2

波罗的海三国的文化旅游

波罗的海三国——爱沙尼亚、拉脱维亚、立陶宛——有很大不同，但在历史上有共同的经历。因此，这三个国家有相似的近代古迹。然而三个国家的语言不同，爱沙尼亚语接近芬兰语，拉脱维亚与立陶宛语比较接近波罗的海语系。爱沙尼亚和立陶宛的文化比较接近德国和斯堪的纳维亚地区，但是拉脱维亚的文化更接近波兰与中欧。

直到 21 世纪中叶，文化旅游的概念才开始在国家发展与战略中提到，但也仅仅是简单带过。例如，2002—2005 年的爱沙尼亚国家发展计划提到，爱沙尼亚的旅游资源是历史古迹（中世纪的城市中心、城墙与庄园），以及文化遗产（音乐、舞蹈、手工艺品和民俗庆典）。拉脱维亚试图专注于自己的历史、文化与传统，如古堡和宫殿，还有博物馆、美术馆、画廊、音乐和诗歌。2003 年欧洲歌曲大赛之前，拉脱维亚保有"吟唱之国"的美誉。立陶宛致力于推广首都以外的乡村旅游和海岸旅游，现在这个地区最热门的是乡村旅游和生态旅游，以及温泉旅游和海滨旅游，然而文化旅游也逐渐流行。维尔纽斯在 2009 年是欧洲文化之都，重点推广其手工艺品、生活历史、当代艺术和音乐。爱沙尼亚的 Kumus 美术馆当选为 2008 年欧洲年度美术馆，展示了波罗的海地区高品质的文化旅游盛宴。

3.4　中东和北非

中东和北非的文化旅游产业也在蓬勃发展。在阿拉伯联合酋长国的迪拜，令人惊叹的海滩、购物中心、沙漠及奢华酒店的组合掀起了一股旅游热潮，最具创新性的项目也同时在当地开展（见第 10 章介绍的迪拜世界项目）。其他的阿拉伯国家也积极宣传旅游产业，但主要是以"体验式旅游"为主，而非传统文化旅游（尽管伊斯兰教与沙漠文化也可能引起游客的兴趣）。迪拜即使不是世界级的艺术之都，也会成为中东地区新的艺术之都（见第 8 章的案例研究）。

持续的动荡和冲突有时会影响中东旅游业的发展（如伊拉克与以色列）。严谨的伊斯兰国家，如沙特阿拉伯，针对游客有许多规定限制，特别是对于非穆斯林游客和妇女。不过因为拥有麦加朝圣路线，它依然是全世界游客最多的国家之一（每年有近200万名游客）。有些人担心麦加会成为"中东的拉斯维加斯"——因为朝圣之路周边地区的商业化发展而失去其宗教精神。完善的购物和娱乐产业设施，再加上当地拥有的全世界最昂贵的居住区，每年可给沙特阿拉伯带来数以千亿的收益。每次朝圣之旅的花费大约是2 000～3 000美元（HVG，2008）。

另外，约旦、叙利亚、黎巴嫩等国家迅速走红，许多游客被当地的建筑遗迹深深吸引，更不用说当地文化了。约旦拥有中东最令人叹为观止的景观佩特拉（Petra）——纳巴特族建造的古城，这也是世界最令人惊叹的古迹之一。黎巴嫩的贝鲁特被称为"中东的巴黎"。虽然有过动荡的历史，这座城市已基本恢复了以前的繁荣。古老的腓尼基港口位于黎巴嫩南部的西顿和泰尔，很受游客欢迎，比布鲁斯（Byblos）据说是世界上最古老的持续有人居住的城镇之一。叙利亚被称为"文明的摇篮"，其丰富的历史遗迹来自许多文化（如亚摩利人、迦南人、腓尼基人、亚兰人、纳巴提人、波斯人、希腊人、罗马人的文化）。然而，目前的政治形势使它成为游客的禁区。像也门这样的新兴旅游目的地在该地区之外也越来越出名。也门曾经是东西方香料运输的枢纽，拥有丰富的历史遗迹，其祖先留下来以石头与泥土打造的"摩天大楼"相当有名。以色列和巴勒斯坦拥有极其丰富的文化遗产，但由于政治冲突和动荡，该地难以发展文化旅游。

埃及有世界上最著名也最受人喜爱的遗产，其中包括吉萨的金字塔、国王和王后谷、阿布辛贝神殿。然而，埃及也有它自己的问题，尤其是在20世纪90年代发生了针对游客的恐怖袭击。北非的文化旅游从整体看不断增长，游客在突尼斯和摩洛哥发现了文化城市和沙漠小镇。近年来，马拉喀什已经成为世界上最具异国情调的旅游目的地之一。撒哈拉沙漠的贝都因人文化旅游见案例3.3。

案例3.3

撒哈拉沙漠的贝都因人文化旅游

贝都因人居住在沙漠，属于游牧民族（或过去是游牧民族），有牧人的风格。他们的居住范围分布在整个沙漠带，从撒哈拉沙漠的大西洋海岸延伸到阿拉伯沙漠。

许多旅游从业者会用骆驼队或吉普车安排突尼斯或摩洛哥的撒哈拉沙漠之旅，旅程中通常要在贝都因人的帐篷住至少一晚。同时游客也有机会体验贝都因人的生活，如协助他们赶羊、捡柴火、从井里取水等。以色列旅游局将贝都因人旅游体验列为沙漠旅游景点之一。因此在过去几年里，贝都因人的住所和市场有稳定增长的客源。他们也支持两项女权运动——"沙漠刺绣"和"Negev编织"。他们的梦想是建立由女性主导的旅游村庄，展示贝都因人女性的风采。如今"Negev编织"已聘用150多位妇女雇员（Hatzeira，2007）。

然而许多贝都因人已经不住在沙漠里。20世纪90年代末期，埃及北部的东部沙漠已经出现贝都因人文化旅游的浪潮，但是在1997—2005年间这里几乎未下过雨，贝都因人因此被迫从事旅游业。许多人已经离开沙漠，聚集在沙漠中的旅游休息站（mahattas），而游客会在该地稍作休息（Hobbs 和 Tsumeni，2007）。许多贝都因人以旅游业为生，因此也受到经济衰退或恐怖袭击的影响。例如，2007 年 Sinai 的 Taba 地区遭受恐怖炸弹袭击后，所有从事运输、建筑、酒店、手工艺等行业的人都受到了影响。有位员工讲道："没有游客，就没有工作、没有钱、没法生活。"

（Hazlett 和 Carter，2007）

3.5 非洲

近几年非洲的文化旅游业发展相当迅速，但是由于各国基础设施的制约、频发内战、卫生条件差、贫穷等因素，非洲仅有部分地区有所发展。除了北非外，南非是世界上旅游业发展最快的地区之一。除了提供狩猎和野生动物旅游，南非也是许多土著文化的大本营，有许多世界闻名的酿酒地区（见第 7 章的案例分析）。冈比亚现在的旅游业发展得相当成熟，但是过去当地也并非没有问题。冈比亚旅游问题组织（Tourism Concern）成立的目的就是要让旅游更有民族特色，也更可持续。这是因为在大大小小已经被开发的保护区，当地居民并没有得到实惠。有些游客到冈比亚或其他西非国家是为了欣赏锣鼓和体验舞蹈节（如塞内加尔）。埃塞俄比亚也有世界遗产，阿尔巴尼亚人（Abyssina）的文化传统可以追溯到 3 000 年前。非洲大多数地方还以狩猎探险和野生动物旅游为主，但是在一些国家，如肯尼亚、坦桑尼亚、纳米比亚、赞比亚、津巴布韦（政治局势稳定的时候）可以进行生态旅游，其中也包括文化方面的旅游活动（如在村庄留宿或游览）。

图 3-8 冈比亚海滩上的渔船

（资料来源：Georgina Smith）

肯尼亚和坦桑尼亚的马赛旅游业已经相当发达，但是还没有实现可持续经营（见第6章的案例分析）。桑给巴尔岛（Zanaivar）有世界遗产——石城，还提供香料旅游和乡村旅游。其他非洲岛屿，如马达加斯加，推广生态旅游，塞舌尔和毛里求斯更注重海滩旅游，尽管它们有有趣的克里奥尔（Creole）文化。

3.6　美洲

Timothy 和 Boyd（2006）指出，美洲有超过144处世界遗产，文化遗址最多的是墨西哥、巴西和美国。其中，最负盛名的是秘鲁的马丘比丘（Macchu Picchu）与墨西哥的印加文明。然而，其他国家也拥有至少一处世界遗产。值得注意的是，美洲的文化遗产覆盖了前殖民时期、殖民时期和后殖民时期，还包括玛雅、阿兹特克和印加文明的古老遗址。

美洲的很多国家已经有完善的原始生态旅游规划，如厄瓜多尔、哥斯达黎加、危地马拉和伯利兹。土著居民制作的五彩缤纷的工艺品很受游客欢迎。亚马孙雨林的生态保护区在巴西等国家也很常见。许多游客来到秘鲁是为了参观马丘比丘古道，并更多地了解印加文明。墨西哥的坎昆是个负面例子，旅游业破坏了该地区的大部分文化特征，除了像图伦这样的地方，它因为不同寻常的位置保留了玛雅文化遗址。墨西哥内陆还有许多传统的城镇和乡村。

许多游客被布宜诺斯艾利斯这样的国际城市所吸引，探戈舞也逐渐风靡全世界。近年来，像麦当娜主演的《埃维塔》（Evita）这样的电影大受欢迎，提升了阿根廷的形象。人们去巴西是因为它的海滩文化，也因为它举世闻名的狂欢节。里约热内卢的基督雕像也吸引了许多宗教朝圣者。智利以其美丽的风景而闻名，但人们也对它的文化感兴趣，尤其是巴塔哥尼亚牛仔文化。

北美洲文化旅游的范围相当广泛，美国有迪士尼主题公园和好莱坞，也有国家公园和印第安人保护区。除了美国本土印第安人的文化，因纽特人的文化在加拿大也很重要，尤其是在北极圈附近。因纽特人的部落通常以"混合经济"为特色，但是他们主要依靠国内生产来增加收入，如狩猎、捕鱼、猎杀和采集。但是国内生产的利润并不高，因而失业率比较高。发展旅游为土著部落提供了巨大的经济帮助，但必须要注意采取最适合当地社会和文化结构的发展方式。以前在加拿大北极圈内以社区为基础的旅游业，由于缺乏内部控制，以及在部落内部也没有达成共识，一般来说不是很成功，而且长远来看无法"可持续"经营。然而1983年，加拿大西北地区政府拟定"以社区为基础"的旅游策略，目标是建立环境和文化都可持续发展的旅游模式，在经济上可以极大提高居民的收入和就业率（GNWT，1983）。阿拉斯加有很多土著居民（大约是该地区总人口的16%），因此乡村部落旅游和生态旅游都正在发展（见第6章案例分析）。

美国各州都有其独特的文化，有些游客对印第安人文化有兴趣，有些人对"西部蛮荒"和"牛仔"文化有兴趣。像纽约、旧金山和洛杉矶这样的城市是世界上文化最多元的城市之一。例如，纽约拥有令人叹为观止的高密度视觉与表演艺术。在加拿大，有一个创意城市网络，许多城市可以提供真正的多元文化体验，如多伦多、温哥华、蒙特利尔和魁北克都提供英法文化。魁北克市的历史城区是世界遗产，蒙特利尔则举办过世界上规模最大的爵士音乐节之一。新奥尔良的多元文化旅游见案例3.4。

图 3-9 玻利维亚的土著居民

（资料来源：Edward Smith）

案例 3.4

新奥尔良的多元文化旅游

　　路易斯安那州的新奥尔良最出名的是当地多元的文化和语言——主要体现在遗产、建筑、美食和爵士乐上。该地每年都举办狂欢节（Mardi Gras），还有其他庆典与节日活动。新奥尔良文化遗产包括美洲文明、克利奥尔文明和法式克利奥尔文明。这个地方的非裔人士、印第安人和欧洲移民都混居在一起。在法国政府的鼓励下，新奥尔良变成一个独具特色的城市，常常被称为美国最"特别"的城市。

　　新奥尔良的音乐遗产源自这里曾经是唯一允许奴隶拥有鼓的地方。充满音乐与舞蹈的文化由此诞生。到19世纪80年代末，爵士乐已经变成一种受欢迎的音乐形式。许多世界上最早、最优秀的爵士乐手与乐团都在这里诞生。

　　新奥尔良的美食受法国、非洲、美洲的共同影响。例如，路易斯安那河岸区的乡村风格食品混合了南方口味和法式风格；克利奥尔美食发源于新奥尔良，口味由欧洲移民与非洲移民的口味混合而成。事实上，Slater（2004）注意到，当时路易斯安那州的主要标志就是其独特美食。

新奥尔良狂欢节是中世纪就有的传统，由法国巴黎传入北美。第一个黑人狂欢节组织——"原始伊利诺斯俱乐部"——在1984年成立。2年后，狂欢节成立其第一个女性团体"神秘妇"（Les Mysterieuses）。20世纪出现的"祖鲁"（Zulu）是最受欢迎的俱乐部（或团体彩车）之一。在20世纪80年代，新奥尔良狂欢节吸引了很多游客。因此，狂欢节变成全年都有的活动，即使在淡季也可以看到在城市里面举行迷你的巡游或宴会。

（新奥尔良市旅游官方网站，2009）

加勒比群岛通常吸引喜欢海滩与自然风光的游客，岛上有包括蜜月项目或水疗项目在内的特别套餐。加勒比海地区的国家都有过不同的殖民历史，而且很多游客对这段殖民历史非常感兴趣，这些文化通常表现在食物、语言、建筑等方面。加勒比文化也因其轻松的生活节奏和生活乐趣而广受欢迎，而这在其他快节奏的国家是十分罕见的。雷鬼音乐、品酒和舞蹈是其部分魅力的体现，当地人的热情和好客也吸引着游客。电影《加勒比海盗》及其续集也大大促进了该地区的旅游业发展。

夏威夷多年来一直都是世界各地游客涌入的地方，不过大多数游客来自美国。可惜的是，夏威夷已经经历了旅游饱和—衰落—夏威夷原始文化的商业化的典型旅游周期。夏威夷女郎跳草裙舞的景象随处可见就印证了这一点。但是政府近几年试图要找回本土文化的传统自豪感，也要重建一定程度的真实感（Pacific Island Travel，2007）。

3.7 亚洲

亚洲显然是丰富而多元的文化区，很难将其文化的渊源一概而论。一些新兴国家还在为基础设施和景点开发而努力。例如，Gruner（2007）将塔吉克斯坦描述为一个道路不畅、出租车不安全、街头犯罪纵横的国家；土库曼斯坦则是一个自然景观单一、既有严冬又有酷暑的国家。但是，2013年阿塞拜疆在其首都巴库举行了欧洲歌曲大赛，使其知名度有所提高。许多其他地方也相对成功地发展了旅游业，如格鲁吉亚。有些勇敢的游客搭乘跨西伯利亚火车从莫斯科经过乌拉尔山脉来到符拉迪沃斯托克，全长大约6 000英里。虽然天然景观是主要的旅游景点，但是许多游客可以在途中短暂停留，并享受当地文化活动。他们可以在第一站或最后一站停在莫斯科，再到达蒙古国的乌兰巴托、被誉为"西伯利亚的巴黎"的伊尔库茨克，或欣赏世界遗产喀山克里姆林宫。

印度是个相当多元化的国家，许多人会花上几个月在印度进行旅游体验。印度有数不清的世界遗产，然而对大多数游客来说，安排一两周游览主要宫殿、城堡和寺庙就感到心满意足了。拉贾斯坦邦的沙漠也是游客体验骑骆驼和乡村生活的常去之处。许多游客来到印度是为了感受宗教的气息，因而这些人会花时间在寺庙修行、冥想，或在瑜伽中心待上一段时间。南印度的喀拉拉邦有阿育吠陀（Ayurvedic）的传统治疗法，也越来越受欢迎。印度的山区也可以为游客提供享受当地文化的机会，在尼泊尔和不丹也可以如此。案例3.5介绍了令人难以置信的印度。

令人难以置信的印度

2002 年，印度政府、旅游和文化部推出了"令人难以置信的印度"的旅游广告活动，受到了全球旅游业的赞誉。印度是一个多元化国家，许多游客对它又爱又恨。印度人口增长迅速，而且似乎仍在不断增长，并呈现民族多样化。从 20 世纪 90 年代起，印度优先发展旅游业，其中包括树立品牌形象，将印度包装并推向世界舞台。印度政府宣布 20 世纪 90 年代为"旅游十年"，将印度作为一个民族国家重新推上世界舞台，根据当时的思潮（即 Pine 和 Gilmore 的影响），重点发展"体验经济"，这一灵感来源于 1998 年令人惊叹的泰国旅游业发展和马来西亚的旅游宣传广告（"马来西亚——真正的亚洲"）。"令人难以置信的印度"运动是由印度旅游局于 2002 年发起的，其同时发布了丰富多彩和充满活力的印度代表图片，如泰姬陵、孟加拉虎、喜马拉雅山等。印度政府鼓励每个邦发展自己的区域形象和标志，之后可以纳入国家形象品牌。第二年，印度还推广了其文化遗产，如瑜伽和冥想，在伦敦和纽约等大城市举办了为期几天的特别促销活动。21 世纪，人们认为世界上没有哪个国家会通过这种规模宏大的运动来宣传自己。Geary（2013）认为，"这些用来宣传本国的图片和演讲呈现出印度作为一个协调的文化镶嵌体和一个新兴的世界大国的独特愿景"。但这些光鲜亮丽的运动并不能代表印度的"真实"生活，特别是印度的极度贫困。所以人们认为政府本应拿出用于推广的巨额预算中的一部分来发展旅游，以缓解贫困。

（Geary，2013）

斯里兰卡长年处于政治问题和内战的漩涡中，而且于 2004 年遭受海啸重创。传统佛教文化、古城遗址、岩石寺庙、殖民地建筑的结合，使其成为文化旅游、沙滩旅游、野生动物旅游的热门目的地。

马尔代夫有 1 200 多个岛屿，虽然当地以美不胜收的海滩著名，但也提供文化体验活动。活动包括参观渔村或和当地渔民一起出海，以及游览文化中心和购买手工艺品。不过马尔代夫的政策是把游客和当地人分开，以减少对彼此的不良影响。这意味着游客只能在受邀的情况下才能到旅游区以外的小岛参观游览。

东南亚是这几年发展最快的地区之一，泰国、越南、老挝越来越受欢迎。佛教文化的吸引力在于美丽的寺庙、平静的僧侣和禅修的场所。到山区部落徒步寻访很受欢迎，越来越多的游客进入泰国北部的清迈和清莱寻访部落。大多数旅程是 2 ~ 3 天的时间，有当地的向导带着游客穿越丛林地区，并在部落村庄留宿。当地提供的活动包括登山、划竹筏、骑大象。柬埔寨吸引了很多要去吴哥窟的游客，同时也吸引民众到"民族屠杀地"参观。缅甸近年来的旅游业有所发展，但是发展状况还不稳定。

马来西亚有许多民族文化，如马来文化、中华文化、印度文化，还有沙捞越及沙巴土著文化，以及欧洲殖民时期留下来的遗产。马来西亚根据外国人对宗教多元化的兴趣，利用该国旅游业推广其宗教精神，游客可以参观伊斯兰教的清真寺、基督教的教堂、佛教的庙宇，在乡村地区可以看到锡克教的谒师所。伊班人是沙捞越和婆罗洲最主要的民族，

图3-10 尼泊尔的寺庙群

（资料来源：Melvyn Smith）

图3-11 被千年古树缠绕的柬埔寨寺庙

（资料来源：Edward Smith）

游客可以坐船参观他们的房屋和村庄。有些景点早在 20 世纪 60 年代就有游客的踪迹。游客会在长屋住 1~2 天，在主人的邀请下一起用餐。当地的旅游活动有丛林徒步、欣赏文化表演（如舞蹈、音乐、歌唱）、购买手工艺品、观赏特殊活动和庆典。新加坡当地的殖民地遗产很受游客欢迎，更重要的是它有闻名世界的莱佛士酒店。印度尼西亚著名的景点有巴厘岛。虽然在 2002 年和 2005 年巴厘岛都发生过恐怖袭击事件，游客仍然到此旅游，不仅是为了享受海滩，也是为了享受此处的文化盛宴。

图 3-12　印度尼西亚的寺庙

（资料来源：Georgina Smith）

菲律宾是一个由 7 107 座岛屿组成的群岛国家，共有 100 多个民族，其多元文化受印度、马来西亚、中国、西班牙、美国等国文化的影响。其最负盛名的是海滩旅游（如长滩岛旅游），但文化旅游的潜力也很大，菲律宾的保和（Bohol）有世界第一个"生态文化景点"（Bohol Tourism，2009）。

中国是全世界旅游业发展最快的国家之一，约有 45 个世界遗产、许多的文化城市、多元化的民族和节日。日本也有许多世界遗产，如广岛的第二次世界大战遗迹。许多游客专门来日本赏樱、欣赏艺妓文化和仪式，以及感受禅宗的理念。日本还有丰富的温泉资源，其温泉洗浴也是具有代表性的传统和遗产。

蒙古国是一个越来越受欢迎的旅游目的地。虽然大部分的旅游活动都是建立在风景和骑马的基础上，但很多游客还是和当地人一起住在蒙古包里，了解他们的文化和生活方式。案例 3.6 介绍了蒙古国的那达慕大会。

蒙古国的那达慕大会

那达慕（Naadam）大会是蒙古族人每年最快乐、最盛大的庆典。蒙古国的那达慕大会每年 7 月举办。这个庆典可以追溯到匈奴帝国时期，最早是为了测试蒙古族不同部落的勇士们的技能而举办的比赛。2006 年那达慕大会是"大蒙古国"800 周年庆典。这个活动举办了整整 3 天，所有庆典活动的高潮是"男子三艺"，即摔跤、射箭和赛马，这也是蒙古族最著名的运动。除了摔跤，女性可以参加所有的活动。那达慕在蒙古语中的意思是游戏或竞争。那达慕大会的前两天进行竞争项目，第三天大家又其乐融融。

庆典以丰富多彩的游行开场，有运动员、僧侣、士兵参与游行，乐团演奏军队音乐，蒙古国人民会穿上成吉思汗风格的勇士服。512 或 1 024 名摔跤选手在中央运动场的绿色草地上进行比赛——没有时间限制、没有体重分级。骑马项目根据马匹的年龄分为 6 种，比赛距离最短 15 公里，最长 30 公里。射箭是蒙古族最古老的运动，其发起时间已经不可考证。传统上这些都是男子运动，但是现在男性和女性都可以参赛。

Rushby 认为蒙古国的那达慕大会相当于将奥林匹克运动会、全国大赛和圣诞节的活动全部结合一起。每个小镇、村庄、游牧营地一起狂欢，错过非常可惜。

（Mongululs. net，2009）

图 3-13　蒙古国的那达慕大会

（资料来源：George Smith）

3.8　澳大利亚、新西兰与南太平洋岛屿

澳大利亚、新西兰的城市都有丰富的多元文化，尤其是悉尼、惠灵顿等城市，但是这两个国家最著名的是引人入胜的自然美景，特别是海岸风光。澳大利亚有非常独特的丛林和内陆文化，新西兰有独特的山脉、火山和温泉。然而，澳大利亚土著居民和新西兰毛利人的传统遗产一直被用于这两个国家的文化旅游营销。

毛利人从事新西兰旅游业已经 140 多年了，主要集中于北岛的罗托鲁瓦地区。和其他有殖民历史的国家一样，毛利人和白人定居者之间的关系有时令人担忧。虽然许多最早的旅游项目由毛利人自己开发（如住宿、导游、交通），但在后来的几年里，许多项目被白人强行取代（Barnett, 1997）。在过去的 20 年里，游客对毛利文化重燃兴趣，因此毛利人重点发展其文化旅游业、文化产品，以及本土文化代表性。从 20 世纪 90 年代开始，新西兰毛利旅游联合会试图代表毛利人的利益，保护毛利文化。如今，毛利人拥有越来越多的旅游项目（如住宿、旅游、交通）。毛利人在地热泥浆和硫磺温泉水中沐浴、进行疗养已有 700 多年的历史，因此当地人开发了温泉旅游项目（如罗托鲁瓦的波利尼西亚温泉和地狱之门地热公园）。

澳大利亚土著居民的政治地位一直不高，还存在很多社会问题。但世界各地人民对土著文化，尤其是对土著艺术（如绘画和手工艺品）十分感兴趣。

南太平洋岛屿最为著名的也许不是它们的文化，而是其迷人的海滩。不过，这里的土著文化相当丰富，还保存着殖民地遗产。这里的生态旅游项目包括由当地人引领的旅游观光、家庭寄宿和乡村旅游，越来越受游客的青睐。案例 5.3 介绍了南太平洋岛屿的文化旅游。

案例 3.7
南太平洋岛屿的文化旅游

Zeppel（2006）讨论过许多乡村生态旅游，其中包括所罗门群岛、斐济、瓦努阿图、新几内亚、萨摩亚等国家的生态旅游。这些小岛大多数都依靠国外援助，以农业、渔业、木材和旅游业为生。在这些群岛与其他的小岛（如库克群岛、新喀里多尼亚岛）上，旅游业可以占当地 GDP 的 50%。然而，由于这些岛屿相距较远，能吸引的游客只有加勒比海地区游客的 1/10。

住在当地人家的旅游行程越来越受欢迎，乡村旅游也是如此。所罗门群岛、斐济、瓦努阿图、萨摩亚等国开发了乡村住宿、生态度假村、雨林之旅等小规模社区生态旅游项目。旅游业给当地居民带来了收入，同时使当地村庄有能力保护其独特却脆弱的环境。大多数村庄和部落酋长都希望旅游业采取以村庄为单位的经营模式，而不是由个人或家庭来经营。

可是有些国家的旅游业发展受到局限（如基里巴斯共和国、纽埃），因为它们地处偏远，难以进入，游客数量少，缺乏培训、资金和营销。总的来说，这些国家的发展在很大程度上依赖于捐助者的援助（如澳大利亚、日本、新西兰的援助）以及非政府环保组织的支持。大多数村庄生态旅游项目都在保护区中，因此倾向于专注地貌、野生动物、景观

而不是传统文化风俗的保存。但是手工艺品、音乐、舞蹈和其他的传统文化风俗其实都可以通过发展乡村生态游获得支持或恢复。

（Zeppel，2006）

3.9 结论

本章展示了世界不同地区和国家文化旅游的多样性。虽然许多国家将文化旅游与生态旅游或自然旅游相结合，但很少有国家没有文化旅游。游客可能跟随世界遗产名录而到特定的地方旅游，也可能被多样的土著文化吸引。世界上几乎没有什么地方是完全无法进入的，当然，对偏远的小岛屿（如太平洋上的小岛屿）来说，吸引游客显然要困难得多。虽然许多村庄都致力于发展旅游业，但是在遭受恐怖袭击或自然灾害时，会产生相反的效果，这可能让当地居民失去维生的技能。游客也经常被当地人的生活方式吸引，因此土著文化旅游依然蓬勃发展。随着一些发展中国家的非物质文化遗产被纳入世界遗产名录（见第 5 章），遗产旅游的空间分布开始发生变化。这并不代表过去欧洲经典的文化城市、小镇、遗址会被忽略，因为这些地方依然可以吸引很多游客，有时甚至超过其承载能力。游客可以从更多的目的地、活动和体验中进行选择，使自身的生活更加丰富，同时也提升当地人的生活品质。

思考题

1. 你同意文化旅游正变得不那么"以欧洲为中心"吗？
2. 当今世界的哪些国家、地区和景区越来越受到文化游客的欢迎？
3. 大众文化旅游现象日益普遍，尤其是在城市和遗产地。哪些人是受影响最严重的？是如何受到影响的？

建议阅读书目

Hall, M. C. and Page, S. J. (2014) The Geography of Tourism and Recreation: Environment, Place and Space, London: Routledge.

Williams, S. and Lew, A. A. (2014) Tourism Geography: Critical Understandings of Place, Space and Experience, London: Routledge.

第 4 章

文化旅游政治学

"我们可以谈论游客目光的全球化，因为多样的目光已经成为全球文化的核心，它们令人敬畏地席卷了几乎所有地方。"

(Urry，2002)

4.1 引言

本章关注旅游文化政治学，即世界不同国家和地区因为复杂的历史与政治背景，形成了多样化的发展路径。即使不能进行一般化概括，本章也试图概述那些有着相似历史背景的国家（如后殖民国家、拥有土著居民的国家、新兴国家等），研究其文化旅游的典型发展模式；同时还简要分析了卷入政治和宗教冲突的国家及其旅游业受到的影响。本章首先探讨全球化，然后讨论旅游在何种程度上被认为是一种新形式的帝国主义。

4.2 全球化与旅游

近几十年来，社会文化分析理论倾向于关注全球化。显然，全球化不是一种新现象，而且随着新媒体、科技、社交与交通的发展而不断发展。因即时交易、沟通媒介、旅游与科技的革新，世界也似乎日益缩小。

Barber（1992，1995）认为全球化发展是一个并行且矛盾的过程。他指出，就像这个星球因为文化冲突而分崩离析一样，全球化进程也导致了大家（往往是不情愿地）走到一起。这个过程就像两方的对抗。一方代表着保护主义的复兴，民族国家、地区、部落和其他群体通过保护主义维护自己的文化自主权和身份，往往愿意为之战斗至死；另一方代表着统一的，由快餐、流行音乐、快速计算机和其他全球化的标准化产品组成的融合的世界。

然而，全球化过程显然是不对等和不平衡的。Li（2000）认为，全球化并非真正的全球化。全球经济发展是由少部分西方强势国家与公司带领，他们掌控标准化经济与文化产品，成为经济全球化的少数受益者，对其他地区的当地文化、传统与语言产生深远影响。尽管文化民主化已成为事实，但是全球政治、媒体、大众媒介与科技等已逐渐两极化，并且只有少数国家可以参与。除了通过发展旅游，大多数发展中国家几乎没有经济发展的机会，这些旅游带来的更多是接待而不是发展。在世界上某些最贫困的地区，这种反差更为明显。例如，在印度塔尔沙漠中的村庄 Rajasthan，外国登山客可以向身背冰镇饮料贩卖箱的村民购买可乐和芬达汽水，而这里很多村民甚至连基本的生活用水都没有，他们必须跋山涉水到数公里外去购进这种"珍贵"的商品。同样，在泰国北部偏远的森林地区也是如此。虽然国际品牌无所不在，但是当地村民却仅仅能维持生计。旅游全球化已加剧了主客的不平等与依附关系，这不仅容易使当地居民将自己变成服务者、向导或地陪的角色，他们也面临越来越大的西方奢华商品的诱惑，尽管这些东西超出了他们的消费能力——仿佛希腊神话中 Tantalas 对于水的渴求。地方贫困和全球财富的并存似乎是旅游业的固有组成部分，但正如讨论可持续发展的第 11 章所显示的那样，这种情况不必继续下去。

随着全球化的加剧，有些人认为文化也日渐标准化与同质化。然而，尽管负面影响是证据确凿的，但战后去殖民化、大规模的移民与国际旅游业的增长等丰富了世界文化，形成了文化多样性和崭新的具有世界性的文化形式。全球化显然是复杂、矛盾的现象，它为文化共通和文化差异提供了新的发展空间。这可以被看作一个能够使不同文化形式杂糅的有创造性的过程，也可以被视为文化同质化与标准化的过程。文化融合可以说是全球化令人兴奋的一面，不同元素的融合可以创造出新的文化形式。这一点在西方的饮食、时尚和音乐中表现得尤为明显。例如，异国色彩在主流文化中扮演的角色日益重要。

文化具有高度的流动性，也是随处可见的，但也具有本土化特点。Meethan（2001）认为，"文化的流动性与界限性并存，是文化全球化的基本概念"。人们可以通过虚拟旅游体验世界上的博物馆，坐在扶手椅上通过观看旅游节目欣赏文化之美，或在网上购买具有民族特色的艺术品。然而，对于有的不能被轻易"媒体化"的旅游活动，除非到当地参加这些活动，否则不会有真正的体验。尽管现在人们喜欢模拟式体验和替代式的创意活动，但是对于文化游客而言，身处独特的文化环境，进行有（感知）真实性和互动性的体验，是无法替代的。

然而，如今的游客几乎可以走遍世界各地，并且得到他们想要的一切。Urry（2002）针对全球化中游客关注的问题进行了详细的讨论。他在旅游史中的许多论述至今仍然被引用："19 世纪以来，对游客的讨论已从单一形式发展到各种各样的论述、形式和具体实践。"Graham 等（2000）描述了（文化）旅游发展如何对"全球化"中的文化遗产管理产生帮助：

> 我们可以这么说，国际旅游不可避免地增长，以及文化遗产和艺术对旅游业的重要性，是作为所有人民财产的全球遗产存在的最有力的表现。每个国际游客都认同世界遗产的存在与访问它们的权利。

4.3　旅游：全球帝国主义的新形式？

近几年来旅游业已成为在全球具有广泛影响力的产业，世界上只有为数不多的地方未被涉足。只有非常偏远地区是"远离旅游业"的，即使如此，还有其他全球势力觊觎这样的地区。旅游，尤其是文化旅游，已成为改变目的地传统风俗与生活方式的力量。正因为如此，文化旅游逐渐政治化，政府在权衡其发展利弊时，往往仅从经济利益观点出发，希望由此进入全球竞争市场，却往往忽视了环境与社会文化所受到的影响。因此，维护自身利益的任务就落在当地居民自己身上，这往往是因为他们缺乏足够的政治支持。

从 20 世纪 70 年代以来，关于旅游是否成为新形式的帝国主义的争论成为主流

（Turner 和 Ash，1975；Nash，1977）。人们担心在相当一段时间里，旅游业将继续受西方发达国家的影响，使东道国依附于此，迎合其需求。游客仍主要从发达国家流向发展中国家。世界上大多数人口，尤其是一些最贫穷的国家的人口，可能从没有到国外旅游的机会，甚至连自己的城镇或村庄都没有走出去过。因此，当地人保持着一成不变的生活方式，并且他们只能为这些四处观光的大方的西方游客服务。这样不均衡的关系带来的心理影响和它们产生的社会经济问题一样重大。

许多关于旅游作为帝国主义的一种新形式的讨论都起源于经济发展理论。传统经济学家习惯用核心-边缘理论与增长-依附关系定义东道国与其西方"捐助国"的关系。Mowforth 和 Munt（1998）描述了西方资本主义国家是如何通过没收发展中国家的盈余而发展起来的，这些盈余很大程度上依赖于出口导向型产业（如香蕉和咖啡）。核心-边缘关系的概念在依赖理论中被用来强调这种不平等的、常常是剥削性的关系。Nash（1989）将帝国主义视为海外社会利益的扩张。核心国家（通常为前帝国主义国家）把势力凌驾于边缘国家之上。Burns（1999）谈到，对依附理论学者而言，发展与不发展只是同一硬币的两面：西方资本主义国家首先通过重商主义获得盈余，然后再通过殖民主义剥削发展中国家，同时产生发展核心国与抑制边缘国家的综合效应。

Mathieson 和 Wall（1992）认为旅游作为新形态的帝国主义或殖民主义有三个经济条件，分别为：

1. 发展中国家把发展旅游作为维持收入的方式。
2. 大部分的支出与利润回流到外国投资者手中而产生高流失。
3. 专业人士和管理阶级并非当地居民。

Hall（1994）认为，旅游被视为帝国主义或经济依附的关键在于核心国与边缘国关系的本质。如果有着霸权关系，其影响将扩大到社会文化层面。例如，当地居民可能对他们自己对游客的奉承行为没有质疑，因为这被视为一种固有的、往往是继承的社会和文化规范的一部分。

然而，从许多方面看，把旅游业与帝国主义的进程相提并论未免过于简单化，如 Lanfant（1995）所言：

> 旅游体系的影响并非势单力孤，如果继续打着新殖民主义之名，逞霸权和帝国主义之威，将无所依归。旅游体系是一个代理人的网络，其关系到各种难以定义和相互矛盾的动机。

4.4 全球本土化与旅游

Richards（2007）描述了全球化与本土化的进程，为游客和当地人提供了一个看待旅游业的新平台，以及新概念和新观点。他注意到，面对全球化，本土化必须坚持不懈，全球与当地的接轨不一定是负面的。近几年，"全球本土化"这个说法也逐渐普及，全球与本土之间的关系往往被认为是一个问题的两面，而非截然对立的（Robertson，1992）。全球本土化代表了政治、经济和社会文化问题的交集，强调全球结构和进程对当地和社区的影响。Ritzer（2004）将全球本土化定义为"全球与本地以一种独一无二的方式在世界不同的地区进行阐释"。因此，全球本土化代表着全球化的结果（有形和无形的），如异质性或混合的文化、民族与文化认同。在全球旅游的背景下，国际游客接触到当地环境与社区，从而影响文化交流。旅游有时也有助于加强地方认同感和保持当地特征。总之，Smith（2005）把全球本土化描述为"全球化对本地影响的积极解释，即社区代表并维护其全球独特文化的过程"。这种影响可以通过媒体和旅游的方式实现。Reisinger（2013）认为：

> 全球本土化，或者说是全球大众旅游的本土化，以及发展本地文化旅游是保护地方文化的重要方式，也是抑制地方文化退化的重要途径。只要地方社区保持对自身产品的自主权，地方产品就会获得认同，传统价值也会得到提升。

然而，全球本土化也有负面影响。例如，Bauman（1998）认为，全球本土化这个词是根据一些人的自由流动和另一些人囿于自己生活的环境对社会进行的再分层。例如，游客主要是单向流动的（如从西方到东方，或从发达国家到发展中国家）。因此，旅游常被视为一种新形式的帝国主义，会造成文化入侵（acculturation）与激烈的社会结构变化，而非文化混合（外国势力长期持续影响的必然结果）。与之类似，全球经济与商业发展常常被认为是"帝国主义的"，即使它已经有了本土化的特点。但是近年来，随着欧洲经历严重衰退，游客的流向也发生了戏剧性的变化，如流向巴西、中国、印度和俄罗斯等国家，甚至中东地区也成为旅游增长最快的地区。尽管 2014 年俄罗斯受到政治和经济制裁，游客量下降，但是俄罗斯仍然有大量具有消费能力的游客。有一种看法认为旅游业应当迎合穆斯林游客，Stephenson（2014）探讨了如何在酒店业作出调整。

然而，Ritzer（2004）认为，资本主义国家的主导和组织应该被称为"全球化"而非"全球本土化"。他谈到，如 Robertson（1994）所言，全球本土化的主要特色在于对差异的敏感度、对世界大同主义的接纳、对自主性与对个人或群体创造力的尊重。因此，他认为当地人被动地接纳全球化是一个错误的观念。Friedman（1999）认为，"健康的全球本土化"是一个过程，通过这个过程，当地吸收外国文化的某些方面来丰富自身，但是拒绝接受那些会对其传统或身份产生负面影响的东西。

因此，总的说来，全球本土化是全球化对当地影响的积极解释，也是当地团体以新媒体为媒介向全球展现和维护自身独特文化的过程。

4.5 历史与政治：文化旅游的形成

世界可以划分为若干具有相似特征和资源的区域。每个国家与地区都拥有其文化特点，但历史进程与政治压迫常常会限制民族国家表达其文化的程度。一些国家和地区处于长期的政治纷争中，有时会影响到旅游业。这些地方的政治冲突不但不能吸引游客，反而大大阻碍了旅游发展。从其他情况看，政治因素对旅游也有相当大的影响。例如，英国外交部在 2015 年建议游客不要到下面几个地区旅游：伊朗、埃及、利比亚、叙利亚、阿富汗、乌干达部分地区、泰国部分地区、突尼斯。由于美国没有在伊朗和朝鲜设立使馆，美国游客被告知不能去伊朗和朝鲜旅游。2015 年巴黎遭到恐怖袭击后，一些城市提高了警戒等级。2014 年在尼日利亚发生的绑架和暗杀也使其被视为不适合旅游的地方。

4.5.1　后殖民国家

西方游客热衷前往前殖民地国家旅游，或许是因为怀念他们曾经"荣耀"的时光，或许是单纯地因为对当地的语言、建筑物、饮食或其他遗产很熟悉。例如，英国人喜欢去印度旅游，西班牙人喜欢访问南美洲，法国人热衷于去越南等。欧洲社会一直难以接受曾经帝国的衰落。在 Hall 与 Tucker（2004）的研究中，很多学者认为殖民思维和话语在当代旅游业中远未结束，尤其是许多欧洲人可能对帝国主义怀有怀旧之情，并可能将其理想化。因此，他们被自己对前殖民地景观、建筑和人民的神话和幻想所吸引；而同时，当地人可能会很开心地褪去殖民色彩并重新开始。例如，Fisher（2004）援引了斐济的 Levuka 案例，在那里，许多非欧洲裔的当地居民认为，老旧的殖民地建筑物应被拆除并由功能性更佳的新建筑取代，很少有人会考虑那些建筑物所代表的历史意义。他们也相信，无论建筑是否还在，建筑所在的地方都会以某种方式保留他们的精神或"魔力"。

Henderson（2004）描述了马来西亚相当多元化的殖民历史，其建筑物留有葡萄牙、荷兰、法国与英国的殖民痕迹。她指出，马来西亚后殖民政府的工作会因为多元的民族与宗教信仰而更加复杂。许多殖民时期建造的大楼被保存下来，但使用功能早已改变。

对殖民历史和遗产的解释和呈现可以根据谁在做文化遗产解释和谁是观众进行甄选和过滤。这可能是为了避免让游客感到震惊或不安，也可能只是为了向殖民者或东道国展示比他们实际应得的更积极的一面！

4.5.2　"新"民族国家

Sarup（1996）曾论述过民族国家是如何根据国家疆界、共有遗产或一致的特色所定义，这些关于民族国家的论述常常与土地、神话典故与文化有关。人类天生需要属于这样一个同质实体，这可能会助长民族主义意识形态，这种意识形态需要融合外来文化或同化外来文化（如移民文化）。然而，身份认同感不是一成不变的，而是会随着不同社会力量的强弱而改变。

显然，并非所有的"新"民族国家都会受到游客的喜爱，有些甚至会花大量时间使游客相信他们是安全的。有些国家仍处于政治动荡中，而这对其旅游发展是绝对不利的，甚至有些国家还未能为游客熟知。然而，克罗地亚与斯洛文尼亚是欧洲最受欢迎的两个国家。捷克共和国，尤其是布拉格，形象很好，也有很高的访问率。摩尔多瓦提供一些有趣的遗产旅游和乡村旅游形式。然而有些国家却提供文化旅游之外的旅游形式，如帕劳是世界潜泳天堂之一，纳米比亚则主要提供野生动物旅游。

4.5.3　拥有土著部落的国家

世界上许多国家的土著部落常被称为"第一民族"，他们在殖民者入侵前千百年来居住在那里。澳大利亚、新西兰、美国等都有这样的土著部落。从 18 世纪早期开始，欧洲各方势力的快速扩张就对这些国家的文化产生了深远的影响。在美洲、非洲、亚洲与太平洋地区的探险与殖民，经常导致领土纠纷与文化冲突，甚至摧毁与改变了土著部落的居住环境（见第 6 章）。

然而，很讽刺的是，这些殖民国家的身份认同因为其镇压土著居民而具有争议性。因此，像澳大利亚这类国家的居民（非原生居民）对于国家身份的认同常产生疑虑。

常常有许多澳大利亚人会说澳大利亚没有也不需要民族认同。事实上，20 世纪 70 年代，Grassy 曾说，即使是在人口普查表格上确认祖先是澳大利亚人这样简单的事情，也是种族优越主义态度的体现……（Convict Creations，2009）。澳大利亚营火野炊节见案例 4.1。

案例 4.1
澳大利亚营火野炊节：认同的探索

Chappel 与 Loades（2006）讨论了澳大利亚昆士兰州南部 Millmerran 的野炊节的重要性。在欧洲人定居澳大利亚的早期，营火野炊是牧羊人用来热食的方式，如今已演变成为澳大利亚遗产的一部分和最重要的文化象征与户外活动。这个节日还有厨艺竞赛与展示。在网站上（ACOF，2015），它被描述为一个"汇集各行各业人士庆祝澳大利亚传统和内陆传统"的活动。

从 19 世纪发展至今，野炊节代表的还有一种特殊的"澳大利亚意识"。早期欧洲移民来自英国，有时还保有英国传统，而后，澳大利亚人渐渐变成较艰苦困难的放牧者或林间工人的形象，虽然常与土著有纷争，但主要是为了抢夺土地、水和羊只。

第二次世界大战后，大量来自欧洲大陆的不会说英语的移民被带到这个国家。直至 20 世纪 60 年代，非白种移民也从亚洲来到这里。

20 世纪 90 年代初，非土著澳大利亚居民和土著居民有关身份认同的冲突开始了。即使文化多元性是件好事，但也有人担心欧洲人在鸠占鹊巢，政府为此发表了官方道歉。然而，后来的总理 Howaro 和 Hanson（20 世纪 90 年代末）开始表达澳大利亚白人的"愤恨不平"。参加营火野炊节的人，种族差异不会很大，都想听听属于"真正的澳大利亚人"的故事。这种对于文化认同的渴望被看作排外和种族主义，类似于澳大利亚土著居民被白人驱逐的那个时期的思想。但这对于非土著的白人来说是一个重要的诉求。

（Chappel 和 Loades，2006）

其他由移民组成的"新"国家的土著民族在主张自身文化认同方面也存在问题。例如，有些人会说（不只是玩笑话）美国除了印第安人或非裔美国人外，是一个"没有文化"的国家。尽管美国带来了"文化"的全球化风潮，却也不可断言它有着"真"的或"好"的文化底蕴。如同 Mazza（2004）所说："欧洲人声称我们没有文化，但他们还是不得不复制它。"她认为美国有文化和历史，只是相对于欧洲短了很多。除了好莱坞和迪士尼（见第 9 章、第 10 章讨论的后现代、着重体验的创意文化），美国还有牛仔文化，其音乐和舞蹈已经出口到世界各地。

4.5.4 具有不和谐或黑暗历史的国家

黑暗旅游论坛将"黑暗旅游"定义为"以真实或再现死亡、痛苦为主题的旅游"（Stone，2005）。当然，每个国家都有黑暗的过往，因此很难单独来谈哪个国家将黑暗历史作为旅游主题来发展。然而，有些历史事件深刻影响了全世界的意识（与良知），如纳粹大屠杀与柬埔寨的万人冢。当纽约世贸中心双子星大楼遭恐怖袭击而倒塌时，世界静止了。现在，世贸中心遗址成为一个旅游景点。有些国家有着距现在较近的悲伤历史，而人们还处于哀悼时期，将这样的地方发展为旅游景点对他们来说是很难的，卢旺达就是一个例子，见案例 4.2。

案例 4.2

卢旺达的民族大屠杀旅游

卢旺达的旅游产业主要有两种形式：生态旅游与民族大屠杀旅游。卢旺达拥有世界上仅剩的近 2/3 的 700 多只山地大猩猩，几十年来，这个国家已经站在保护山地大猩猩的最前线。然而，越来越多的人前来参观大屠杀纪念碑。这些纪念遗址分散在全国各地，遗址上铺就着紫色缎带，表达着哀悼与纪念之情。Aglietti（2013）报道卢旺达的旅游业在过去 10 年中呈爆炸式增长，游客从 2004 年的 2.7 万人次增长到 2012 年 108 万人次。虽然大猩猩是当地旅游业的主要吸引点，但每年纪念馆也吸引了数万名游客。

一个主要的纪念地点是基加利纪念中心。这里有大量的坟墓，同时也有很重要的博物馆和研究中心。在这里，卢旺达种族灭绝的历史以清晰、多语种的方式展示。其中，一间展览室放置着上千张受害者的人像照，在很多情况下，家人捐献出他们仅存的亲人照片，这样他们就可以在这里被人们记住；而另外一间展览室放置着受害者的头骨与遗骸；第三个房间收纳着受害者和大屠杀现场的衣物和个人遗物。二楼也是一系列的展览室，专门用于展示 20 世纪的其他种族灭绝事件：亚美尼亚民族灭绝屠杀、巴尔干半岛的屠杀等。最后一个展览也位于二楼，是关于死于屠杀时期的孩童的。Ntarama 纪念碑与 Nyamata 纪念碑距离基加利一个半小时车程，这些纪念碑建立在教堂的遗址上，人们涌向这里，希望能在上帝的殿中得到保护，这是非常悲惨的。这里曾有牧师誓死保护人群，也有牧师曾引来帮派民兵帮助他们进行屠杀。Nyamata 是另外一处教堂，现为纪念碑，这里曾有多达 1 万人惨遭杀戮。他们唯一的"错误"就是身份证上出现了一个词——图西人（Tutsi），由此成为胡图族（Hutu）极端主义帮派民兵的刀下亡魂（Travelpod，2007）。

Aglietti（2013）描述了在种族灭绝后的 20 年里，纪念馆变得更具教育意义，解释了卢旺达的历史。

有些国家以开放心态承认曾犯下的暴行，例如，德国儿童定期参观集中营，了解历史。其他一些国家则意欲"漂白"历史课本，拒绝公开承认施暴者的角色。甚至有极端的历史学家想推翻和掩盖一些我们熟知的历史。

图 4-1　柬埔寨的监狱

（资料来源：Edward Smith）

4.5.5　宗教旅游的政治

宗教旅游不易定义，因此，"宗教旅游"、"精神旅游"或"朝圣旅游"等词汇可交替使用。大多数宗教旅游遗址会吸引有宗教信仰的文化游客，他们常常以团体形式旅游，却不太接受无宗教信仰或宗教不同的人士加入。

Barber（1992）使用"圣战"（Jihad）这个词作为主张文化认同的标语，却令人联想到影响世界旅游的恐怖主义袭击。几乎没人能忘记飞机冲撞纽约双子星大楼的震撼画面，许多容易遭受炸弹攻击的旅游景点，如巴厘岛，也让人望而却步。然而，世界上的宗教冲突不胜枚举，一些国家甚至更愿意保护自己的宗教不受游客的影响。例如，沙特阿拉伯不允许非穆斯林前往麦加。

耶路撒冷是一个拥有三种宗教遗产的城市，但现实情况稍微复杂一些。它是世界上犹太人、基督徒和穆斯林的主要宗教中心之一，也被称为圣城，许多著名的地点和礼拜场所都位于圣城的中心。然而，要使宗教团体融洽相处而不产生冲突是非常困难的。最近一次的冲突起因于一座"宽容博物馆"，这座博物馆是以色列 2006 年规划的，但将建在一座古老的穆斯林墓地上。案例 4.3 提供了关于以色列文化和宗教旅游发展复杂性的更详细的案例研究。

拿撒勒的文化和宗教旅游

CohenHattab 和 Shoval（2007）将圣地描述为一个独特的案例，因为其完整记录了耶路撒冷冲突事件。但拿撒勒也一直处于紧张局势之中，特别是在 2000 年。拿撒勒是以色列阿拉伯人口（包括信仰伊斯兰教和基督教的阿拉伯人）最多的城市。但在穆斯林人口不断增长的地方，信仰基督教的人口却在下降。2000 年，拿撒勒旅游项目旨在将拿撒勒从一个旅游景点打造成一个旅游城市。然而，由于缺乏以色列政府的投资，各种基础设施，包括住宿和交通设施都不健全，游客只能在那里游玩几个小时。1995 年，"拿撒勒 2000"项目的规划者们设想了一个宽阔的城市广场，它位于圣母教堂的脚下，可以让成千上万的朝圣者聚集、休息、上洗手间等。然而，该区域却成为在伊斯兰派系、各种基督教团体、以色列政府（代表犹太国家）及拿撒勒市之间引起巨大争议的焦点。穆斯林宣称该地区为穆斯林领地，并计划在该市最重要的基督教教堂脚下修建一座永久性清真寺。拿撒勒甚至被梵蒂冈指责，因为其未能保护基督教教派的利益，使其作为一个神圣的基督教城镇的形象遭到破坏，游客们也不愿去参观。甚至在 2005 年，去以色列的游客人数大幅增加，但拿撒勒的游客数仍然保持不变。

斯里兰卡也是冲突纷扰不断，追根究底大部分还是宗教问题。斯里兰卡是一个多宗教信仰的国家，其人口由 69% 的佛教徒、15% 的印度教徒、8% 的基督教徒和 8% 的穆斯林组成（Religious Tolerance，2003），其主导民族是僧伽罗族（Sinhalese）（大部分是佛教徒）与泰米尔族（Tamils）（大多为印度教徒）。该国陷入内战已经长达二十多年了。尽管几次尝试停火，但发生在斯里兰卡许多地区的暴力行为都阻碍了旅游业发展。

1998 年贝尔法斯特协议（the Good Friday Agreement）成功将素有"麻烦之地"之称的北爱尔兰改造成热门的旅游景点。在此之前，新旧教派暴力冲突不断使得这里安全堪忧。然而，游客来到这里就想一探贝尔法斯特（Belfast）的宗教历史——一辆黑色计程车会带你参观一些壁画，以及分离天主教和新教聚居区的"和平墙"。

另一个有趣的宗教纪念遗址是在立陶宛的希奥利艾（Siauliai），这里有 10 万多个耸立几个世纪之久的十字架。这里起初是为无名战士建造的墓地，从 14 世纪开始，当地居民把十字架带到了这里，但它们在 18 世纪被移除。到 1990 年，这里有了 6 万个新十字架。因此，这里除了有纪念性质外，还有朝圣地的身份。1993 年，这里甚至收到教皇约翰·保罗二世（Pope John Paul II）的祝福，而且经常有来自波兰和立陶宛的游客。然而，它只是由志愿者管理，目前尚无任何官方组织负责（Nemeth，2008）。

美国肯塔基州彼得斯堡的神创论博物馆（Creationist Museum）并不特别具有政治性，但绝对是有争议的。这个博物馆被投入 2 700 万美元，采用环球影城和迪士尼乐园前总裁设计的多媒体声光效果和互动式展览，专门对圣经故事进行再创作，有些设计也与实际有出入。但是更重要的是，位于美国相对保守的区域的这个博物馆无所不用其极地想推翻进化论（Nagy，2009）。

图 4-2   斯里兰卡希卡杜瓦的巨型佛像

（资料来源：Georgina Smith）

4.6   结论

本章展示了文化旅游在世界一些地区的政治复杂性。在这些地区，历史留下了不和谐的遗产，或迫使人们重新认同国家或文化身份。游客有时可能会陷入这些无法解决的冲突中，或被迫面对一些愤懑的当地人，他们认为历史在重演（如在后殖民国家）。然而，游客也会不可避免地对一些有政治意义的地方感兴趣，来到这些有黑暗过往的地方。西方游客通常带着对帝国主义的怀旧感而对某一个地方心驰神往，却无法真实地了解当地居民的生活。新成立的国家可能多年来都对游客具备一种新奇的吸引力。总的来说，政治问题似乎不是一种威慑因素，但对大多数游客来说，却是一个很好的机会。这也让我们知道，尽管全球化的步伐锐不可当，世界上许多景点也因为其独特的历史与文化进程更显得独一无二。

思考题

1. 举例说明文化旅游背景下的"全球本土化"的过程。
2. 文化旅游在新民族国家的身份和形象建设中可以发挥什么作用？
3. 哪些国家或景区目前不适合游客，为什么？

建议阅读书目

Frew, E. and White, L. (eds) (2011) Tourism and National Identities, London: Routledge.

Harrison, R. (2010) Understanding the Politics of Heritage, Manchester: Manchester University Press.

Skinner, H. (2013) 'Territory, culture, nationalism, and the politics of place', in Smith, M. K. and Richards, G. (eds) The Routledge Handbook of Cultural Tourism, London: Routledge, pp. 84-88.

第5章

遗产、旅游与博物馆

"遗产与旅游是相辅相成的产业，遗产将地点转换为旅游目的地，而旅游业本身也使它们在经济上具有可行性。在旅游业中，这些地方本身就是博物馆。"

(Kirschenblatt-Gimblett，1998)

5.1 引言

本章考察了遗产与文化旅游间的复杂关系，包括许多关于历史"商品化"和过去"遗产化"的讨论。关于遗产的所有权、解释和代表性，也有许多有争议和敏感的问题，将会在本章详细讨论。以上这些显然是在遗产文献和博物馆研究中存在广泛争议的主题领域，但本章主要关注"民粹主义"遗产和传统上在历史叙述中被边缘化的群体的遗产。后现代主义强调历史的多元化与"宏大叙事"，这些变化已经引起人们对民族文化和遗产的兴趣，因此我们更要考虑这些群体在何种程度上应该被授权再现自己或遗产，讨论也涉及可及性、民主精神与文化资本的累积。

5.2 何谓遗产？

下面列举了一些近几年成为文化旅游景点的遗产类型：

- 古迹遗产景点（如历史小镇、考古遗址、纪念碑、其他历史建筑）
- 自然遗产景点（如国家公园、海岸线、洞穴、其他地貌特征）
- 文化遗产景点（如工艺品、节日、传统活动、民间历史博物馆）
- 工业遗产景点（如矿场、工厂）
- 宗教场所和景点（如教堂、修道院、清真寺、神社、朝圣之路、城市和节日）
- 军事遗产景点（如城堡、战场、集中营、军事博物馆）
- 文学或艺术遗产景点（如与艺术家或作家有关的房子、花园和景观）

在讨论关于遗产解说和为游客规划的遗产再现等有政治敏感性的问题前，重要的是要先探讨历史与遗产的关系。将历史转化为遗产的讨论颇具争议，尤其是遗产界的学者很少在这方面达成共识。然而 Lumley（1994）对这种影响遗产和博物馆发展的争论持积极看法："对许多文化遗产领域的博物馆和文化机构工作者来说，对国家历史持开放包容态度有着不容置疑的吸引力。"

从定义来说，遗产具有传承延续的意义，是代代相传的过程，Graham 等（2000）分析了过去、历史和遗产间的差异。过去是关于所有已经发生的事，而历史则是连续不断的呈现，试图解释过去的某些特定方面。遗产被定义为立足于现在回首过去或展望未来（Graham 等，2000）。从本质上说，遗产是当下对过去的使用，包括对其的解释和再现。例如，Herbert（1995）表示："历史不能归为过去的事物，因为它是持续的，而且其本质是我们现在的遗产。"Gruffudd（1995）提出："历史叙事表达了当代的焦虑，当代的欲望通过将过去事件再现来满足。"显然当下的行为有助于保存、展现和管理未来遗产，但值得注意的是，对许多传统社会（如部落）来说，如果要对其过去、现在和未来进行比较是不可能的，文化和遗产不应视为"死的"，而是连续和动态变化的。如同 Park（2013）指出的，遗产既不是固定的，也不是不变的，而是在社会中产生、界定和协调的。

图 5-1　经典建筑遗址：英国苏塞克斯郡博迪亚姆古堡

（资料来源：Melyvn Smith）

众所周知，Hewison（1987）严厉地谴责文化遗产旅游业，并将其视为一种停滞的、陈旧的过去，他甚至认为文化遗产旅游是为了娱乐目的而扭曲历史事实。Walsh（1992）同样批评将过去的文化遗产化："文化遗产遗址被当作一种来自历史的'时光胶囊'……它们代表着一种历史文化的形式，是历史记忆的大熔炉。"他也认为"把历史转换为文化遗产，会削弱我们对人类和空间随时间发展的认识能力"，暗示文化遗产是对过去的错误转化，并孤立了其历史背景。

然而许多学者对文化遗产的发展提出了相对积极的评论，认为文化遗产是过去与现在的一种联系，使历史更鲜活。Lowenthal（1998）主张文化遗产并非"坏的历史"，它是对过去的歌颂而不是探寻，他表示我们不需要一个修补过的历史，而是需要与现在融合的历史。他说："历史可以探究并解释随时间推移而日渐模糊的过去。"Kirschenblatt-Gimblett（1988）更乐观，他认为文化遗产能把历史带入生活：

　　　　虽然文化遗产看上去很古老，但它却是新事物。遗产是一种追根溯源的当代
　　文化生产方式，遗产通过再现使垂死的经济和已死的景点获得新生的机会。

后现代历史的多元化及其诠释和再现方式已经提升了工业、农业和民间文化遗产的价值。Edwards 和 Llurdes（1996）在谈论英国和西班牙的文化遗产遗址时提到"去工业化的美学"，并引述了 Hoyau（1988）所说的话："如果遗产的概念不涉及美学，那么什么都能够成为遗产，只要是历史的一部分，从矿工草屋或公共洗衣间到凡尔赛宫大厅都可以包括在内。"这个观点认为"史实性"或历史价值在遗产规划上优先于美感。然而，工业遗产旅游也具有重要的再生功能，在过去的几年里，更多的工业景观被列入世界遗产名录，具体案例见案例 5.1。

案例 5.1
波兰维利奇卡盐矿

维利奇卡的盐矿被列入了最早的 1978 年世界遗产名录，这里再现了中世纪以来矿井的发展、古地道的保存和当时使用的工具。第一个关于维利奇卡盐矿的记录是在 1044 年。盐是波兰在中世纪时相当重要的商品，盐矿由政府独占。随着科技进步，维利奇卡盐矿在 16 世纪变成一家现代化企业，为了开采更多盐矿，机器加速生产，矿坑也被挖掘得越来越深。1992 年一场大洪水后，维利奇卡盐矿停止开采。

维利奇卡盐矿是波兰克拉科夫地区相当重要的景点，长久以来都在经营旅游业，早在 15 世纪就有参观者进入地下，一些杰出的欧洲人如哥白尼、歌德和肖邦都曾到此访问。目前该景点每年夏天吸引上千位访问者，也提供各种语言的团体游览。地下旅游线路总长 2 公里，穿过 20 个洞穴，大多数都有着当时矿工雕凿的盐雕。不同于一般矿洞，维利奇卡盐矿相当整洁宽敞，有着深灰色的墙，当提着灯进入后才能发现它们其实都是结晶盐制成的，舷梯由复杂的木结构支撑着。

地下教堂是整个旅程中最精彩部分，里面所有的东西，包括墙上装饰（达芬奇名画《最后的晚餐》和其他圣经故事）、圣坛、神像、地板与天花板等，都是用盐雕制而成，就连吊灯也是用结晶盐做的，这些杰作是由三位矿工利用休闲时间耗时 68 年才完成的。

2014 年有评论指出，个人旅游路线仅游览了整个盐矿的 1%，尽管有 3 个小时、2 公里的轨道车程。

（World Heritage Site，2015）

5.3　世界遗产遗址

截至 2015 年撰写本书时，世界遗产名录上有 1 007 个世界遗产遗址：779 处文化遗址、197 处自然遗址、31 处混合遗址、46 处濒危遗址。濒危遗址所在的国家很多处于冲突地区，如阿富汗、伊拉克、以色列、巴勒斯坦和叙利亚，或者处于管理不善或过度访问的状态。只有那些签署世界遗产公约，明确表明保护自然和文化遗产的国家，才能向联合国教科文组织申请将本国境内所有物纳入联合国教科文组织世界遗产名录（联合国教科文组织，2015）。申请国家要建立遗产名单或预备名单。世界遗产委员会仅考虑名单上的遗址。负责自然遗产的世界自然保护联盟（IUCN）和负责文化遗产的国际古迹遗址理事会（ICOMOS）指派两个单位审核提名遗址。由国际文化财产保护与修复研究中心和政府间机构的专家给出建议。在评估后，世界遗产委员会每年对拟纳入世界遗址名录的遗址进行一次表决。凡被推荐列入世界遗产名录的遗产，须符合下列标准：

ⅰ. 表现一项人类创造性才能的杰作；

ⅱ. 在相当一段时间或世界某一文化区域内，对于建筑艺术、文物性雕刻、城镇规划，或园林和风景设计的发展产生重大影响；

ⅲ. 能为一种文化传统、一种尚存的或已消失的文明提供唯一的，或至少是特殊的见证；

ⅳ. 构成某一类型建筑物、整体技术或景观的杰出范例，代表人类历史发展的一个或若干重要阶段；

ⅴ. 可作为传统的人类居住地或使用地的杰出范例，代表一种或多种文化，或者代表人类与自然环境的相互影响，尤其是在环境遭受不可逆转的破坏后变得十分脆弱的情况下；

ⅵ. 与具有特殊普遍意义的事件或现行传统、思想、信仰、文学艺术作品有直接或实质联系（只有在某些特殊情况下或该项标准与其他标准一起作用时，此款才能成为列入的理由）；

ⅶ. 独特、稀有或绝妙的自然现象、地貌，或具有罕见自然美的地带；

ⅷ. 代表地球进化的各主要阶段的典范案例，包括生命的记载、地形发展中的地质演变过程，或具有主要的地貌特征；

ⅸ. 代表陆地、淡水、沿海和海洋生态系统和动植物群的演变和发展的重要过程的典范案例；

ⅹ. 具有物种多样性，从科学或保护角度看，具有突出、普遍价值的地质和自然地理结构，以及明确划定的濒危动植物物种生态区。

（联合国教科文组织，2015）

Jansenverbeke 和 McKercher（2013）曾讨论过被列入世界遗产名录的实际好处，他们认为这会带来财政收入和就业机会，但相关研究有限，而且对影响力的估计也是因地而异的。一些遗址所获甚少或没有收益。Poria 等（2013）关于人们对于世界遗产遗址看法的调查表明：

- 世界遗产遗址应该对人类具有文化意义，而不是仅仅是对一群人或一个民族有意义
- 不一定必须有原始的或者真实的遗迹留存在世界文化遗产地
- 由于自然遗迹与人类遗迹无关，因而不应被视为世界遗产
- 一个遗址标志可以使其出名并带来收益
- 民族自豪感和地方自豪感会增强
- 人们由于担心遗迹附近物价上涨和过于拥挤而不愿意居住在附近
- 世界遗产遗址管理和介绍更专业，并且访问成本也更高

另外，没有人承认世界遗产的标志，很少有人提到关于世界文化遗产的营销和品牌策略。

除了世界遗产名录，人们也列出了世界新七大奇迹，因为许多古老遗址已不复存在。2007 年举办的网上投票选中的文化遗址有：

- 奇琴伊察（玛雅古城遗址），墨西哥
- 罗马竞技场，意大利
- 马丘比丘古城，秘鲁
- 里约热内卢基督像，巴西
- 万里长城，中国
- 佩特拉古城，约旦
- 泰姬陵，印度

2011 年，世界七大自然奇观也被评选出来，它们分别是：

- 亚马孙森林，南美洲
- 下龙湾，越南
- 伊瓜苏瀑布，阿根廷和巴西
- 济州岛，韩国
- 科莫多，印度尼西亚
- 桌山，南非
- PP 地下河，菲律宾

5.4 非物质文化遗产

此外，非物质文化遗产已经变得越来越重要，联合国教科文组织也承认这一点。McKercher 与 Cros（2002）提到日本是第一个认定非物质文化遗产价值的国家，也是少有的立法保护非物质文化遗产的国家。除了世界遗产名录，联合国教科文组织还制定了一项公约，旨在保护世界遗产名录外的非物质文化遗产，包括语言、故事、艺术风格、音乐、舞蹈、宗教信仰等，换句话说，这些方面的文化没有直接体现在物质上（UNESCO，2015）。作出这个决定是出于对全球化对文化的影响、独特传统和语言的消失的担心，以及对非西方国家的非物质遗产的重视。

根据 2003 年制定的《保护非物质文化遗产公约》（UNESCO，2015），"非物质文化遗产（ICH）—— 或者活着的文化遗产 —— 是世界文化多元化的主要源泉，也是保持创造力的保证"。该公约指出非物质文化遗产包括以下五个方面：

- 口头传说和表述，包括作为非物质文化遗产媒介的语言
- 表演艺术，如传统音乐、舞蹈和戏剧
- 社会风俗、礼仪和节日活动
- 有关自然界和宇宙的知识与实践
- 传统手工艺

根据 2003 年《保护非物质文化遗产公约》的定义，非物质文化遗产是指"被大众、团体、有时是个人视为其文化遗产的一部分的各种实践、呈现、表达形式、知识和技能"，该定义也表明了该公约对非物质遗产提供保护：

- 代代相传
- 由大众和团体在他们与环境、大自然和历史对话的前提下持续创造
- 为大众和团体提供认同感与持续性

- 促进对文化多样性和人类创造力的尊重
- 能与国际人权规定相兼容
- 满足社区团体间相互尊重和持续发展的必要条件

图 5-2　婆罗洲的传统渔民

（资料来源：Melyvn Smith）

　　该公约说明了非物质文化遗产如何既保留传统又富有活力，以及非物质文化遗产是如何通过口口相传再造的。技能通常被大众分享并再现，人的身心是实施和体现技能的主要工具。《保护非物质文化遗产公约》的主要目的是保护这些传统，使其摆脱消失的可能，尤其是通过鼓励的方式让年轻人愿意继承这些传统。2014 年人类非物质文化遗产名录包括：

- 摩洛哥坚果，关于摩洛哥坚果树的实践和知识
- 朝鲜的民族歌曲
- 阿斯基亚，智慧的艺术（乌兹别克斯坦）
- 卡泼卫勒舞（巴西）
- 土耳其水拓画艺术
- 马卡拉的面具和木偶（马里）
- 哈萨克斯坦传统技艺冬不拉
- 蒙古手指骨射击游戏
- 笑话关系的实践和表达（尼日尔）

- 沃罗马的烟熏桑拿浴室（爱沙尼亚）
- 圣徒守护节（塞尔维亚）
- 奇普罗斯基的地毯制作传统（保加利亚）

（UNESCO，2015）

Du Cros 和 McKercher（2015）认为很难遇见由当地人提供的真正非物质文化遗产。Brown（2003）认为保护非物质文化遗产并非容易之事，因为土著通常对自己的传统活动讳莫如深，许多土著部落担心其文化遗产被外来人盗取，因而不愿意泄露相关信息，部分群体反对教科文组织通过公开信息来保存遗产的执行方式。例如，许多美洲和澳大利亚土著群体要求从公开记录中剔除关于他们信仰的部分，也有一些印第安部落阻止外界学习当地语言。Brown 也表示："活的文化不能被简化成印刷在纸上的图表或刻录在 CD 上的数据，也不太可能从技术专家们的管理中获益，因为他们将文化生存重新定义为一种信息管理的实践。"非洲的非物质遗产见案例 5.2。

案例 5.2
非洲的非物质遗产

前国际文化纪念物与历史遗址委员会（ICOMOS）的副主席 Munjeri（2003）认为，有形与无形遗产并非不可分割。例如，在西非的城市维达，从 17 到 19 世纪以来一直有奴隶制度与奴隶交易，然而当地却没有关于奴隶制度的有形证据，有些能够证明奴隶活动的场所，如工厂、潟湖、大农场等有形事物都消失了，但无形遗产仍存在于人们的意识、口述历史和一些历史文献中。

ICOMOS 的文化之旅或主题路线，如奴隶之路，被认为由来自不同国家或地区的文化交流和多元对话等"有形要素"构成。西班牙朝圣之路也符合这个定义，但维达的案例证实了该定义在非物质遗产社会中并不适用。

Munjeri（2003）也引用了维达的神殿案例，这个案例是一个传统信仰的有形证据，然而值得注意的是，维达最主要的敬神场所并不在神殿，相反，一个房间、一棵树或一堵墙的一角在宗教仪式方面可能具有更大的价值。

在许多非洲社会文化遗产中，价值比雄伟的建筑物要重要，也就是说非洲很少有特意建造的"建筑遗产"，而且当地人相信如果建筑物倒塌，传统仍然能被传承。西方人也许会因建筑物倒塌而难过，但是对非洲人来说，他们的精神只不过是随着房屋安居在其他地方（Munjeri，2003）。

Deacon（2012）讨论了非洲保存非物质文化遗产面临的挑战。非物质文化遗产是鲜活的文化遗产，这意味着它会随着下一代的不同而有所改变。但是，如果年轻人迁移出去或对其不感兴趣，传承也可能会中断。一些政治制度（如南非的种族隔离制度）也贬低或抑制某些做法。另一个挑战主要来自缺乏法律和道德框架，非政府组织、研究人员或政府可以帮助当地居民保护他们的利益，而不把它从人们手中夺走。当地社会对非物质文化遗产进行管理的法律和道德框架并不总是存在，因为现有的遗产管理模式侧重于遗址和文物的管理。

5.5　文化遗产解说

Schouten（1995）认为文化遗产解说能够使历史更加鲜活，他说："历史就像个黑匣子，我们不知道其中有什么，但是随着想象的加入和深入研究，其结果可能让人意想不到。"文化遗产解说是一门使历史"真实"的艺术，历史具有动态特征，会根据当下我们的认知和释义而有所不同。Tilden（1977）定义"解说"为"有关教育的活动，旨在通过对于实物的直接体验，或者亲身经历及具有说明功能的多媒体揭示其意义和关联，而非纯粹传达实际信息"。随着使用的方式越来越高科技、多元化和有互动性，解说重点通常放在教育及娱乐上。Light（1995）认为："解说的核心是非正式教育，解说是以游客愿意参与的休闲方式，让他们了解文化遗址的重要意义。"Urry（1990）将这种学习和兴趣的结合称为"寓教于乐"，这个概念已成为休闲和旅游业的核心思想。

许多遗产纯粹主义者反对创造游客体验，因为这不能反映历史的"真实性"。一个好的（或坏的）例子就是"活的历史"。Fowler（1992）对遗产产业发展中的这一趋势提出了激烈批评："历史中最危险的一种，也是在教育界和娱乐界广受欢迎的，就是所谓的'活历史'。"他接着说，活的历史是一个不可能实现的概念，因此任何复制它的尝试都一定是骗人的。Sorenson（1989）则没有那么严厉，他充满热情地写了关于"历史主题公园"的文章。他区分了以现存遗迹为基础的遗址和完全人工的、不依赖历史关联而获得成功的遗址。他提出了"时间机器"、"时间隧道"或"时间胶囊"的概念，它把我们带到另一个时间和另一个地方，用于教育或娱乐。他似乎喜欢这种拓宽传统的解释，并且乐于接受一种新博物馆学，这种新博物馆学不只是基于收藏品：对活历史的研究和记录应建立在其他标准之上，而不是建立在业余爱好者的主观臆想之上。Kirschenblattt-Gimblett（1998）对"活的历史"现象也相当乐观：

现场表演，无论是日常活动的再创作，还是作为正式表演上演……给人一种错觉，让你觉得你所观看的活动是正在进行的，而不是表现出来的，这是一种创造真实性的做法，这种印象是一种无中介的接触。

如果"活的历史"做得好，既有教育性，也具有信息性。案例5.3给出了一个遗址的例子，该遗址甚至区分了访问者的教育水平，以便为他们提供最合适的信息。

案例 5.3

威尔士兰卡亚奇·法尔庄园

兰卡亚奇·法尔庄园是英国内战时期 Edward Prichard 上校的故居，展现了英国内战时期（1645 年）的生活。导游们身着古装，以 17 世纪的风格讲话。该庄园大约建于 1530年，由 Prichard 上校的曾祖父建造，是都铎时代半设防庄园建筑的杰出代表。这间客厅用橡木镶板装饰，冬天有烛光幽灵之旅。参观者可以穿着古装，尝试真正的手工制作。该庄园的一个学习活动计划正在如火如荼地开展，旨在让游客重返当时的混乱时期。该博物馆被评为威尔士最具家庭吸引力的博物馆，以一种精确写实、寓教于乐的方式呈现活历史。

该学习计划正在不断开展中，为各个年龄层和具备各种能力的人群提供更多的学习机会，包括参观、郊游及工作坊。该学习计划注重主动和感官学习，强调在实践中学习，在享受中学习。博物馆根据不同的学习风格和智力水平，提供所谓的"动手"和"动脑"的学习体验，并认为主动学习是通过互动和参与进行的。博物馆为不同层次教育水平的人提供了不同的计划和活动（这些反映出英国学校的系统课程）：

在基础/早期的第 1 阶段，会有身着古装的工作人员陪同，并简要介绍庄园过去的生活。

在第 2 阶段，通常以都铎、斯图亚特、房屋、家庭或有名的当地人为主题。可根据要求提供各种公益活动、研讨会和其他主题。

在第 3 阶段，项目内容涵盖了内战的影响，经常使用"外科医生和情人"的主题来强调 17 世纪的人们不能像当今年轻人这样即时持续地保持交流。可以根据要求提供更深入的讲习班让学生直接参与。

兰卡亚奇·法尔庄园全年组织各种主题的实践课程和学术课程。以前的主题有天然染色车间、17 世纪的时尚与服装、礼仪与生物链。

（Llancaiach Fawr Manor，2009）

Uzzell（1989）嘲笑道："文化遗产解说已经被视为振兴无人问津的旅游景点的一种新方式，为这些景点加入一些吸引人的价值元素。"这说明了遗产解说的目的是使遗产景点更受欢迎，让游客觉得景点更有趣，这也许不会对景点本身造成太大问题，但是令人担忧的是，景点内在价值或生态将在某种方式下有所削弱。例如，Hems（2006）曾说："遗产解说也许是个强有力的镜子，但也可能是面扭曲的镜子。通过遗产解说，过去的事件和经历可能会披上怀旧的外衣，并以温和的方式进行叙述。"她认为，文化遗产解说如果不是一项对遗产有害的活动，那么会相当有趣，因为它主要根植于现在的体验而不是过去的休闲娱乐。Schouten（1995）认为，游客寻找的是能够通过文化遗产解说得到的体验，而非令人难以接受的历史事实。简言之，一个非专业的游客通常会依赖导游、管理者或语音导览来获得解释，无法构建对该景点的有意义的娱乐体验。Puczko（2006）说："文化遗产解说，根据定义，可以或应该以某种游客想要被刺激的方式（如欣赏、享受和了解）去影响他们。"Tilden（1977）认为文化遗产解说使游客对于旅游采取一种不问是非的消极态度："解释的主要目的并不是一种教育而是种挑衅。"Uzzell（1989）认同这种说法，也强调游客应该参与并从遗产中学习：

如果文化遗产解说是对社会有益的，那么它必须认为历史是具有连续性的，并借助过去予人以警示。遗产解说应该是有趣的、有参与性的、让人快乐的、有教育意义和娱乐性的。但是对现在的遗产解说来说，它是令人震惊的、感人的，并提供可以让人宣泄的体验。

有人说遗产解说应该激发接受者的感受，Kavanagh（1996）说："博物馆是一个让记忆与历史相遇，甚至碰撞的地方，而这是一种情感上的体验。"

5.6 文化遗产的所有权与进入权

Gathercole 和 Lowenthal（1994），以及 Jordan 和 Weedon（1995）详细讨论了历史解说的欧洲中心主义和排他性。后现代主义对过去的诠释明显倾向于多元历史，而不是所谓的

"宏大叙事"。历史叙事传统上由西方白人男性主导,因此排斥和边缘化了少数族裔和弱势性别群体。在遗产领域,围绕遗产"所有权"和使用存在着关键的争论。这包括对文化政治和权力斗争的关注,这些似乎支配着对遗产的解释和表达。Walsh(1992)认为遗产天生就是精英主义的:"公共遗产无疑是狭义的、有选择性的概念,漠视了不同种族文化遗产的丰富与多样性。"Walsh 针对决定遗产价值的霸权结构和意识形态提出了批判:

> 遗产的选择仅仅是为了满足少数人的偏好,决定哪些遗产值得保存或应该如何保存的人基本上是在决定哪些东西值得记住。

Jacobs(1996)同样将遗产视为许多群体竞逐的一种荣誉:"遗产并不是主流价值观的强化与再现,而是动态的发展过程,是多个历史的相互竞争,目的是成为如今被神圣化的遗产"。Gathercole 和 Lowenthal(1994)表示:

> 过去是竞争者无所不在的战场,在发掘、纠正、阐述、转化和颂扬他们的历史时,相互竞争的群体通过呼吁与祖先和其他祖先保持连续性或继承来努力实现当前的目标。过去的政治是非凡的学术游戏,凭借于此,每个人可以寻找到自主与认同。

每个人都希望自己的历史能被铭记并拥有自由和资源来对其进行解释。Merriman(1991)认为过去是属于每个人的,每个人都能够接近自己的过去。他指出,博物馆能让人们接近自己的历史,并指责有些地区博物馆未能让公众最大限度地了解历史。他的调查研究指出接近历史的最大障碍是文化因素(如人们对博物馆的看法),而非物质条件、交通、时间和金钱等结构因素。这说明了人们觉得自己并不身处于历史中,因此,增加人们对文化的了解与文化资本是有必要的。只有特定的群体(多数为高学历者)会访问博物馆。Merriman 认为,对博物馆或遗产的访问,通常是基于一种自我地位的肯定,而非过去的时间观。他借鉴了 Bourdieu(1984)有关区分社会阶级的文化资本观点,Walsh(1992)也对所谓的"民主"问题发表了评论:

> 关于"市场有助于增进民主可及性"的言论是个谎言。它假定民主让所有人都拥有平等的、不受限制的、能够自由接触文化资本的权利,但实际上拥有越多资本的人才能拥有越多的文化资本。市场的本质是非常不民主的。

人们对自己的过去有何了解,以及哪些过去应该被再现等问题也不断被提出。如前所述,西方的资本主义社会通常倾向让过去理想化或浪漫化,并且以一种怀旧的观点来看待它。同样,我们理想化或美化过去,以积极的眼光反映社会。Lowenthal(1985)表示:

> 我们通过改善遗产来改变过去,夸大成功的、正直的或美丽的过去,颂扬我们骄傲的部分,并隐藏那些卑鄙的、丑陋的可耻之处。我们对过去的多数记忆、历史记录或纪念碑等,都在强调过去人们所做的光荣之事,但失败的部分却很少被保存或记忆。

Lowenthal 强调了遗产解释中一项有趣的观点,就是我们倾向扭曲过去并选择性地陈述过去的事件,这种现象在"欧洲中心论"的历史解释中经常被发现,人们会忽视当地或少数民族的过去,仅强调殖民历史的辉煌。事实上,越来越多的研究聚焦于针对不同类型的游客进行不同的遗产解说。Xu 等(2013)指出,关于遗产、真实性和解释的大多数概念和观点都是从西方话语中演变而来的,文化期望、偏好和感知的差异很可能会对游客的满意度和现场遗产解说的体验感产生显著影响。Ballantyne 等（2014）指出，在中国，建筑遗产的证据较少，其价值低于哲学、传说、文学和艺术的价值。追随名人的脚步，欣赏艺术或诗歌中著名的风景也是非常重要的。建筑的精神意义比物理意义更重要，因此建筑可能会被重新建造几次，但仍然被认为是"真实的"。Mkono（2013）指出，在一些非洲语言中，甚至没有对应"真实性"的术语，许多来非洲旅游的游客宁愿自娱自乐，也不愿担心文化的表现形式。Bryce 等（2015）在对日本游客的研究中，也挑战了以西方为中心的遗产和真实性观念。一个主要的相似之处是人们对建筑遗产的看法，因为日本许多建筑传统上是用木头建造的，很容易腐烂，在第二次世界大战期间被地震摧毁、破坏或被炸毁。

传统上，许多像博物馆这样的文化遗产在游客管理方面都采取了一种比较保守的方式，即主要关注教育问题、遗址和收藏品的真实性。与去电影院或参与多媒体游客体验等其他活动相比，这种方式导致遗产景点和博物馆的受欢迎程度下降，这或许并不令人意外。在保护、准入、游客管理和"寓教于乐"之间取得适当的平衡一直是一个挑战，但在许多国家，游客友好型景点的趋势已经明显转变。Calver 和 Page（2013）认为，在遗产管理中，娱乐和保护不需要被认为是对立的两极。

5.7 新博物馆学

Merriman（1991）特别将博物馆描述为更广泛的意识形态和霸权结构的一部分，这种结构传统上决定了谁的遗产重要或值得保护，以及谁的遗产不重要。多年来许多国家的博物馆部门一直在改变其方法，向所谓的"新博物馆学"迈进。在国际旅行变得如此普及之前，参观博物馆传统上是一种替代旅行的形式。尽管旅行逐渐普及，CD-ROM 和网上虚拟旅游的出现反而让人们可以在电脑前舒适地游览博物馆。MacCannell（1976）形容现代博物馆是"反历史和不真实的"，的确可以这样认为，因为许多藏品看起来是不相关或错配的。Hewison（1987）明确地否定了英国的博物馆，形容它们为"国家衰弱的象征"，这也许有些过分悲观，尤其是对不同性质的博物馆而言。如同 Boniface 和 Fowler（1993）所阐述的："博物馆是美好的、使人沮丧的、启发的、意外收获的、乏味如死水的和使人好奇兴奋的，以管窥天却富有潜在远见。真正神奇的是以上任何特质都可以同时存在。"博物馆的特点取决于其收藏品。Kirschenblatt-Gimblett（1998）强调了收藏品的重要性：

> 碎片化对于博物馆的展出非常重要，它既是一个具有假设意义的空间，也是一个抽象的空间，假设的意义不是出自碎片的原来背景，而是与其并行的新背景。而抽象空间可以展现现实世界所无法呈现的东西。博物馆把分散于各地的标本和手工艺品同时聚集在一起，展示其在他处无法呈现的文化影响。

然而她接着相当讽刺地引用了 Washington Matthews（1893）曾说过的话："一流博物馆将会包括一系列令人满意的标签和标本"，这表示解释已经变得比事物本身更重要和有趣。为了证明此点，她说："问题并不是关于物件是否会引发视觉兴趣，而是任何种类的兴趣要如何被创造"。Walsh 也做了类似的表述，但他认为，不仅在对象的选择上，而且在对它们的解释上都有某种偏见：

> 在博物馆的陈列上，物件本身是没有意义的，其意义是由"作者"所赋予的，也就是馆长、考古学家、历史学家或具"文化能力"的参观者，他们能识

别再现品被"专家"所赋予的意义。

这就把争论带回到关于 Bourdieu（1984）的文化资本概念和 Merriman（1991）的可及性讨论上。Simpson 表示，想发展博物馆，就必须转向专注人们而不是藏品。这并不仅是在访问方面，而且是在"作者"方面：

> 博物馆要适应当代社会的需要，就必须改变它的传统角色，从一个主要关注文物和标本的机构，转变为一个关注其收藏文物的创造者和使用者的机构。

Kirschenblatt-Gimblett（1998）认为博物馆正在经历认同危机，且发觉越来越难与其他景点竞争。它们努力想要摆脱枯燥的、到处摆满标本的灰呛呛的地方的形象——这是一个死气沉沉的形象，而不是"生命的空间"。Merriman（1991）的研究同样指出，人们将博物馆理解为老派的、发霉的且死气沉沉的地方，他认为博物馆实际上应该成为"人类"的大学，强调博物馆有成为积极民主的社会力量的潜力。Walsh 这样评论博物馆表面的标准化服务：

> 不应将重点放在一种形式的表演上，真正的民主化会提供各种多元形态的博物馆服务。危险的是，我们其实都在向同质垄断的形式前进，而这本身就是对民主的攻击。

Urry（1990）对转变中的博物馆持更加正面的看法，尤其是以看待历史的多重视角，他认为博物馆的陈列已经不再那么"听觉化"，于是他非常希望让死气沉沉的博物馆能够变得更富生命力。然而，可以说，博物馆在展现多元历史方面还做得不够。就如同 Porter（1988）所言："博物馆在处理种族主义、阶级偏见和性别歧视等问题上一直行动迟缓，要么把自己当作雇佣机构，要么把自己当作传播一种特殊而普遍的历史品牌的媒介。"Porter 支持 Home（1984）的论点，认为传统博物馆是男权的，因此对女性通常是有成见的，Carnegie（1996）批评博物馆应将女性视为产业中重要的一环而不是"持家者"。国际妇女博物馆 1985 年建于旧金山，原为妇女遗产博物馆，其使命是珍视世界各地妇女的生命，无论是在过去、现在还是未来，将她们纳入历史记录，帮助她们发出声音，促进她们在社会、经济、文化和政治上的平等（国际妇女博物馆，2015）。

Simpson（1996）对博物馆的未来基本上持乐观态度：

> 博物馆的各个方面都在转变，原来枯燥、烦闷、无聊和强制性的仓库形象，已逐渐转变为权威的但非唯我独尊的、包容的而非排他的形象，同时，博物馆生动、有趣、娱乐性强，而不是学术和说教性的。

McCall 和 Gray（2014）回顾了所谓的"新博物馆学"的演进历程，其主要是关于博物馆、社会和社区之间的关系。与传统的以收藏为中心的博物馆相比，新博物馆学要求交流和表达方式的转变（Mairesse 和 Desvallees，2010）。Ross（2004）提出，由于政治和经济的变化及市场力量的影响，博物馆被迫进行了变革，而市场力量在带来一种新的观众意识氛围方面起了决定性的作用。他发现这种趋势有助于消除精英主义，带来更大的可及性和广泛的观众参与，使博物馆更具代表性。博物馆必须与大众对话，变得更多元并以利基市场为目标。

然而，Appleton（2006）却认为要让博物馆转向观众，不仅仅要改变方向或对之前的作品进行修饰，还要在博物馆的意义与目的上进行全面转变。如果博物馆着重关注人们的需求而不是藏品本身，那么藏品将会失去其价值与重要性。Hooper-Greenhill（2000）描述了"后现代博物馆"（post-museum）的定义：后现代博物馆仍在意藏品，但是专注于藏品的使用远大于藏品的积累。后现代博物馆也对非物质遗产感兴趣，即使文化中的有形物品已经被大量破坏。后现代博物馆代表着某种"女性主义"，这是响应性的，有助于培育伙伴关系并颂扬多元化。Black（2005）也认为博物馆应该有受众发展策略，以激励未被代表的种族参与到博物馆中来。McCall 和 Gray（2014）对英国（23 家公共资金资助）的"新博物馆学"的研究表明，在这方面，更多的是论述而非应用，时间和资金不足是经常提到的主要障碍（如参访者调查），另外也缺乏具体和专门的政策指引和态度（如占主导地位的馆长的权限）。然而，馆长觉得自己被降级了，没有太多地参与展览的策划。

欧洲博物馆年度大奖（成立于 1977 年）被授予那些致力于为公众提供最佳服务的博物馆。案例 5.4 介绍了 2014 年欧洲博物馆大奖的得主。

案例 5.4

2014 年欧洲博物馆大奖

土耳其伊斯坦布尔的纯真博物馆在 2014 年获得欧洲博物馆大奖。该博物馆启发并建立了博物馆界创新的新范式。这是一个小型的、个人的、本土的、可持续的博物馆发展模式（欧洲博物馆论坛，2015 年）。这个博物馆的概念非常新颖——诺贝尔奖获得者 Orhan Pamuk 提出了一个小说和博物馆并行的想法，并开始从旧货商和朋友的商店收集物品。当他找到一件他喜欢的东西时，他会设法把它写进小说里。这座博物馆位于切库库马一座建于 1897 年的三层老建筑内，展出了各种各样的艺术品，包括衣服、玩具、器皿、公共汽车票和电影票、存折、绘画、照片和小说创作时的各种其他物品。

这些藏品是根据书中的章节按时间顺序排列的，并在 83 个陈列柜中展出。博物馆还提供音频装置，通过怀旧的录音唤起伊斯坦布尔的古老精神。每一个展览都反映了 1950 年至 2000 年间伊斯坦布尔生活的一段时期，让游客发现关于那段时期被遗忘的细节（Erelcin，2015）。它既是一个小说博物馆，也是体现 20 世纪下半叶伊斯坦布尔生活的博物馆。Pamuk 说他写这本小说是因为他喜欢博物馆。小说于 2008 年出版，博物馆于 2012 年成立。博物馆允许携带这本书的人免费进入（Museum of Innocence，2015）。TripAdvisor（2015）的参观者将该博物馆描述为"独一无二的"、"引人入胜的"、"前瞻性的"、"令人着迷的"、"经过深思熟虑的"和"一座有灵魂的博物馆"。

Swarbrooke（2000）批判博物馆越来越关注"柔性"历史，显然避免再现矛盾和冲突的部分。Urry（1990）也表示我们过于强调"不真实"的历史，并忽略或刻意淡化多样的社会经历，如战争、疾病、饥荒和剥削。类似地，Kavanagh（1996）也说过：

> 如果博物馆中的历史在知识上有根据、在社会上有价值，那么就必须找出令
> 人接受的方式，去处理我们与历史黑暗面的关系。

5.8 不和谐的遗产与"黑暗"旅游

Graham 等（2000）定义"不和谐"的遗产为：

文化遗产和人们在空间和时间上的错配，这是由文化遗产的变化造成的，或者是由当地人的变化造成的，这些变化还包括人们如何看待这些遗产和它们的价值观。

不和谐是源于不协调或缺乏意义上的一致与连续性，即"谁"拥有遗产，"谁"以何种方式去解说遗产。

多年来，关于描写不和谐遗产和黑暗旅游的文学作品不断涌现，记录了游客对灾难、暴行和死亡的浓厚兴趣（Lennon 和 Foley，2000；Stone 和 Sharpley，2008）。Seaton 和 Lennon（2004）注意到，黑暗旅游景点就像遗产一样，它们涉及意识形态和政治问题，需要以不同的方式对待旅游体验。

游客的旅游动机对于研究人员来说有巨大的吸引力。Biran 等（2011）的研究概括了游客游览奥斯维辛集中营的动机：

- "眼见为实"：想见到奥斯维辛集中营，是为了相信这样的暴行真的发生过
- "学习和理解"：对第二次世界大战和发生在奥斯维辛集中营的事件感兴趣
- "著名的死亡旅游景点"：这是一个著名的遗址，游客对死亡遗址感兴趣并且想要了解这个真实存在的遗址
- "情感遗产"：一个人想要与他/她的遗产联系起来，并进行情感体验

游客们还表示，现场解说应该有助于游客更好地了解大屠杀、同情受害者、丰富知识。

正如本章前面提到的，遗产解释的过程是有问题的，因为很难向游客提供一个真正客观的对历史现实的描述。它通常要求遗产管理人员和博物馆馆长选择和展示遗产的某些方面。这些遗产究竟属于谁，而谁又应该拥有权利去解释并再现它？如果特定民族已经不需要再拥有这些解说权（如它们是古代文化或已经不再有继承者），那么这也许不会是个问题。如 Blakcry（1994）所言："考古学家为那些不再能发言的过去发声……当然，不断改变的文化偏见会影响考古学家对过去的观点。"但是如果一个群体认为他们拥有遗产的解说权利，而又被其他人所剥夺，那么"被剥夺继承"的感觉将是个严峻的问题。

被剥夺文化继承权的一个例子就是波兰的犹太社区。在那里，犹太人觉得失去了自己的文化传统，因为在波兰人的观点里，大屠杀是整个国家或欧洲的悲剧，而不仅仅是犹太人的悲剧（历史事实显示在奥斯维辛集中营里，有 90% 的罹难者都是犹太人）。访问奥斯维辛集中营的人可以参观一些关于民族，包括少数群体的困境的展览。尽管这些主题都相当重要，但却可以说是对犹太人悲剧的曲解，这种情况确实提出了另一个重要问题，即对于向游客提供的代表性和历史视角，哪些人的经验或看法应被视为最有价值或最重要的，应如何表现？"受害者"（在此案例中指大屠杀事件中的犹太人）的观点就应该被优先表达吗？"观察者"（此处为非犹太人的波兰居民）或"加害者"（此处为纳粹）的视角对历史事件的"真实"再现同等重要吗（Tunbridge 和 Ashworth，1996）？理论上，若我们想要尽可能客观地陈述历史事件，那么这三者的观点都应在展览中不分先后地被呈现。在这种案例中，潜在的错误或混乱会让展览出现完全不同的效果。

正如对遗产的解释通常以某种方式剥夺某些人的继承权，历史的某些方面总会让某些

人或群体产生反感。这种情况大多视个人感受而定，并不是所有游客都对奥斯维辛集中营或柬埔寨集体屠杀事件留下的万人冢有兴趣。只有那些因为特定动机或有过个人经历的人会这么做。其他大多数的人，尤其曾是特定民族中的一员，会觉得这是个集体悲剧，有些人是出于教育目的前往。虽然这些动机听起来很含糊，但对许多访问这些景点的人来说却是相当普遍的。

对于遗产管理人员而言，这种所谓的暴行遗产有什么意义呢？出于旅游目的，在多大程度上可以对这些遗产进行解释？我们这里讨论的并不是那些特地为休闲娱乐目的建造的旅游景点（如恐怖室或刑具博物馆等）。许多黑暗景点，如集中营、大屠杀遗址、战场或墓地等，都记录着许多历史事件，我们访问此地通常是出于教育目的。在欧洲，公民被鼓励学习他们的集体历史，无论这可能是多么令人痛苦，而在其他社会，政府可能会教授一种更有选择性的历史版本。

访问军事遗产景点，如战场遗址、战事博物馆、战舰等在欧洲越来越受欢迎，这种旅游需求在全球迅速增长。例如，许多泰国游客开始访问桂河大桥和泰缅铁路上的死亡铁轨，而越南则提供了大量与战争有关的景点，如古芝地道和胡志明小路等。刑事旅游见案例5.5。

案例5.5

刑事旅游

Welch（2013）将人们越来越感兴趣的监狱遗址描述为旅游景点，这是与迪士尼（"最快乐的地方"）相对的难过体验。监狱旅游通常属于"黑暗旅游"体验，游客以安全的社会距离观看痛苦景象。尽管游客不被允许参观正在运作的监狱，但他们可以参观监狱博物馆，其中可能会展示牢房模型、监狱生活的照片或视频，以及与之相关的各种工具。当博物馆位于真实监狱的内部时，空间效果会得到增强。如果有以前的囚犯担任向导，这种体验尤为令人印象深刻。一些博物馆（如伦敦的克林克监狱博物馆和悉尼的海德公园兵营）甚至鼓励游客接触并与刑具等展品互动。真实的照片也用来向游客展示现代刑罚的伤害力。然而，一些监狱博物馆也具有教育意义，例如，墨尔本监狱博物馆讨论了与新兴科学犯罪有关的刑法的进步（Welch，2013）。Ross（2012）估计，世界上大约有17个国家在经营监狱博物馆，其中美国最多（20个），其次是英国（12个）与澳大利亚（7个）。大多数博物馆在1961年至2010年间相继开放。

美国的著名监狱——加利福尼亚州旧金山的恶魔岛监狱（1934—1963）——关押着一些美国最危险的罪犯。该监狱有一个最大的安全系统，即使在过去的几年里有囚犯多次尝试越狱，也没有一个囚犯能成功逃脱。恶魔岛周围的水域以寒冷和湍急著称，距离旧金山只有2公里，但即使对游泳好手来说也很难逃脱出去。恶魔岛监狱通常关押着260~275名囚犯。如今，每年约有100万名游客来访（Alcatraz，2015）。有很多游客可以在监狱里闲逛，参观臭名昭著的罪犯住过的牢房。有些监狱是自助游览，包括感知实际囚犯的声音、听监狱看守描述自己的经历。

Bruggeman（2012）认为，像恶魔岛监狱这样的著名监狱博物馆，即使对监狱生活给出了充分的描述，也无法从源头消除人们入狱的原因。在那些监禁率很高的国家（如美国、英国），这确实是一个很好的问题。监狱博物馆也许可以作为其研究、教育和解说战略的一部分，以便更深入地解决这一问题。

图 5-3 恶魔岛监狱的室内与室外

（资料来源：Edward Smith）

然而，应该指出的是，我们对历史事件的观点和对遗产的解释等，都明显受到时间与空间的影响。由于战争和疾病的历史仍留在人们心中，我们无法不带感情地去看这些历史。同样，那些离历史事件越近的人们，就越有可能受这些解释的影响。在欧洲的集体记忆里，那些欧洲博物馆和展览叙述的历史事件仍然相当重要，人们会对解释这些事件的方式十分敏感，但如果不是欧洲人就不会有这种感触。游客接受的是经过一定程度转化的历史事实，在许多情况下，这可能是游客唯一一次参观遗址的经历，他们对这些地方的印象，以及对一个国家或地区的遗产的理解很大程度上受遗址解释的影响。因此对遗产的解释应该更加谨慎而周详。

5.9 民族、土著与少数民族遗产

剥夺继承权的概念也许应该被更详细地讨论，因为目前"集体"历史或遗产的概念尚未被定义。对遗产的解释在多大程度上边缘化了地区、少数民族或土著群体呢？正如 Tunbridge 和 Ashworth（1996）所说：

> 任何遗产的界定都容易剥夺特定民族或地区群体的继承权，因为他们独特的历史可能被边缘化、扭曲或忽视。有人认为，这是由遗产概念中包含的选择性直接造成的。从大量的过去中进行选择意味着一些过去没有被选择，因为历史或多或少地被一个或另一个群体出于某种目的而劫持。

第一次世界大战后，欧洲帝国的衰落意味着帝国遗产向民族遗产的转变，这意味着那些少数民族的遗产往往被视为对国家完整的威胁，因此这些遗产不是被忽视、被排斥、被剥夺，就是被移除。Gathercole 和 Lowenthal（1994）认为当土著和少数民族在殖民统治下被迫放弃自己的土地、信仰、语言和自治权时，他们以捍卫自己的纪念碑或地区作为守护民族价值的方式。许多民族因为缺乏资金建造博物馆或建立遗产景点而无法保存自身的文化，许多欧洲以外地区的手工艺品由于看起来"不值钱"而被破坏，许多物件被带离它们原始产出的地方，这些少数民族因为很少具有政治与经济影响力，无力要求收回和再现他们的遗产。

人们常常傲慢地认为，土著居民需要接受有关其自身文化背景和历史的教育。更糟糕的是，总有欧洲中心主义和精英主义的历史学家认为土著文化不值得保存。例如，著名历史学家 Hugh Trevor-Roper（1965）宣称：

> 也许未来会有非洲历史可教，但现在没有，或者非常少……整个世界的历史，从过去 5 个世纪到目前来说，重点一直是欧洲历史。

这个评论除了自视甚高外，也表现了几个世纪以来对于历史研究的强烈主观意识和选择性态度。Gathercole 和 Lowenthal（1994）在《过去的政治学》一书中写下了明智的概述：欧洲中心主义的遗产抑制并破坏了殖民地的历史。人们宣称澳大利亚、新西兰或美国的历史很短或根本没有，与欧洲国家相比其几乎没有遗产，当然，这话并不适用于有 4 万年历史的毛利人或美洲印第安人，在第 6 章将详细讨论与此有关的问题。

历史的正确性及其转化为遗产的过程经常受到质疑，除非有能够证明它意义的文献存在。但这本身是个问题，因为社会中的劳动阶级、少数民族、女性和其他边缘群体等，在传统上没有接受教育的机会，更不用说学习为他们的历史编写资料文献了。也许会有物质证据的相关残片或口述历史存在，但是关于对过去的陈述方式和居民扮演的角色等，在传统上一直由受过教育的西方白人男性主导，因此扭曲的历史已经无可避免地出现在我们的大多数历史文献记录中。历史学家，如 Trevor-Roper 将世界历史视为一种"不恰当"且无价值可言的研究，近年来历史的发展变得更加糟糕，历史学家试图通过建立一些替代性说法故意忽略或扭曲历史现象。例如，提倡修正主义的历史学家 David Irving 于 1990 年尝试说服大众接受关于奥斯维辛的谎言，幸好这些想法已被公开驳斥了，他也因此被罚监禁一段时间。

民族学博物馆与画廊的发展在博物馆学文献中有详细的记录。Durrans（1998）解释了民族学博物馆最初是如何作为欧洲扩张和殖民的附属品出现的，种族代表往往是或明或暗的种族主义者。他形容西方博物馆和画廊倾向让民族藏品与社会背景隔离或没有联系地展出，这是出于西方美学的习惯，而民族学博物馆只强调物件本身的原始意义、功能和目的。有些解释也许是需要的，例如，一个物件的文化意义，并不能只以物件本身、事件或其传统来推测。但是，这种解释需要谨慎和敏感地加以管理，使适当的民族群体参与其中。

另一个关于民族学博物馆的问题是，这些文化藏品通常是不合法的或通过强制手段取得的。尽管民族学博物馆逐渐因为道德与伦理立场，开始拒绝接受从其他国家或地区走私来的物件，但这些被遣送回国的民族物件也仍是敏感并具争议性的。Simpson（1996）认为这相当重要，尤其是当这些物件的原生民族仍在壮大并试图找回他们自己的文化财产的时候，且这些物件通常是他们文化身份的象征、未来生存或文化传承的延续。Cummins（1996）认为，"博物馆描绘非洲艺术和文化素材的方式，就好像这些东西只是过去的民族残迹，而不是有感知的人和一种活的文化的见证"。

图 5-4 美国土著博物馆

（资料来源：László Puczkó）

一个较好的案例是美国印第安人国家博物馆，它是第一所保存、研究、再现美洲印第安人生活、语言、文学、历史和艺术的国家博物馆。1989 年，由国会成立的美国印第安人国家博物馆与西半球的土著群体合作，尽可能重现土著传统与信仰、鼓励当代艺术家和支持以印地安人的方式保护和培育地方文化。博物馆主要收集大量文化素材，包括超过 80 万个杰出的美学、宗教和历史藏品。这些收藏涵盖美国、加拿大大部分地区的部落，以及来自中南美洲和加勒比地区的重要文化（Smithonian Institution，2015）。

一些很好的实践见案例 5.6。

案例 5.6

新西兰国家博物馆

新西兰国家博物馆坐落在惠灵顿，于 1998 年对外开放，被认为是本章提到的新博物馆学的一个代表。2008 年，当时的新西兰国家博物馆执行总裁 Seddon Bennington 博士将其描述为"娱乐、教育、休闲和消费的美好结合"，主要目的是"实现参观和融入体验最大化"。新西兰国家博物馆是一箭双雕的文化机构，既尽量贴近毛利人，又保证其参观者最大程度地反映新西兰成年人口特征。尽管参观者的满意度较高，但要实现后一个目标具有挑战性。在参观新西兰国家博物馆的游客中，毛利人比其他少数民族的游客多（毛利人游客占总游客量的 10%，毛利人口占总人口的 15%）。他们来自新西兰各地。四分之一的毛利人游客会特意到访惠灵顿的新西兰国家博物馆。在过去的一年，惠灵顿城市访问者和旅行者中毛利人所占比例较高。一些来自其他地区的毛利人常年来访，8% 的毛利人过去一年来访过 4 次以上，这一比例高于新西兰的欧洲人（4%）、太平洋岛国居民（3%）、亚洲访问者（3%）。这也表明新西兰国家博物馆成为双重文化机构的使命得以成功实现。

（Davidson 和 Sibley，2011）

5.10 结论

本章尝试综述一些关于遗产和博物馆的引人入胜而又复杂的问题，以及文化旅游在其发展中扮演的角色。显然，后现代主义认识到有必要摆脱传统的、精英主义的和排他的历史解释，导致了遗产的表现方式发生了许多重大变化。尽管文化旅游的发展使遗产商品化更严重，但是"遗产化"也引起人们对历史、地区、民族、土著和其他从前被边缘化的群体（如女性和工人阶级）遗产的兴趣。可以说，博物馆未来的成功取决于是否以一种更包容、民主和多文化的方式来解释和表达历史。只有到那时，社会才会认识到文化群体的差异性和多样性，这些文化群体不仅对其过去作出了贡献，还对其现在和未来作出了贡献。

思考题

1. 讨论遗产价值评估和解释中的一些文化差异（如亚洲和非洲与欧洲相比）。

2. 设立世界遗产名录的目的是什么？你认为它是否太长或代表了所有国家和类型的遗址？

3. 你是否同意博物馆更需要关注游客的需求？如果是的话，新技术应该在这方面发挥什么作用？

建议阅读书目

McCall, V. and Gray, C. (2014) 'Museums and the "new museology": theory, practice and organisational change', Museum Management and Curatorship, 29 (1), pp. 19-35.

Park, H. Y. (2013) Heritage Tourism, London: Routledge.

Tezenas, A. and Lennon, J. J. (2014) I Was Here: Dark Tourism, Stockport: Dewi Lewis Publishing.

Timothy, D. J. (2011) Cultural Heritage and Tourism: An Introduction, Bristol: Channel View.

UNESCO (2015) World Heritage Site List, http://whc. unesco. org/en/list (accessed 28 March 2015).

第 6 章

土著文化旅游

"我们不是过去的神话，不是丛林中的废墟，也不是动物园中的动物。我们是人，我们希望得到尊重，而不是成为民族狭隘和民族歧视的受害者。"

(Tum，1959)

"殖民时代已经过去。每一个现代考古学家都会在开展一个项目之前与圈内知识分子交流，让他们以持续的方式参与其中，甚至是寻求他们的支持。文化旅游要追求同样的福祉和意义。"

(Pelly，2013)

6.1　引言

本章分析了土著文化旅游在一些环境下的增长，特别是在较落后或偏远的地区。显然，文化游客对土著、部落和少数民族的文化、传统和生活方式越来越感兴趣。文化旅游变得越来越流行，尤其是在世界各地的新兴景点，如东南亚和中美洲。这些冒险去遥远地区探索传统和民族特色文化的游客大多数受到人类学的启发，渴望能认识那些受到全球势力威胁的群体，同时也为了满足其自身对多元文化体验的需求。这种日益普遍的旅游形式，无论是对游客青睐的地方，还是对地方和国家经济都有着重大影响。日益增长的旅游业不可避免地带来了社会结构的侵蚀、文化移入和自然环境不可逆转的破坏。这种旅游形式很容易变成一种文化的偷窥，当地居民已逐渐沦为人类动物园。然而，如果管理得当，土著文化旅游对当地会有相当大的益处。文化旅游可以被视为一种增加当地人整体形象的途径并增加当地的经济收益，同时能够恢复当地的文化自信并促进社会融合。本章旨在讨论如何在土著地区将文化旅游的潜在收益最大化。

6.2　什么是土著文化旅游？

游客参观当地人生活环境的旅游方式被称为"民族旅游"、"部落旅游"、"当地旅游"或"土著旅游"。Bulter 和 Hinch（2007）更愿意将其统称为"土著旅游"。土著人群在文化和身份认同上与主流文化相去甚远。这种差别既体现在他们的传统、语言、政治体制和机构上，也体现在他们和自然环境及周边区域的关系上。

土著旅游是指游客参观当地人的居住地，而民族旅游是指游客在自己的社会中参与少数民族文化活动，这两者是不同的。本书的目标之一就是区分土著文化旅游和民族文化旅游。土著文化旅游涉及住在落后、遥远地区——多为后殖民发展中国家——的部落群体的生活方式和传统；民族文化旅游涉及生活在后帝国时期西方社会中的少数民族、移民和流散者的艺术和文化。例如，Shaw（2007）指出，城市中日益重要的"民族景观"主要是流散群体和少数民族居住地。Maitland（2007）也认为许多游客受到城市或地区边缘的吸引，因为这些地区比较返璞归真，能够给人们带来真实的体验。第 7 章将更详尽地讨论民族旅游。

土著文化旅游通常包括在他们的"自然环境"下访问土著居民。这个"自然环境"可能是一个指定的人文景观、国家公园、森林、沙漠或山区，通常是一般游客难以到达、较遥远的并且相对落后的地方。土地问题一直是土著居民生活中最具争议的问题，因此许多群体已迁出其传统家园。此外，因为现代旅游已经发展到极限，游客在技术层面上可以到达世界上任何一个地方，这对自然环境和土著部落岌岌可危的文化都造成了严重影响。Lynch 等（2010）提到婴儿潮那一代人尤其把土著文化旅游当作一种"软性的"教育旅游形式。另外，土著文化旅游的重要性有时也被夸大了，尤其是在那些大力推广此类旅游的国家。案例 6.1 展示了澳大利亚的土著文化旅游并不像想象中的那么受欢迎。

案例 6.1

澳大利亚的土著文化旅游

在澳大利亚，土著文化已经成为旅游产品的一个重要组成部分。近年来，澳大利亚一直在努力让土著居民参与到旅游体验活动的开发中来。这些活动包括丛林漫步、狩猎之旅、住在土著居民自己或是经营的住所、跟随土著导游进行游览、参观土著地区或社区、参加现场表演（如舞蹈、戏剧、音乐），以及在国家博物馆和画廊欣赏视觉艺术。澳大利亚联邦和州一级的政府往往塑造出一种土著居民参与旅游业的积极形象，土著居民似乎对他们在旅游业方面取得的成就感到满意。然而，这种热情似乎并不总是转化为巨大的游客流量，因为它主要是基于假设，而不是调查。事实上，自 2006 年以来，人们对土著旅游体验——包括通宵游、深夜游和探险——的兴趣似乎一直在下降。几项实证研究表明，参与土著旅游并不是到澳大利亚旅游的主要动机。无论是国内游客还是国际游客，都将土著旅游视为澳大利亚旅游更广泛的文化和自然环境下的一种体验。Ruhanen 等（2015）调查了澳大利亚四大城市的 1 357 名国内外游客，结果显示只有 12% 的国内游客和 11% 的国际游客了解土著旅游活动，并且想参与一下。只有 2% 的国内和国际游客打算进行土著旅游活动。有些人以前参与过土著文化活动（其中有些人的旅游体验不是很好），并且不想再参加了。对许多国内游客来说，这种旅游并不新鲜，也不特别。其他的反对声音包括这种旅游缺乏体验的真实性，一些游客甚至没有看到任何的土著居民。

（Ruhanen 等，2015）

现在许多旅行社利用土著、少数民族和部落的异国情调，使山地宿营或者高山徒步、沙漠徒步等活动变得越来越流行，即使没有和土著居民面对面接触的机会，游客仍热切地购买土著的手工艺品作为纪念，并享受土著文化表演，这似乎成为旅游体验中不可或缺的一部分。

下面列出土著文化旅游的类型和愈加热门的旅游活动和景点：

- 山地部落和登山旅行（泰国、越南、秘鲁、智利、尼泊尔、中国、印度）
- 野生动物旅游和国家公园（肯尼亚、坦桑尼亚、南非、博茨瓦纳、纳米比亚）
- 热带雨林和丛林生态旅游（巴西、厄瓜多尔、哥斯达黎加、印度尼西亚、马来西亚）
- 沙漠徒步旅行（突尼斯、摩洛哥、埃及、蒙古国、印度）
- 北极和极圈旅游（加拿大、冰岛）
- 乡村旅游（塞内加尔、马里、印度尼西亚、马来西亚）
- 文化遗产旅游（新西兰、澳大利亚）
- 艺术和手工艺品旅游（危地马拉、墨西哥、马里、巴拿马）

土著文化游客的形象正在迅速改变。过去的市场需求大部分来自猎奇型游客，即那些寻求到未开发的原始地区旅行的胆大的游客。尽管许多活动，如山地部落旅行、高山旅行或沙漠旅行，仍由独立的背包客占市场主导地位，但土著旅游类型（如文化遗产旅游、艺术和手工艺旅游、部落旅游）现在开始成为主流旅游套餐的一部分。事实上，在肯尼亚和坦桑尼亚等国家的土著部落地区，野生动物旅游几乎已经成为一种大众旅游现象。随处可见的文化表演、展览、艺术和工艺品市场也表明土著文化对这种旅游产品日益重要。肯尼亚和坦桑尼亚的马赛旅游见案例 6.2。

案例 6.2
肯尼亚和坦桑尼亚的马赛旅游

肯尼亚和坦桑尼亚是非洲最热门的两大旅游目的地，是世界上观赏野生动物的最佳地点，同时也是马赛土著部落的家乡。马赛民族是以传统放牧为生活中心的半游牧民族。肯尼亚马赛马拉野生动物保护区的建立导致原来用于当地部落群体放牧的土地被剥夺，人们逐渐意识到马赛人要维持其传统文化和生活方式几乎是不可能的。

Duim 等（2006）指出，马赛人仍被视为典型非洲人，马赛部落是未受西方影响、具有神秘和异国风情的原始社区，当然这是一种古板印象。建立文化景区"曼亚塔"（与保护区类似）意味着游客可以进行野生动物狩猎，也可以参观马赛人的"自然栖息地"。游客通常付了入场费后，就会受到载歌载舞的欢迎，和当地人交流马赛文化，游览曼亚塔并观赏展现马赛生活方式的活动（如钻木取火、制作手工艺品、战士仪式）。然而，这些文化活动更像是博物馆的藏品，因为大部分活动都是模仿的，并且许多村庄都是现代重建的。与此类似，Kalavar（2014）描述了马赛社区如何建立文化中心或文化村落（假的马赛村庄），为游客提供表演，并且拍照挣取小费。

还是有一些为马赛人提供更多福利的举措——在坦桑尼亚有一个由荷兰发展组织SNV 发起的项目，该项目直接参与坦桑尼亚发展计划，尤其是偏远地区的发展计划。这个项目的主要目的是帮助土著居民直接受益于那些参观当地的游客。当地人会把收入用于特定的发展计划，如建设诊所、学校和养牛场。

Kalavar（2014）有关马赛人对文化遗产旅游的看法的研究显示，年轻人比老年人更重视旅游产业的资本化，妇女从事舞蹈、演唱和手工艺品制作等工作，而成年男性尤其关心家庭角色的改变、代际和性别间的关系，以及传统文化的消失。

图 6-1　肯尼亚的马赛族

（资料来源：Georfina Smith）

Hunck 和 Koot（2012）对纳米比亚的布希曼人及他们在旅游中的作用进行了研究，他们认为，实际上游客依照自己的想象来设定布希曼人的长相、穿着和舞蹈的样子。这意味着如果布希曼人没有如传统方式那样生活，游客将感到失望。然而，在这个背景下，游客也被邀请去体验布希曼人的生活状态——其实并非那么原始，游客们也可以在丛林中漫步并且访问当地村庄。

土著居民进行活动的地方显然是多样化的，但通常是脆弱的，而且往往是遥远的。虽然本章主要关注旅游业的文化方面，但生态环境的问题也很重要，因为生态环境极大地影响了土著居民的生活方式及传统。土地所有权相关问题是他们生存斗争的核心问题，在许多案例中，部落族群因为国家公园、复合式酒店或高尔夫球场的建设，被迫搬离家园。类似徒步这样的旅游活动对环境的影响被清楚地记录下来。这种地方无法承载庞大的游客团体，主要是因为这是许多土著群体的家园，这些土著居民也难免成为旅游景观的一部分。

生态旅游是一种原本更关注环境问题而非文化问题的旅游形式，但其发展不可避免地侵犯了土著居民的生活方式、传统和文化，他们往往居住在旅游区域（如雨林、丛林、山区）。这种旅游方式鼓励使用土著导游、当地产品和当地资源。许多旅行社纷纷加入生态旅游的大潮中，努力宣称自己是"环保的"或"合乎道德的"。当然，如果生态旅游能保持小规模且管理得当，那么它可以成为一种相对可持续发展的旅游形式。案例 6.3 介绍了拉丁美洲的雨林生态旅游。

案例 6.3

拉丁美洲的雨林生态旅游

Zeppel（2006）写过有关土著生态旅游的文章，她把土著生态旅游描述为基于自然环境的旅游景点或是由土著人经营的旅行，由他们来阐述对于自然和文化环境，包括野生生物的理解。生态旅游既提供了保存自然和文化资源的方法，也成为土著人谋生的途径。

　　以拉丁美洲为例，中美洲土著人口有 1 300 多万，南美洲有 1 500 多万，在总人口中占比超过 50%（这一比例在玻利维亚为 66%，在危地马拉为 60%）。他们大部分居住于高原和雨林。在拉丁美洲，土著被称作印第安人或美洲印第安人。智利、阿根廷、巴拉圭和乌拉圭的南部城市有少数经营土著生态旅游的企业，而在中美洲的哥斯达黎加和伯利兹则有更多这样的企业。厄瓜多尔的土著生态旅游发展最为健全，包括丛林/雨林之旅、划独木舟、安第斯山脉登山徒步、参观印第安部落，以及参与传统仪式（如典礼、黥面、钻木取火、跳舞）。

　　在经济上，旅游业是比伐木、采矿和农业更好的替代行业，它可以资助学校建设、改善医疗条件，以及巩固土著文化。奉行环境保护的非政府组织和其他捐赠机构帮助印第安人发展生态旅游项目，并保护他们的自然环境，尤其是雨林环境。一些旅游发展上的障碍涉及地理位置、通信水平、旅游市场的可及性、社区训练及赞助。最终的问题是拉丁美洲土著生态旅游企业的数量增长过多，可能没办法找到相对应的市场需求（如前面提到的澳大利亚土著旅游）（Zeppe，2006）。

　　Ramos 和 Prideaux（2014）分析了 Selva Maya 的实例，它是拉丁美洲现存最大的热带雨林区域之一，覆盖了墨西哥南部、危地马拉、伯利兹和洪都拉斯西部。它也是许多玛雅土著群体的家园。在这里，生态旅游被视为替代传统生计的一种选择。他们引用了几项研究，这些研究表明，生态旅游可以给玛雅社区带来许多经济收益，但也会带来难以衡量的负面生态问题和社会问题。他们使用了 60 个指标测量墨西哥玛雅社区赋权的程度，结论是，赋权水平在经济和政治层面上特别低，而且由于年长居民不愿参与旅游业并阻止年轻居民参与旅游业而产生了代际紧张关系，其中还存在一些社会问题。显然，更社区广泛地参与决策和培训是必要的，但代际冲突可能成为更大的障碍。

图 6-2　秘鲁的当地传统

（资料来源：Edward Smith）

旅游活动对景区土著居民的影响显然是难以概括的，这大部分取决于旅游开发的阶段、在此之前当地与外部世界的接轨程度、土著社区的规模和结构，以及他们生活方式、文化和传统的类型。本章的许多例子说明了旅游对于不同土著群体的影响，也讨论了可以保护土著群体利益的一些措施。下面将说明为什么必须支持并保护这些部落。

6.3　土著居民的概况

无论是在前殖民时期还是后殖民时期，了解那些影响土著居民生活方式和传统的因素很重要。仍在持续的土著少数民族的困境往往是殖民过程的结果，在这一过程中，许多土著居民处于受支配、权利被剥夺和被迫害的境地。欧洲殖民者自认为相比于当地土著人拥有一种天生的优越感，虽然这些土著居民在这些殖民者到来之前已经在这片土地上生活了数千年。西方殖民者觉得自己有资格用最好的土地、有权奴役当地人，或让当地人归依更"文明"的生活方式或宗教。他们夺取当地人的土地，尽管当地人会反抗，但通常是寡不敌众，有时候甚至遭受暴力。殖民也会带来新的可怕疾病，比如天花会摧毁整个家庭。土著的文化和宗教信仰通常受到抑制，当地人的小孩有时候会被迫离开家去向白人殖民者学习，或为了"净化"种族而被迫嫁给非土著。

近数十年来，其他因素也对土著居民的生活和传统造成了损害。诸如采矿、砍伐树木、建设道路、内战，都对部落居民的生存造成长期威胁，他们中的许多人仍遭受民族歧视、迫害和暴力。遗留给很多土著居民的后遗症往往是贫困、被剥夺权利和被社会遗弃。Frideres（1988）将土著文化描绘为"一种贫穷的文化"，并以加拿大因纽特土著居民为例，说明了他们的经济特点：与非土著居民相比，他们有更高的失业率、更高的自杀率和更高的入狱率，以及更低的收入和教育水平。Butler 与 Hinch（1996）认为，这种情况往往是世界各地土著居民的典型特征，而旅游被视为帮助当地发展并提高土著居民社会经济地位的潜在方式。文化旅游在某些情况下，可以对复苏当地土著文化产生微小却很积极的作用。

一个土著居民处于困境的例子就是北美的印第安人，他们的出现可以追溯至公元前20万年，在第一批探险家（15世纪）和第一批移民者（17世纪）到来之前，他们都过着一种与大自然和谐相处、自给自足的生活，移民者带给他们致命的疾病、奴役、绑架或大屠杀，并且禁止他们进行有关心灵和宗教的活动，他们的小孩大多被胁持并送到遥远的寄宿学校。尽管印第安人英勇反抗，却无法阻止移民者夺走他们的土地。1776年，他们被迫割让超过90%的古老家园，到了1871年，这个数字增加到99%，印第安人被迫居住在保留地，条件往往很恶劣，人们对此充满了绝望。

在随后的一个世纪中，土著印第安人仍决心继续保持他们祖先的传统，但直到20世纪80年代才显露他们对自身文化、遗产和传统的兴趣，部分是由于部落本身的兴趣，部分是由于政府和旅游发展的支持。在20世纪90年代，许多部落开始重新发掘他们的文化遗产，并且探索不同的方式庆祝传统文化。文化旅游的发展是当地印第安文化复苏的方式之一。美国土著文化中心在北美和加拿大部分地区建立起来，提供展览、表演和文化展示。旅游是在土著人保留地进行的，这里的礼品店卖一些手工艺品。当地美洲博物馆和文化中心通过保存诸如艺术品、语言和技能等形式的文化以重建文化认同，也为社区教育和活动提供场地（Steele-Prohaska，1996；Simpson，1996）。

图 6-3　美国加州印第安保留地的化石森林

（资料来源：Karoly Novak）

　　美国土著印第安人的故事并不是唯一的。许多土著居民有着同样的命运，只有他们的勇气、决心和韧性才能阻止他们的文化和传统被完全毁灭。尽管没有任何事可以补偿他们过去遭遇的暴行，但这些团体如今得到了更多政治支持，同时人们对土著居民所遭受的磨难也有了更多的认识，文化旅游通常能帮助他们获得保存自身文化和传统的支持。加拿大新斯科舍省 Míkmaw 旅游活动见案例 6.4。

案例 6.4

加拿大新斯科舍省 Míkmaw 旅游活动

　　Lynch 等（2010）讨论了加拿大新斯科舍省的 Míkmaw 原住民如何开始发展他们的旅游业，目的是让他们的年轻人和游客一起分享他们的文化和传统。然而，他们担心除非这种旅游是以当地居民为基础的，即尊重其文化价值观——Míkmaw 的互联性的世界观，当地人对土地、时间和空间的认知，Netukulimk 的概念（环境可持续发展）、合作、团结、民主及共识、家庭、人际圈和当地口口相传的文化，否则不会成功。当地居民应该直接参与决策，重点关注土著居民区的社会可持续性，包括赋权、健康和教育，而不仅仅是工作和收入。

　　Míkmaw 文化旅游活动包括参观三个文化讲解中心，并参加 Míkmaw 生态旅游活动。在活动期间，Míkmaw 翻译会引导游客经过他们的传统领地，了解 Míkmaw 的考古遗址、社区活动（如社区盛宴）、歌舞庆典和包括击鼓、唱歌、跳舞在内的其他传统居民聚会活动，游客还有机会购买食物、艺术和工艺品。Lynch 等人在 2010 年对 111 名游客进行的调查显示，他们的年龄往往在 35 岁至 64 岁之间，受过教育，其中许多人来自新斯科舍省。在动机方面，最重要的（无论是重要的还是非常重要的）是"身处并且欣赏一个不同的地方"（86.4%），其次是"学习和体验 Míkmaw 文化"（84.6%）和"认识 Míkmaw 人"（72.2%），最后才是"购买正宗的 Míkmaw 纪念品"（24.7%）。研究结果显示，Míkmaw 文化旅游提供教育和真实体验的能力对游客来说是最重要的。另外，价格和娱乐是最不受重视的，Míkmaw 拥有和经营的旅游活动受到中等的重视。超过 95% 的游客表示，他们对自己的旅游感到满意，他们将再次参加土著旅游。

（Lynch 等，2010）

6.4 慈善机构和团体在支持土著居民文化中扮演的角色

土著问题具有高度的政治色彩，因为在这个日益全球化的世界上，很多少数民族和部落居民为自己的文化存续而战，但他们通常没有获得足够的政治或法律的保护和支持。值得注意的是，许多影响土著居民的冲突构成了人权问题。因此，许多国际和本国民间组织同土著人协作来保护他们的利益，并不是所有的组织都首要考虑旅游对当地居民的生活和传统造成的影响，但旅游却是可能威胁到土著群体健康和未来的众多因素之一。

其中一个最引人注目、致力于土著居民的组织是"国际生存组织"，它是一个通过公共运动支持部落民族的世界性组织。该组织成立于 1969 年，旨在应对巴西亚马逊地区发生的大屠杀、土地盗窃和种族灭绝。"国际生存组织"拥有来自 82 个国家的支持者，努力通过社会运动、教育和赞助来为部落人民争取权利，具体措施包括联署上书、游说政治家、传播信息和提供法律建议。这给了部落居民一个既可维护自身利益，又可以为自己发声的平台。原始部落居民有机会保护或者展示自己的文化。"国际生存组织"的工作旨在反驳如下观点——原始部落的人们是人类文明的遗留物，他们会因为"进步"而被同化或者消亡。"国际生存组织"是为确保行动自由而拒绝国家政府补助的自治组织。尽管这不是他们主要关注的事情，但"国际生存组织"现在涉及一些与旅游相关的运动，以支持"旅游关注"——另一个引人注目的组织。该组织在国际和国家内部组织反对剥削土著居民的运动，其中许多运动的内容和土地使用的争夺、传统产业被取代、水资源的消耗或文化冲突有关。他们也建立了一个公平的旅游贸易网络，努力替世界上贫困地区的弱势社区争取平等的民族贸易权利。

世界土著人民和文化生存理事会等其他组织也保护土著人民的权利。同样，他们的大部分工作是基于研究、传播信息、运动、教育、会议，最重要的工作内容是为世界各地的土著群体提供强有力的网络支持。值得注意的是，还有许多其他国家和区域团体代表土著、少数族裔或部落团体开展运动。其中许多组织与国际组织紧密合作，可以通过网站链接访问。世界土著旅游联盟（WINTA）目前由 40 个国家的 170 多个土著和非土著组织组成，包括旅游协会、旅游企业、社区服务组织、教育机构、政府机构和媒体。世界土著旅游联盟提倡将土著企业和土著居民纳入旅游业。该组织负责旅游政策研究、举办旅游会议及工作坊，并提供策略性的目的地咨询服务。大多数团体正在争取土著权利和自治，以及以最适合当地人的方式控制或自由发展旅游业。以下各节将更详细地探讨与土著居民旅游相关的一些问题。

6.5　基于当地社区的文化旅游发展方式

在过去 20 年里，以土著居民为基础的旅游发展方式的重要性已经被认可，并越来越多地被纳入可持续旅游讨论的范畴。显然，很少有土著居民能够平等获得政治和经济资源，他们往往在政治、经济和社会上处于不利地位。以土著人为基础的旅游业可以给当地人提供更大的机会获得政治自决权，但前提是地方控制得到最大化。Butler 和 Hinch（1996）指出，旅游应该被规划和管控，如此一来"土著居民就有优势决定体验的性质及协商他们自身的参与度"。在他们后来的作品中，Butler 和 Hinch（1997）认为土著至少要获得一些自主权并参与进展。

Zeppel（2006）认为，"成功的基于社区的生态旅游需要赋权于社区成员，使他们能够参与当地活动，参与旅游决策、就业和培训，还应增加当地居民的创业活动"。Lynch 等（2010）指出，"可持续的土著旅游行业有几个特征：土著居民自主经营的活动、旅游产品的适当开发、有效的营销，以及东道国社区和旅游业之间的伙伴关系"。然而，Pelly（2013）指出，加拿大过去的土著旅游模式已经失败，"旧的管理模式是殖民主义的做法，如在美国，南方顾问提出的是控制而不仅仅是建议，这种做法一再被证明是失败的"。Peters 和 Higgins-Desbiolles（2012）指出：

> 这种"白人凝视"是殖民主义观点或者欧洲中心主义观点，是基于对澳大利亚土著人的想象和认知建立的，这是在以土著旅游的方式实施文化边缘化和霸权主义，尽管数十年来，土著部落的领导人、当地的机构和人们一直都在强调并纠正这种权力的不公。

Pelly（2013）认为，如果旅游业管理不善，旅游业体验也会受到负面影响：

> 如果游客来到一个北方地区，得到的体验基本上只是因纽特文化的"展示"，那么展示者和观众的满意程度都将是有限的……提供给游客的文化体验必须真实地反映当地人的生活，因纽特人的参与者做他们真正做的事，并且游客被邀请共享这种体验。这意味着发展文化项目必须为当地人的利益着想，而不仅仅是为了游客。

土著群体有时对旅游业的发展没有任何控制，但无论怎样，正如上文所述，慈善团体、行动组织和其他政治组织正在努力确保土著居民能最大限度地进行协商和参与。这可能包括在规划阶段发挥咨询作用、联合或单独管理主要旅游项目、受雇于或拥有与旅游有关的业务。然而，正如 Butler 和 Hinch（1996）所述，许多旅游企业被非土著人占据，它们和全球旅游业有着千丝万缕的联系。这清楚地说明了发展一种当地土著社区可以接受的、同时在经济上可行和环境上可持续的旅游形式的复杂性。案例 6.5 介绍了阿拉斯加的土著旅游。

阿拉斯加的土著旅游

阿拉斯加土著居民大约占阿拉斯加总人口的16%，他们生活在200多个偏远村庄和社区。许多阿拉斯加土著居民从"创始时代"就保持其习俗、语言、打猎和捕鱼的行为和生活方式。阿拉斯加土著居民被划分在11个文化区里，说20种不同的语言，为了讲述这些多元群体的故事，阿拉斯加土著遗产中心按文化相似性或地理相邻性，划分成5个文化部落。随着全国各地文化旅游业的增长，阿拉斯加227个当地部落团体希望通过他们特别的生活方式和独特的景观来获得经济发展机会。

然而，尽管有政府的支持，土著旅游发展仍面临一些问题。例如，Haakanson（2009）——Alutiiq博物馆的馆长——强调了阿拉斯加发展土著旅游的困难（这个典型例子也适用于其他地方）。首先，很少有游客了解偏远的土著文化，因此推广是一个很大的挑战，尤其在资源有限的情况下；其次，土著团体自身对于想从旅游中获得的东西并不总是持相同的意见（或他们全部都想要）；再次，游客不是人类学家，大多数人只想要玩乐、放松、睡在温暖的床上，学习新事物时不是非常认真，游客只是鸟瞰土著的生活，大部分不是真的对其生活方式有兴趣。这里的一个例子是阿拉斯加的科迪亚克岛文化营，它并不是游客所期待的那种花费昂贵，且路途遥远、充满异国风情的地方。Haakanson（2009）指出：

"大部分游客期待有一个温暖的床，而不是住在简易的工棚里。他们不想看到虫子，不想看到死的东西或一些奇形怪状的食物并把它们吃掉。这可能对我们来说有吸引力，但对游客而言太多了，也超过了他们想看到或体验的范围。"

尽管现代游客显然很享受观赏文化和遗产，但他们大部分不喜欢随之而来的生活方式。

最后一个问题是，土著居民常常被告知要忘记过去并拥抱现代生活，然而由于遗产保存和旅游发展，现在却要保护并保留他们的传统，这意味着他们同时生活在两个世界中——一个是传统的世界，一个是现代的世界。

6.6 土著居民在文化旅游发展中的参与和态度

土著居民的参与度及对文化旅游发展的控制程度是多样的，大部分取决于旅游业发展的背景和当地人的支持程度。尽管仍然只有很少的土著居民被赋予完全的控制权或旅游景点的所有权，但确定的是，土著文化旅游发展已经朝向咨询、合营或合作的管理模式转变。只要土著群体被视为平等伙伴，共同合作就大有益处。但是最终大部分土著居民希望能够拥有旅游企业和活动的独立所有权和经营权。然而，要做到这一点，他们在资金、教育和业务技能培训方面往往需要更好的支持。正如本章前面所讨论的，国际机构热切希望确保土著人民得到他们需要的支持，使他们能够参与旅游发展和管理的各级工作，但仍有很长的路要走。

旅游地点是否能够方便到达是问题的关键。显然，在游客难以到达的地方发展文化旅游是没有道理的。同样，游客需要知道地点的所在，这样营销就成了主要的关注点。人们应该以自己觉得适当的方式理解历史和文化遗产。一般认为，文化游客希望体验当地环境和当地人的真实文化，竭尽全力寻找最终真实的体验，这包括一步步拓展旅游的边界，以及访问最远的地区。Selwyn（1996）探讨了在寻求"真实的他人"和"真实的自我"之间的张力，游客想要花时间和当地人一起"找到自己"是很常见的！这对 20 世纪六七十年代第一次来到印度的嬉皮士来说亦是如此。显然，有些游客并不想寻求真实性，而是抱着寻求"原始"生活的浪漫愿景，那些渴望逃离全球化、物质世界束缚的人，喜爱花时间在没有自来水和电力的遥远村庄。具有讽刺意味的是，村民可能只是想要获得西方的物质资源，如可口可乐、耐克运动鞋和卫星电视！案例 6.6 介绍了巴布亚新几内亚的部落旅游。

案例 6.6
巴布亚新几内亚的部落旅游

巴布亚新几内亚是一个在大西洋由新几内亚岛东半部和许多近海岛屿组成的独立国家，坐落于太平洋西南方，19 世纪初期被称为美拉尼西亚。这是地球上最多元化的国家之一，拥有 800 多种本地语言和许多社会传统，但人口只有 600 万。它是城市化发展最不发达的国家，只有 18% 的人口居住在市中心，无论是在高原还是沿海区域，大部分人口仍住在小村庄，以农耕为生。岛上遍布着较少受西方影响的偏远的岛屿社区，有些部落可能仍是食人族（他们是世界上最后存在的食人族），部落旅行不仅昂贵、耗时，也很危险。有些部落对游客抱有敌意，以至于用原木阻挡河流，甚至在木筏上用弓箭射游客！部落的多元化意味着在巴布亚新几内亚要归纳出土著的需求和意愿是不可能的，因此需要以部落为发展基础逐一谨慎而敏感地进行协商（Eirne，2007）。

无论是从文化还是地理上，这里都是世界上仍未被开发的国家之一，许多未被发现的植物及动物品种存在于巴布亚新几内亚的腹地。Sakata 和 Prideaux（2013）说明了巴布亚新几内亚是如何成为世界上现存最大的多样化生态系统，以及如何支撑着亚太地区最大的原始状态的热带雨林。然而，旅游的高消费、高犯罪率、法律的执行和秩序问题，以及落后的基础设施成为制约其旅游发展的不利因素。高端背包游客和漫游旅客很常见，但政府还选择了四个地区来发展生态旅游。一些旅游机构提供生态探险游，把游客带到遥远的乡村群落，体验土著部落的文化和自然环境，寄宿村庄和家庭酒店也逐渐变得普遍。

Sakata 和 Prideaux（2013）以福根森岛和瓦鲁玛社区为例，这是一个现存的没有货币的未被旅游开发的土著聚居区。其研究显示，当地居民认为旅游给他们带来的收益包括经济效益、教育、友谊和英语交流的能力。他们认为旅游开发带来的负面影响包括珊瑚的破坏和野生生物的迁移等。但是当地社区并没有真正意识到或者担心社会和文化的潜在变化。他们认为文化发生变化的原因是殖民化、基督教和电视，旅游实际上反而强化了文化传统。

愈来愈多的游客被鼓励参加有组织的徒步活动，前往泰国北部的清迈和清莱的高山地区。这些旅游项目大部分包括在导游带领下的两到三天的丛林穿越，以及在部落村庄的一晚住宿，活动主要是登山、竹筏漂流和骑大象。游客可以根据路线选择要参观的部落，但通常至少会参观三个不同的部落。泰国至少有七到八个土著群体住在这里，他们许多是自耕农，有些人专注于当地工艺品生产（如丝织品、刺绣、银器）。大部分的民族有自己的方言，主要信奉万物有灵论。

6.7　土著居民的文化再现

建造博物馆、文化中心和表演空间是展示当地文化的一种很好的方式。艺术与工艺发展项目也逐渐成为将社区经济效益最大化的流行方式。下面这部分将更深层次地探讨这些问题。

Ali（1991）指出：

> 有关"文化再现的努力"仍未结束，它与帝国主义时期留下的"我们"和"他们"的殖民关系相呼应。总而言之，政治意义上的"文化再现"在未来将是更复杂、更有趣和更具开放性的挑战。

近年来，博物馆和画廊由于在展览中不恰当地描述、解释黑人、土著和少数民族文化而遭受批评。正如 Creamer（1990）指出的，"白人的、西方的殖民意识形态，为全世界提供了解释土著文化的知识框架"。Simpson 提出"科学殖民主义"的概念，人类学家据此声称，文化殖民主义持续控制着土著艺术和文化的展示，尤其是在博物馆的收藏和展览中：

> 在澳大利亚、新西兰和北美洲的土著民族，尽管文化独特并且多元，却有相同的经历，他们在历史上都遭受了殖民势力的控制，他们在自己的国家成为被剥夺权利的少数民族，他们的历史在人类学家和博物馆阐述者的笔下也有相同的待遇。

（Simpson，1996）

少数民族往往在艺术与博物馆世界中"表现不足"，这是由于他们传统上缺乏力量和控制权来决定展览的内容及解释方式。因此，对土著收藏或展览的解释常常由那些不完全了解土著文化和传统的非土著描述，这使传统土著的文化被博物馆展览所固化，或被视为怀旧的、即将消失的，而不是有活力的、持续发展的。Dann（1996）指出，"博物馆的出现就像制作好的手工艺品的仓库，而不是活的文化再现"。但如今，博物馆展览逐渐聚焦于"真实的"土著和殖民历史，并企图更精确地展示及解释土著传统和文化。

土著居民的生活方式和传统时常被浪漫化地描述为"异国风情"。Jordan 和 Weedon（1995）描述了西方人是如何看待澳大利亚土著居民的，这一描述同样适用于许多其他土著群体：

> 澳大利亚西部土著居民的形象大多是"原始的""部落的"人——是人类学家口中、国家地理频道和纪录片中不文明的"濒临灭绝的种族"；是存在于《文化进化论》和纪录片中的黑皮肤的野蛮人、恐怖的原始人、"鳄鱼先生"；是澳大利亚旅行手册中的"石器时代艺术家"。这些形象就是赤裸的原始人拿着飞镖、石斧和矛，住在祖先的住所里，并且拥有神秘的仪式、传统歌舞、神话故事、树皮画和身体彩绘——他们和大自然和谐相处。

他们认为这显然是西方白人对异国土著居民的浪漫化想象，这与一大群背井离乡的、受压迫的、意志消沉的土著居民形成了鲜明的对比，他们住在贫民窟里，受贫困与酗酒的困扰。

Whittaker（2000）的评论说明了 20 世纪的明信片通常以刻板印象、异国风情的方式描绘土著居民。大多数明信片是为了迎合白人和欧洲中心主义关于"其他文化"的神话产物。因为土著居民逐渐被认为是濒临灭绝的人种，捕捉和封存其文化形象被视为非常重要：

> 世界土著居民为各种图像的传播提供了无限的储藏。当时的神话是，世界是多种多样的，是真正的种族、民族和土著人的大杂烩。对殖民权利根深蒂固的信念，被科学、真理和现实所神圣化。科学家和外行人的任务都是记录和保存人类的多样性，记录每个"类型"、"物种"和"文化"的确是一项全球性任务。
>
> （Whittaker，2000）

最近，旅游明信片对土著民族的描述越来越侧重于传统（有些正快速消失）的习俗和行业（如捕鱼业、纺织业、农业）。本土服饰、工艺美术和文化表演也被赋予了"本土色彩"。然而，Whittaker（2000）评论了后现代主义是如何导致土著文化的复兴的，他们现在经常自己制作明信片，因此控制了文化的表现。

Dann（1996）评论了"他人"在旅游见闻中被描述的方式。相对于游客自己的文化而言，土著人的形象经常是诱人的、异域的、奇特且迷人的。尽管很少有主客之间的互动描写，但当地人几乎被描述为处于附属的地位。一些案例描述了当地人是被剥削的、有敌意的或令人讨厌的人。在其他案例中，他们被边缘化或被认为不相关。Dann（1996）对这种"新"的旅游形式所做的评论是："在旅游行为下，景点成为一种与当地居民隔离的形式。"

然而，另一种情况是有些游客渴望尽可能地花时间和当地人接触，并体验真实文化。当地人的形象逐渐被用来吸引游客。Kirschenblatt-Gimblett（1998）指出，澳大利亚人和新西兰人倾向于通过旅游目的地来表明自身土著的独特性，这逐渐出现在国家营销活动中。同样，Power（1997）强调了澳大利亚土著艺术对文化旅游产品的重要性：

> 今天，正是视觉艺术赋予澳大利亚土著居民最大的权力，使我们的文化在当地、国家和国际上得到承认。外国统计数据显示，至少有 60% 的澳大利亚游客把对土著文化的兴趣列为他们喜欢来澳大利亚的原因之一。

但是，艺术旅游并不总是被视为土著文化背景下的一种积极发展。例如，Fourmile（1994）指出：

> 很多土著人的艺术创作由商业利益驱动，目标是赚游客的钱……随着土著文化旅游越来越受重视，人们意识到应该注重土著传统的复兴和保护，并且要加以开发来满足旅游业的需求。

她也提到，游客对土著艺术、舞蹈团体或工艺的兴趣，往往要高于对音乐、戏剧或文学的兴趣。2007 年，澳大利亚在其土著人口最多的地区——北领地（Northern Territory）开设了土著艺术步道。

土著艺术家和旅游经营者之间建立了伙伴关系，艺术爱好者可以与艺术家见面，参观艺术中心，了解更多土著艺术和文化。政府承诺给这项计划拨款 16 万澳元（Tourism NT，2007）。人们对土著文化和工艺品旅游越来越感兴趣，这对真实性和商品化等概念提出了重要问题。Richards（1999）描述了文化、工艺和旅游是如何变得密不可分的。艺术与工艺产品在土著社区经济中扮演核心角色，旅游有利于支持并加强当地文化生产的持续性。可能会被购买的纪念品类型在很大程度上取决于当地资源和传统，但可能包括纺织品、雕刻、陶器、绘画和珠宝等。值得注意的是，艺术与工艺的真实性对大部分的文化游客而言是非常重要的，游客想要确保他们买的产品是出自当地手工艺人之手，能显示当地独特的传统方法和设计，另一些人则觉得纪念品只要是当地人手工制作的就很好了。当然，旅游纪念品的商品化和大批量生产是很普遍的，但是很多工匠如今使用政府许可的印章来保护当地生产，并确保游客找到真正的产品。例如，阿拉斯加手工银制品项目为了保护土著艺术家和消费者，在当地艺术家的手工艺品上盖有"阿拉斯加制造的银制品手工认证"印章。阿拉斯加艺术委员会，一个公私合营的合作伙伴，倡导一种丰富的气氛，使人们能终身参与阿拉斯加的艺术多样性。对于学生、艺术家和所有阿拉斯加人，委员会的目标是：

- 支持反映和保持阿拉斯加人的文化认同的艺术项目
- 促进阿拉斯加本土艺术的持久和认可
- 表明艺术是社区和市民的生命力的核心
- 提供信息和教育服务
- 促进阿拉斯加文化资源的发展
- 促进资源和需求的匹配

然而，激增的伪传统艺术形式引起了人们，尤其是那些渴望保护自己传统的土著居民的关注。当地艺术与工艺生产逐渐受到世界各地的威胁。尽管旅游可以促使可能消失的传统再复苏，文化变化仍根植于生产的艺术形式中，例子不胜枚举。Graburn（1976）有关"第四世界艺术"的改变，以及文化传统商品化的著作仍是这个主题中最详尽的研究。Schadler（1979）对非洲的艺术与工艺的研究也是值得讨论的，他发现为适应旅游的需求，传统和部落艺术发生了许多改变。Mathieson 和 Wall 也提到随着时间推移，许多传统艺术形式已经发生了变化。下面列出了传统艺术形式在与外界接触后发生改变的三个主要阶段：

第一阶段：传统艺术设计与工艺形式消失，尤其是那些具有浓厚的宗教和神话色彩的艺术与工艺形式。

第二阶段：随着大规模生产技术的发展而出现退化的、简单的替代品。

第三阶段：包含了主流社会文化信仰特点的手工技艺和风格复兴。这一阶段是对第二阶段中明显的有害影响的反应，也是对第二阶段中传统艺术的象征意义逐渐下降的反应。

（Mathieson 和 Wall，1992）

这在很大程度上是一种积极的模式，表明最终的结果会导致人们对传统设计和生产方法重新产生兴趣，尽管人们仍然需要关注生产方法、产品品质和真实性，以及旅游市场的性质的改变。然而，Vidas（1995）提出了如下观点："与其喋喋不休地讨论旅游业对这些地方的有利或不利影响，不如聚焦于当地社会、经济、文化的重组。"确实，最近关于艺术与工艺旅游的研究往往聚焦于当地艺术家、生产者和工匠的需求及对其利益的保护。随着工艺旅游需求的增长，中介者角色可以轻易地剥削当地人，因此逐渐造成了艺术与工艺产品分配和销售方面的问题。因此，"旅游业公平贸易计划"被发布，并且特别强调了当地的培训需求，以保护当地生产者不受剥削。

表演艺术逐渐成为土著文化旅游体验中不可或缺的部分，这可能是以音乐、唱歌跳舞、节日或宗教仪式的形式进行的。当地节日可以吸引很多人，尤其是在印度这样的国家，该国以丰富多彩的庆祝活动闻名。由于这些活动并不是为了满足游客的需求而表演或改编，所以它们通常对参观者而言代表着真实的文化体验。然而，这一点未必适合其他种类的文化表演和展示。对土著艺术与文化日益增长的兴趣，可以支持土著文化的可持续性或传统文化的复苏，但也可能损害其艺术形式的真实性：

> 每当旅游业成为当地经济的一个重要组成部分时，人们对当地工艺品的兴趣就会增加。然而，对游客来说，有价值的是文化中那些被保存下来或重新焕发活力的部分，而不一定是那些被当地文化高度重视的部分。这种文化觉醒有时候让当地人意识到其历史文化的持续性，这对其文化是有意义的。然而在其他情况下，对土著文化的新理解、古老节日的复苏及文化地标的修复，给原有文化带来了长期威胁。

（Mathieson 和 Wall，1992）

Turner 和 Ash（1975）认为大多数游客拥有相当有限的感知能力和审美能力，因此土著文化有时需要以一种简化的形式呈现，即折中的艺术形式。这里的含义是，游客显然不具备对土著群体更复杂艺术形式的"高级鉴赏力"。许多游客只想要简单体验当地文化，而不是观看冗长的歌舞表演，或需要相当大的专注力或惊人的耐力的音乐表演。例如，在南印度的 Kathakali，地方传统是在庙宇为印度教徒表演一晚故事，但大部分游客相当满意这个在戏院或文化中心只持续一个半小时的表演。毛利人的表演也是如此，Tahana 和 Oppermann（1998）提到，毛利人文化表演往往根据酒店客人的需求而修改，而非在毛利人集会地的更传统的表演。这种做法不一定使体验变得简化或"不真实"，也不需要和艺术家协商其完整性，只是压缩了文化体验。游客几乎不懂当地语言，因此唱歌或表演会提供翻译或解释服务。这无疑具有教育意义并能增进游客的知识，而不是文化的过度简化。期望大多数游客在短时间内深入了解土著文化和艺术形式是不切实际的，尤其是考虑到他们可能还体验了其他大量景点和节日活动。这并不意味着他们一定是肤浅和轻信的。这很大部分取决于游客类型、他们处于何种文化背景之下、他们的体验期望以及获得的产品类型。

6.8　结论

本章提供了一定范围环境内的土著居民在后殖民时期的概况。显然，这绝不是最终结论，但大部分部落和民族遭遇了相似的命运。在过去数十年间，土著居民逐渐得到政治、法律、经济的支持，这对其未来生存极为重要。人们并没有把他们视为濒死的民族，而是日益赞扬他们坚韧、有活力的文化和传统，并认识到对其保护的重要性。尽管土地利用可能仍是最具争议及未解决的问题，土著居民在其他领域已取得了极大进展。旅游业可被视为推动经济效益、保育措施和文化传统保护或活化的最积极的力量之一。我们需要坚持赋予地方自主权和控制权的重要概念，如果以负责任和合乎道德的方式管理旅游业，旅游业对土著人民的文化生存的贡献可能是无价的。如 Pereiro（2013）所言，"土著旅游，并非一个简单的从文化旅游中衍生出来的旅游方式，它会使旅游更加丰富，也是一种更具反思性、更有伦理和教育意义的选择"。

讨论问题

1. 发展和经营土著旅游中遇到的主要挑战有哪些？
2. 土著文化游客的主要动机有哪些？
3. 你认为在土著文化旅游的背景下，有可能体验到很多地区的"真实性"吗？

建议阅读书目

Pereiro, X. (2013)'Understanding indigenous tourism', in Smith, M. K. and Richards, G. (eds) The Routledge Handbook of Cultural Tourism, London：Routledge, pp. 214-219.

Saarinen, J. (2013) 'Indigenous tourism and sustainability', in Smith, M. K. and Richards, G. (eds) The Routledge Handbook of Cultural Tourism, London：Routledge, pp. 220-226. Survival International (2015) http://www. survivalinternational. org (accessed 30 March 2015).

Thompson-Carr, A. (2013)'Maori tourism：A case study of managing cultural values', in Smith, M. K. and Richards, G. (eds) The Routledge Handbook of Cultural Tourism, London：Routledge, pp. 227-235.

Tourism Concern (2015) Indigenous People and Tourism, http://tourismconcern. org. uk/indige nous-people-and-tourism (accessed 30 March 2015). World Indigenous Tourism Alliance (2015) http://www. winta. org/purpose/indigenous-tourism (accessed 30 March 2015).

第7章

民族和少数民族文化旅游

"在全球范围内，少数民族社区正在通过文化旅游来维护他们对知识和文化财产的所有权。"

（Cave 等，2007）

7.1 引言

在旅游业的背景下，大量对乡村和偏远地区的土著人民进行的研究已经开展（Smith，1989；Butler 和 Hinch，1996；Zeppel，2006）。然而，他们对城市环境中少数民族和少数民族社区的关注较少。尽管有一些关于所谓的"民族景观"或城市的少数民族（族裔）聚居区及其作为旅游景点的发展的研究（Hoffman，2003；Collins，2006；Shaw，2007；Aytar 和 Rath，2012），但其中很多内容都没有直接与文化旅游相关。民族旅游常被认为是文化旅游的一个分支（McKercher 和 Cros，2002；Smith 和 Carnegie，2006；Diekmann 和 Maulet，2009）。本章重点介绍了少数民族、少数民族社区及其文化在旅游业中所起的作用。

7.2 以民族文化和居民区为重点的旅游

由于移民的增加和流动的便利，世界上许多城市的文化日益多样化。Collins（2015）引用了《经济学人》（2014）的数据：迈阿密近 60% 的人口是第一代移民（在国外出生），多伦多超过 45% 的人口是第一代移民，温哥华超过 40% 的人口是第一代移民。在伦敦和纽约，大约 37% 的人口是在国外出生的，在巴黎和蒙特利尔这一比例分别为 23% 和 32%。一些群体可能已经是第二代或第三代移民（如英国城市中的华裔和印度裔），而其他的族裔移民得更晚（如东欧的移民工人和来自叙利亚的难民）。虽然较新的移民文化可能不会引起所有游客的兴趣，但许多城市已经在迎合大量的民族群体（如在英国的波兰人），这对散居海外的游客来说很有吸引力。这些新的城市空间为当地居民区提供了多种机会，将创业与主动性联系起来：导游、住宿、美食、纪念品商店和当地娱乐项目（Rogerson，2004）。

Ruethers（2013）认为，少数民族、移民和散居海外的人经常被视为来自"边缘地区"或"旅游边缘地区"的"边缘人物"。许多少数民族群体往往被大多数人贴上"不受欢迎"的标签，因此他们在社会、经济和政治上都被边缘化。具有讽刺意味的是，他们的音乐、舞蹈或艺术（如吉卜赛小提琴音乐及舞蹈和非洲裔美国人的蓝调或爵士乐）可能被接受，甚至在文化上受到尊敬。Ruethers（2013）评论说，法国和西班牙的游客喜欢吉卜赛表演，但绝不会访问罗姆人居民区。人们对于吉卜赛的文化或艺术的推崇明显优于人们对其社会地位的看法。Reisinger 和 Moufakkir（2015）将这种情况总结为："民族美食、民族舞蹈、民族艺术和文化中所表现的民族性被高度重视、欣赏和消费。" 与移民有关的种族问题仍然是公共政策、政治和舆论所关注的问题。那些没有自我认同的人（甚至那些有自我认同的人）可能会完全或部分地融入主流社会，或追求融入主流社会。其中一个问题是，少数民族或少数群体在一体化或同化的过程中可能感到有必要顺应或追求主流文化，从而失去其传统文化的一些要素，如习俗或语言。正如 Aitchison 等（2000）所言，平等和包容的言辞往往 "强调差异的等级，可能不利于文化多样性和差异性的概念"。土著群体和少数民族群体显然是不一样的，尽管二者有一些共同的特点，但是必须逐一进行研究，见表 7-1。

表 7-1　　　　　　　　　　土著和少数民族群体的基本比较

土著群体	少数民族群体
• 主要是单一文化（如偏远地区的部落在很大程度上不受全球化的影响）	• 多元文化（是在一个多文化环境中的第二代或者第三代移民）
• 乡村环境	• 城市环境
• 很少与群体以外的人互动	• 同城市中其他民族进行日常交流
• 经常远离社会或生活在社会的边缘	• 居住在不同的居民区（如混合区域）
• 主客之间有巨大差异	• 访客来自相似背景
• 商业化和被开发的高风险性	• 居民区文化已经在很大程度上被商业化了

- 他们往往被社会边缘化，或成为偏见的受害者（至少是第一代移民）
- 他们不是同质的——许多子群体有着不同的文化实践和观点
- 他们通常生活在贫困地区（尽管有一些地区是例外，如犹太人居住区）
- 他们通常是移民或被迫离开自己的祖国
- 他们的文化可能更多地基于无形元素而非有形元素
- 他们的艺术和节日往往比他们的经济或社会贡献更受重视

许多少数民族往往不住在所谓的 "少数民族居住区"。例如，在纽约和波士顿的 "小意大利"，只有少数居民是意大利人（Conforti，1996）。事实上，大多数群体成员居住在其他地区，而在少数族裔居住区内购买具有文化特色的商品或与其他成员进行交流。

一些较为 "成熟" 的民族旅游形式几乎已经成为城市不可错过的特色——如伦敦的红砖巷，见案例 7.1。

案例 7.1

民族景观：伦敦红砖巷

红砖巷是伦敦孟加拉人群体的中心地带，有时也被称为孟加拉镇。红砖巷这个名字来自中世纪，当时伦敦东区是红砖的生产制造中心。近几十年来，这里已经成为孟加拉咖喱屋的家园，现在有 60 多家餐馆、咖啡馆和甜品店。Shaw（2015）描述了它是如何被宣传为唐人街的新对手的。它已经成为一个受欢迎的旅游目的地。大多数游客是白人，其中很多是伦敦人，但该地区也越来越多地出现在国际旅游地图上。Shaw 和 MacLeod（2000）将其描述为"狄更斯式的旅游指南中的一条可以漫步的小巷——两旁林立着令人难忘的孟加拉风味餐馆、印度糖果店和莎丽商场"。

在 20 世纪 90 年代，该地区是重建计划的重点区域，因为孟加拉人社区贫穷、破败。作为改造项目的一部分，砖巷艺术节应运而生。这个节日包括音乐、食物、工艺品、时装表演和游乐场。之后，夜总会、精品服装商店、设计工作室和展览空间获得了进一步的发展（Shaw，2007）。除了砖巷节，这里还有孟加拉国际咖喱节。咖喱节是一个为期两周的活动，在砖巷节的第一天开始。由于红砖巷的餐馆数量众多，竞争十分激烈。许多游客认为揽客行为令人无法忍受，食物的质量也经常受到批评（Muir，2004；Cohen，2006）。因此，人们希望咖喱节的比赛能够帮助抵消这些批评，并证明红砖巷的食物质量是好的。

在 21 世纪初，有人担心项目改造对红砖巷的影响。居民、小型企业和社区组织主要关注：

● 便利店遭受了损失和当地居民流离失所
● 街头节日和宗教礼拜的不合理分布
● 夜间经济造成的噪声、扰民及犯罪

（Shaw，2010）

就在 2006 年的节日前不久，红砖巷上了头条，因为当地少数居民和商人大声抗议在街上拍摄 Monica Ali 的小说《红砖巷》（Brick Lane）的计划，原因是它损害了 Sylheti 女性的形象和该地区的整体形象。尽管小说《红砖巷》让该地区更广为人知，但可以说，它几乎没有改善多年来项目一直在宣传的形象。

Florida（2002）关于创意城市的开创性工作强调了多样性对成功的城市发展的重要性。人们认为，多民族城市更具包容性和创造性。然而，值得注意的是，美国和欧洲城市之间存在着显著的差异（事实上，Florida 一直被批评没有充分强调这种差异）。民族聚居区可以给城市带来一定程度的独特性，当然，这最初并没有考虑到旅游业的发展。通常的情况是，少数民族，特别是较贫穷的移民群体，搬到租金低廉的城区，而其他具有类似背景的移民已在这些地区定居。通常这些族群并不能融合，尤其是在美国的大城市，不同族群之间可能会发生摩擦。城市的少数民族聚居区在过去常常被称为"贫民区"，这个名称有相当的贬义色彩。在欧洲，"贫民区"一词更多的是指第二次世界大战期间犹太人被囚禁的城市地区。

在一些城市，最贫穷的地区被称为"贫民窟"（如印度）或"乡镇"（如南非）。访问城市贫民窟并不是一种新现象，但是对贫民窟和贫民窟旅游的研究才刚刚出现。Nuissl 和 Heinrichs（2013）将贫民窟描述为"总是能吸引资产阶级社会的与众不同的地方"。他们描述了贫民窟这个词是如何在 19 世纪初首次出现在英文作品中的，当时贫民窟是居住条件差、卫生条件差的地区，是犯罪和滥用毒品等边缘活动的避难所。正如 Steinbrink（2012）所说，贫民窟在欧洲（伦敦）和美国（纽约）现代城市的形成中发挥了关键作用。近年来，由于说唱音乐、街舞、时尚和其他相关的文化活动的发展，"贫民区"的概念有了更多的时尚内涵。正如 Linke（2012）所说，这个词被中产阶级以一种浪漫而非真实的方式使用。

7.3 民族和少数民族旅游的分类

自 20 世纪 90 年代以来，巴西的贫民窟、印度和其他一些亚洲国家的贫民窟，以及南非的乡镇都向游客提供有组织的参观和旅游服务。然而，乡镇是一个特殊的例子，因为它们是独特的政治局势（种族隔离）的遗产，见案例 7.2。

案例 7.2
南非乡镇旅游

在种族隔离制度下的南非建立了远离中心商业区的乡镇，作为隔离黑人劳工的一种手段。在这段时间里，这些乡镇被认为是"禁止进入"的地区，因为人们认为那里的犯罪率和暴力程度很高。"白人"和"黑人"地区被严格隔离。然而，自从种族隔离制度结束和 1994 年第一次民主选举以来，乡镇旅游业发展迅速，许多文化游客对后种族隔离生活感到好奇。Ramchander（2007）将乡镇旅游描述为"以观察南非黑人的文化表达和生活方式为目的的旅游，并提供另一种文化实践的第一手经验"。游客通常以小组（最多 15 人）的形式乘坐小巴游览，可以选择待在床上享受早餐，但这不如短途旅行常见。他们通常被带到精心挑选的地方吃东西（地下酒吧或酒馆），在某些酒吧里喝酒、跳舞，在工艺品中心购买纪念品，拜访传统治疗师。

南非旅游组织将乡镇旅游纳入其文化、历史和遗产旅游类别（Booyens, 2010），但进行文化、历史或遗产旅游的国内游客比例仅为 3% 左右。由于乡镇旅游没有单独的数据，这意味着没有乡镇游客的消费金额准确的数据（Gold, 2012）。

乡镇旅游业可以为许多以前被排除在旅游业之外的南非黑人提供就业和创业机会，尤其是对年轻人来说。许多以前被剥夺权利的妇女已经能够参与酒店工作或工艺品生产。然而，大多数旅游企业仍然主要由白人经营（Nemasetoni 和 Rogerson, 2005）。Booyens（2010）在索韦托进行了研究，得出的结论是，乡镇旅游可以促进社会经济的重建，但这只能是在人们负责任地发展并且福利分配足够广泛的前提下。然而，他的研究表明结果差强人意。最坏的调查结果是当地人缺乏参与旅游业的机会和被不公平地分配经济和就业福利。居民们也因缺乏对旅游经营者的控制和参与旅游的机会而感到被剥夺了权利。Gold（2012）的研究表明，有些人打着扶贫旅游的旗帜大张旗鼓地宣布了许多乡镇旅游项目，随之而来的是昂贵的可行性/商业计划，但这些计划很少能实现。

世界上许多城市都有唐人街这样的少数民族聚居区。Lin（1998）描述了 19 世纪 80 年代纽约的中产阶级是多么喜欢游览唐人街。如今，像这样的少数民族聚居区通常提供餐馆、节日和购物场所，见案例 7.3。

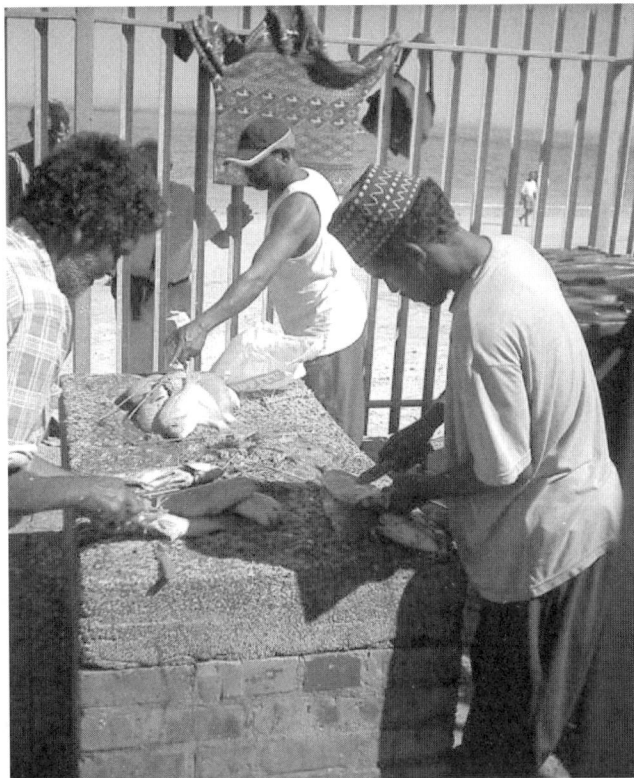

图 7-1 开普敦的渔民

（资料来源：Melvyn Smith）

案例 7.3
澳大利亚悉尼的唐人街

澳大利亚的移民比其他大多数西方社会都多，像悉尼和墨尔本这样的城市都是国际大都市，为主要移民地区。悉尼的唐人街是澳大利亚最大的唐人街，也是世界上最大的唐人街之一。它是少数几个被新南威尔士州旅游局列为旅游景点的少数民族（族裔）聚居区之一。悉尼的第一个唐人街在 19 世纪 60 年代发展起来，华裔移民在这个城市的一个地区建立了公寓、家具制造店、裁缝店和餐馆。到 1900 年，86% 的悉尼华人居住在同一地区。然而，随着 20 世纪 60 年代的人口减少，只有 15% 的华人居住在当时的唐人街。到了 20 世纪 70 年代，中国的文化和美食开始流行起来，随后该地区开始复兴。它已经成为一个受欢迎的娱乐区，尤其是因为它的几十家中餐馆，中国的春节庆祝活动也是一个特别吸引人的亮点。如今，唐人街 89% 的企业为华人企业家所有，本地和海外华人的投资继续扩大。悉尼市中心的居住人口正在增加，越来越多的华裔居住在唐人街或其附近。唐人街是一个比许多文化景点，如博物馆或艺术画廊更受欢迎的旅游景点。来自中国内地和香港的游客是赴悉尼旅游人数最多的单一群体，占 2012 年赴悉尼国际游客总数的 14%。悉尼的中国新年活动在大约六周的时间内吸引了来自中国和其他亚洲国家的约 15 万名游客。其他研究显示，大部分到唐人街的游客来自悉尼，几乎一半的海外游客来自亚洲，只有 24%

的受访者是"游客"（离开家一晚或更长时间）。大多数受访者到唐人街就餐（35%）和购物（16%），或观光和怀着大众兴趣（14%）。大多数游客都有一种积极体验，享受唐人街的建筑和物理特征——中国风的拱门、树木、招牌和"中国人的感觉"。一些国际游客想要了解更多关于悉尼唐人街和中国人的历史，也想要了解更多关于景点的信息。

（Collins，2015）

图 7-2　曼彻斯特的唐人街

（资料来源：Richard Ginious）

犹太人居住区在许多城市也越来越普遍，尤其是在欧洲城市。经历过大屠杀之后，许多以前的犹太人聚居区和贫民区的犹太人人口非常少，但是犹太人的传统却常常被当地的人们保留下来（如在波兰的克拉科夫）。案例7.5给出了对犹太人居住区的详细研究。

少数民族节日和活动越来越受欢迎，包括加勒比狂欢节、梅拉节和一些犹太节日。民族节日通常被用来改善一个社区的形象，或帮助重塑一个景点的品牌（Yeoh，2005）。McClinchey（2008）描述了民族节日如何"展示由于移民而定居在一个地区的群体的民族文化"。

由于文化节有可能给居民区带来积极的经济和社会影响，文化节已成为城市生活中越来越重要的元素。一些民族活动，如诺丁山或里约热内卢的狂欢节，已经成为地方营销和品牌建设不可或缺的一部分，见案例7.4。

案例 7.4
伦敦诺丁山狂欢节

诺丁山狂欢节是继里约热内卢之后世界上第二大狂欢节，吸引了 100 多万游客。它起源于当地非洲加勒比地区的文化和遗产，特别是来自特立尼达的文化和遗产。在特立尼达的奴隶制时期，奴隶不能在人行道上行走，而在 1834 年之后，他们利用狂欢节走上街头。诺丁山狂欢节传统上是在 20 世纪 60 年代中期发展起来的，用来表达和庆祝加勒比侨民文化的活力和多样性。

然而，20 世纪 70 年代中期，当地白人群体对它的发展提出了反对意见。种族关系令人担忧，尤其是在发生骚乱和骚乱导致需要增加安保和警力的情况下。如今，它已成为当地活动的一个案例，可以说，该活动已经超越了其最初的地位和文化根源，使其难以管理。Burr（2006）列出了人群拥挤、组织和游行混乱、犯罪和暴力增加的问题，包括 2000 年发生的两起谋杀案、在街上乱扔垃圾和小便带来的安全和健康问题，以及震耳欲聋的噪声。

有人建议将活动搬到另一个地方（如伦敦的海德公园），但遭到了诺丁山当地非裔加勒比人的抗议，他们认为该活动起源于伦敦的那个地区，对文化的传承非常重要。这些居民中的一些人也对越来越多的白人狂欢者"闯入"他们的聚会、破坏气氛感到沮丧。许多人认为，这一活动应该是"狂欢的"和自发的，不应受到规则和严格组织的约束。这可以被看作对奴隶再次在街上自由行走的干涉（Burr，2006）。

诺丁山狂欢节和其他许多民族活动一样，在传统资金不足的情况下仍然存活了下来，但它未来的发展经常受到威胁，往往直到最后一分钟也得不到赞助。虽然所有权应由原地区保留，但如果狂欢节继续陷入混乱，可能更难获得外部资金。尽管这项活动越来越受大量游客的欢迎，但他们并没有为这项活动的举办作出任何经济上的贡献。然而，如果它被转移和更加商业化，它毫无疑问将失去其文化根源。

与所有成为大众现象的文化形式一样，人们也担心产生"节日化"现象，如文化的商品化和文化真实性的丧失。通过节日表达身份认同也可能是复杂的。Chacko（2013）描述了民族节日如何通过一种自觉建构的身份认同来强调共同文化遗产的概念，这种身份认同既确认了文化差异，又体现了一种美国身份。节日也可以成为政治活动和维护权利的场所。McClinchey（2008）说："包括节日促销在内的地方营销应该能够回答与形象、政治影响和议程、真实性、社会身份和文化表征相关的问题。所有这些现实都影响着节日和居民区的营销。"

像多伦多这样拥有大量少数民族居民区的城市同时有多个少数民族节日，如波兰文化节、小意大利美食音乐节和 Corso Italia（一个意大利少数民族居民区的节日）。后两者被描述为"具有不同程度意大利特色的舞台景点"，其文化真实性值得怀疑（McClinchey，2008）。Chacko（2013）探讨了华盛顿特区的西班牙裔节日（41% 的华盛顿特区移民来自拉丁美洲），这个节日已经庆祝了 40 多年。La Fiesta 被认为是一个庆祝团结的地方，同时也是少数民族居民区内部协调分歧的地方。到 20 世纪 90 年代初，它已经从一个社区庆祝活动发展成为一个备受瞩目的城市活动。它的位置从一个"属于"居民区的空间多次移动到一个更全球化的空间。这可能是少数民族节日的问题之一，这些节日在某种程度上成为他们自身成功的受害者。

7.4 对民族旅游和少数民族旅游的管理

Shaw 等（2004）概述了在少数民族聚居区和类似地区发展休闲旅游的一些潜在问题。对于伦理方面的考虑涉及商品化、物化、文化挪用、文化入侵和流离失所等问题。民族旅游具有后殖民的特征。

Shaw（2015）将民族聚居区描述为"东方"飞地，是主流文化、本土游客和国际游客感兴趣的地区。大多数游客似乎仍然是欧洲的中产阶级白人。Cloquet 和 Diekmann（2015）将布鲁塞尔非洲区 Matonge 的情况描述为家长式殖民，这对那里的居民几乎没有什么好处。当地人大多对他们从旅游中获得的少数好处感到失望，游客消费不多，他们认为这是对当地文化的不尊重。民族类型和少数民族聚居区类型见表7-2。

表 7-2　　　　　　　　　　　　　民族类型和少数民族聚居区类型

民族和少数民族聚居区的类型	典型的旅游活动	典型的游客
唐人街，小意大利， 印度区，非洲区	餐厅、购物、节日	国内外游客、探亲访友的游客、 本地参观者
犹太人聚居区	犹太教堂、纪念碑、博物馆、 贫民区、餐馆、节日	犹太和非犹太遗产游客
贫民窟、贫民区、乡镇	旅游、购物、会见当地人	国际游客（国内游客较少）、关 心贫穷的人并且想做慈善的人

许多少数民族群体可能不认为或不希望认为自己是不同的、特殊的或独特的，特别是那些第二代或第三代移民，他们认为自己是很好地融合在一起的群体。另一些人可能因为社会偏见而害怕自我认同（如中欧和东欧的吉卜赛人）。Shaw 等（2004）指出：

> 具有讽刺意味的是，差异的标志将产生一种平静而相对同质的消费文化，会与当地居民的社会生活脱节。假以时日，这将创造一个孤立的、以旅游为导向的飞地。这与邻近的贫民区形成了鲜明而残酷的对比，这些贫民区对游客的吸引力较小。

案例7.5总结了将犹太人居住区作为旅游景点管理的许多主要挑战，尤其是在遗产解释方面。

案例 7.5

将欧洲犹太人居住区作为旅游景点

今天，许多欧洲城市都有犹太人居住区，由于大屠杀的遗留问题，部分犹太人聚居区消失了。Ruethers（2013）提到的"犹太空间"，指的是那些城市中没有或只有很少的犹太人，并且由非犹太人控制的区域（如中欧和东欧的犹太人居住区）。Sandri（2013）认为，尽管犹太文化遗产是"全球城市旅游市场上宝贵的文化资本"（Ruethers，2013），但城市中的犹太文化遗产仍然是旅游研究领域的一个边缘话题。Gruber（2002）给出了一个原因，即人们没有像对待旅游景点一样对待犹太人的遗产，尤其是纪念馆。纪念活动必须先于娱乐活动，对这一说法的解释往往存在争议。另一个主要问题是纳粹试图通过所谓的"种族灭绝"（Lemée，2009）政策来消除犹太物质文化的所有痕迹。直到最近，像克拉科夫这样的城市经常被描述为一个没有犹太人的犹太区，因为犹太人的遗产和文化经常被非犹太人挪用，甚至重新创造（Gruber，2002；Lehrer，2007；Salamensky，2013）。Sandri（2013 年）强调了许多犹太传统街区的典型问题，这些街区往往被视为不真实的、理想化的，甚至有点像迪士尼乐园。Salamensky（2013）提到了"散居迪士尼"一词，她将其描述为"犹太脸"和"犹太门面"两种现象："犹太脸"包括音乐、舞蹈、戏剧和非戏剧性的表演，在表演的时候非犹太人盛装打扮，并且像犹太人一样表演，这正如人们过去所想象的那样；"犹太门面"包括类似于博物馆的建筑，以及装饰性建筑，描绘了想象中的"犹太人"生活。

Gruber（2002）认为，犹太文化经常通过伪怀旧的形式来表现，这可能导致历史的不准确、虚假的记忆和商品化。另外，Lehrer（2007）认为许多非犹太波兰人的努力有助于保持文化和传统的活力。当代犹太人的生活在克拉科夫（Gill，2013）和布达佩斯（Smith 和 Zatori，2015）等城市又开始繁荣起来。Sklarewitz（2012）很惊讶柏林再次成为犹太人的家，特别是年轻的、世俗的以色列人的家。Sodaro（2013）将柏林的犹太博物馆称为"不是为了用来纪念的"博物馆，因为它更关注的是对德国犹太文化和历史的传播，而不是大屠杀的悲剧。有趣的是，当这座建筑在 1999 年首次开放时，它被空置了三年，没有举办任何展览。在此期间，超过 35 万名游客前来参观这座空置的建筑，许多人认为应该让这座建筑保持空置。对犹太人遗产的解读仍存在很大的疑问。究竟是应该关注大屠杀，还是应该关注大屠杀前后犹太人的生活——仍然是欧洲遗产解释的最大挑战之一。

一些少数民族聚居区可能会采取另一种策略，即有意选择他们想展示给游客的文化。Macleod（2013）讨论了"文化形态"的概念，它涉及对文化的有意操纵，只呈现了文化的某些方面。Hitchcock（2013）还指出，对于许多社区来说，真实性是一个可以选择的问题，人们甚至会夸大自己的文化，以迎合游客。Ruethers（2013）给出了吉卜赛人的例子，他们在音乐表演中区分了内部文化实践和对外展示。许多居民区可能选择不展示其文化的"真相"。当然，旅游能够满足游客对于当地文化的兴趣，让人们领略生活的"快照"，但是在一些情况下，了解当地人的生活"真相"才是游客真正的目的。例如，参观贫民窟似乎是为了体验一些"真正的"贫困。许多少数民族实际上并不住在集中体现他们文化的地区，因此对于这些文化的"浮光一瞥"（如节日）是主要的吸引力。Lin（2010）指出，导游可以让游客参观"一个民族居民区的内部运作"。然而，这一进程产生了积极和消极的影响，包括加速经济发展和带来更广泛的社会变革，但也有一些文化上的妥协：

> 将少数民族居民区和商业区的"后台"转变为少数民族旅游的"前台"，可以保存少数民族的传统。与此同时，通过民族旅游的商业化和媚俗的创作，一些民族文化的真实性被淡化和剥蚀。

在旅游业中，真实性一直是一个有争议的问题，很明显，在许多贫民窟和贫民区之外，游客除了"前台"娱乐活动外，可能无法了解到真正的其他民族文化。即使游客光顾了真正的贫民窟和贫民区，游览的也往往是那些相对富裕和安全的地方。Frenzel（2013）描述了在过去20年经济发展强劲的国家，如巴西、南非和印度，是如何频繁地开展贫民窟旅游的。例如，与里约热内卢的其他贫民窟相比，罗西尼亚的贫民窟相对富裕；虽然印度孟买达拉维贫民窟的条件相当差，但它是一个拥有重要工业的地方，许多居民在这里工作，因此它不能被认为是一个绝对贫困的地方（Dyson，2012）。Koens（2012）认为，南非的乡镇旅游并不会带游客访问最贫穷的乡镇，贫困的复杂性超过了任何纯粹可量化的衡量标准。一些贫民窟或贫民区甚至可能被"净化"或"美化"了，如2014年世界杯之前的巴西贫民窟。

一些来自少数民族群体（但居住在其他地方）的游客会完全了解当地的文化，他们可能只希望拜访朋友或亲戚，在一个可选择的地方体验自己的文化习俗，购物或简单地享受犹太洁食或中国菜。华裔市民并不期望他们的唐人街代表一个中国小镇，但他们确实享受在那里进行社会接触和购买特定商品的可能性（Collins，2015）。美国的"小意大利"受到一个意大利裔社区的珍视，这个社区的许多成员甚至从未去过意大利，但他们希望保留祖先初到美国时定居的地方（Conforti，1996）。对于这些社区来说，"小意大利"和"真正的"意大利没有太多的共同之处并不重要。McClinchey（2008）也描述了多伦多的"小意大利"："这个社区的居民现在在精神上比真正的意大利人更像意大利人，这使得该社区作为一个文化场所变得更加复杂"。"小意大利节"的味道被描述为意大利传统的象征，而不是真正的代表。

7.5 民族旅游中的主客关系

在大城市里，大多数居民在日常生活和商业活动中都没有与游客进行太多有意识的互动，这是很常见的。在少数民族居民区也是如此。例如，匈牙利布达佩斯拥有中欧和东欧最大的华人社区之一，但他们往往在不是旅游热点的地区居住和创业（Irimias，2012）。如前所述，在澳大利亚悉尼，只有大约15%的华人真正生活在唐人街（Collins，2015）。就贫民窟和贫民区而言，居民通常住在那里，但他们可能在其他地方做生意或工作。相反的情况可能发生在一些少数民族居民区成员身上，他们在少数民族区工作，但生活在其他地方。因此，与游客的互动可能只发生在商业环境（如商店、酒店或餐厅）中。这样做的好处之一是，居住在工作地点以外的少数民族的生活不会受到旅游业的干扰。

在城市民族旅游的背景下，区分不同类型的游客是很重要的，其中包括：当地居民（如来自城市的其他地区的人）；本地居民（即经常到访来消费货品及服务，但并非住在区内的人）；对于不同移民群体文化可能熟悉或者不熟悉的国内游客；国际游客（对国际游客来说，某些民族体验将是全新的）；那些只知道文化而不了解文化背景的散客。不同的游客可以相对和谐地共存，但旅行社或城市机构需要考虑到应提供多种语言的解说，甚至是同声解说。

游客访问少数民族地区或民族景观的动机可能相对简单，不像访问贫民窟或乡镇的动机更为复杂。Shaw等（2004）认为：

对其他文化的知识的探索与对外卖食品和饮料的世俗探索并存。一些游客被多姿多彩的街市、节日、音乐和其他表演艺术所吸引，其他游客则被酒吧、俱乐部和午夜娱乐场所所吸引。

Diekmann 和 Smith（2015）认为，一些游客访问少数民族居民区是出于文化好奇心，但是另一部分人可能是在寻求教育，还有一些人则希望通过捐款或慈善活动为当地居民的生活作出贡献。游客可能会感到惊讶，居民可以生活在非常贫困的条件下，但似乎仍感到幸福，甚至快乐。这可以让游客对自己的生活有一个新的视角，并帮助他们认识到自己有多幸运，然而却没有珍惜自己所拥有的一切，或者他们能够思考可以用更少的钱过上更好的生活。游客们常常热衷于重申他们理想化观点，即"他人"的处境没有那么糟糕。Burgold 等（2013）指出，"人们可以观察到，许多旅游都会把当地的贫困当作文化的一部分，从而导致游客忽视贫民窟居民困苦的生活条件（'这里一点也不坏啊'）"。案例 7.6 介绍了贫民窟旅游的主客关系。

贫民窟旅游的主客关系

贫民窟一词指的是 20 世纪初在巴西里约热内卢出现的一种特殊的城市区域，这里聚集了不合标准的住房。贫民窟与贫穷和犯罪联系在一起，但也更浪漫地与桑巴、狂欢节联系在一起。今天，超过 20% 的里约热内卢人口由贫民窟居民组成：大约 130 万人生活在 1 020 个地区，这些地区在社会和经济方面日益多样化。自 20 世纪 90 年代初以来，贫民窟旅游市场才真正形成，21 世纪以来，各地提供贫民窟旅游的旅行社数量有所增加，政府的支持也有所增加。研究表明，前往贫民窟的游客绝大多数是外国游客，而去过里约热内卢的巴西游客中，80% 从未去过任何贫民窟。巴西游客和外国游客都把贫民窟和负面印象，如贫穷、破败的住房、毒品、走私，联系在一起。但外国游客更关注"传统"这个词的积极意义。团结和快乐也被认为是积极的特征，巴西人更喜欢团结，外国人更喜欢快乐（Freire-Medeiros 和 Vilarouca，2015）。

在某些案例中，印度有组织的贫民窟旅游只能追溯到 2005 年前后。例如，Reality Tours 旅游公司开始在达拉维 1/4 的区域提供徒步旅行，达拉维是孟买最大的贫民窟，大约有 100 万人居住在那里。电影《贫民窟的百万富翁》（位于达拉维）促使多家公司向西方游客提供贫民窟旅游服务。贫民窟旅游还没有得到政府的大力支持，印度游客往往不去贫民窟，甚至否认贫民窟的存在。他们认为这给游客留下了印度的负面形象。印度贫民窟旅游的特征是：一些旅游公司（如 Reality Tours 旅游公司）进行了捐款为当地人提供教育和培训；旅行团人数较少（不超过 6 人）；旅游活动的行为守则不具侵入性；禁止拍照；导游与当地居民有着良好的关系。人们常常假设当地居民觉得自己像动物园里的猴子一样被人盯着看，但对在贫民窟生活和工作的人进行的研究体现了（也许是令人惊讶的）一些更积极的东西。接待人员包括居民、工人、厂主、学生、教师、店主、销售商等。虽然有些人不知道游客为什么会来，但他们很好奇，也不生气。尽管该地区充斥着越来越多的旅游服务，游客们仍表示有积极的体验。拥挤似乎并没有影响到东道主地区（印度已经是一个拥挤的国家了）。他们对隐私有着不同的看法，所以被人盯着并不会引起什么恐慌。相反，他们似乎对能够被外国人注意及遇到外国人感到很兴奋，他们中的许多人实际上想要与游客拍照。工厂的工人们也很感激在他们被拜访的时候有一点休息时间，他们中的许多人都想卖掉他们的商品（以前有禁止从当地人那里购买商品的规定）。贫民窟旅游给当地居民区带来的好处似乎比之前想象的要多，但对此还需要做进一步的研究，尤其是在这种旅游形式越来越受欢迎的情况下。

（Diekmann 和 Chowdhary，2015）

游客对少数民族聚居区和贫民区的兴趣，有时来自"贫民区风格"的时尚、音乐或其他文化形式在全球的流行，这些时尚、音乐或其他文化形式已经与产生它们的实际生活脱节。民族聚居区可以成为旅游"幻想"的一部分，这些幻想往往基于怀旧、浪漫或理想化（Salazar，2013）。

在许多情况下，游客不被允许独自进入贫民窟或乡镇。至少，他们会受到严肃的警告。他们必须坚持处于一定安全与有保障的范围之内。在大多数贫民窟旅游的案例中，游客和被访问者之间并没有实际的接触，只有一个中介——导游（Diekmann 和 Hannam，2012）。因此，游客和被访问者之间的相遇被控制和限制在"共享的空间"（Sharpley，2014）。

Klepsch（2010）的研究表明，在世界各地的许多贫民窟旅游中，受益的往往是私人企业家，他们不一定来自那个旅游景区，而是来自专业的旅游运营公司。在许多情况下，当地居民区作为游客关注的对象，并没有从旅游中获得经济利益。事实上，在许多地方，旅游都是由私人旅行社和企业家组织的，他们不向当地人重新分配利益。此外，游客在旅游期间通常很少购买东西（或什么也不买），而且旅游运营商往往有他们偏爱的卖家和艺术家。导游根据旅游的类型劝阻游客下车或走到车外（Rogerson，2004；Freire-Medeiros，2009；Mowforth 和 Munt，2008）。虽然旅游业确实使贫民窟和贫民窟居民的知名度越来越高，但游客肯定无法促进贫困地区的经济增长或改善其生活条件（Freire-Medeiros，2009）。Frenzel（2013）认为，旅游业可能不是缓解贫民窟贫困的最佳策略，因为它的规模太小，无法产生重大影响。民族旅游、少数民族旅游和贫民窟旅游并没有吸引大量的游客，也没有创造巨大的经济效益。就贫民窟和乡镇而言，很难衡量旅游业的效益，因为纯粹的经济指标没有考虑到更多无形的方面，如自豪感、通过跨文化交流获得的教育、对传统重新培养的兴趣（否则这些传统可能会消亡），等等。积极的观点是，少数民族居住区展示了少数民族对城市文化和经济生活的贡献，并能在艺术或食品等方面促进不同文化之间的创造性融合。这些都能促进人们的文化交流和相互理解。游客可能比本国公民更同情当地贫困的少数群体（如贫民窟居民、吉卜赛人）的困境，本国公民往往被灌输了来自政客、家人或同龄人的刻板印象和偏见。

7.6 结论

本章展示了城市民族旅游和少数民族旅游的多样性和复杂性。到其他民族和少数民族居住的地区旅游对那些想要寻求不同的购物体验、购买不同的食物或参加不同的节日的游客极具吸引力，他们认为这是在寻找不同的娱乐方式。在某些情况下，游客可能热衷于了解该群体的历史和遗产。贫民窟、贫民区和乡镇吸引的游客数量较少，但很明显，极端贫困对许多游客来说是一种吸引力，他们游览这些地方可能是出于好奇或希望以某种方式提供帮助。在这些地方，关于文化挪用、文化解说和文化再现等方面的复杂的管理是必要的。一些社区似乎对旅游业无动于衷，也可能要求更多（如印度贫民窟）。其他社区似乎相对没有受到影响（如唐人街）。就犹太人居住区而言，在没有犹太居民的情况下，一定的文化挪用是必要的，但这也保持了文化的活力（如克拉科夫）。这些地方仍然有一些问题需要解决，如在黑人活动中白人游客的主导地位，以及当地居民缺乏商业机会。然而，学术界和旅游行业对这种旅游形式越来越感兴趣，这似乎有助于将这些问题提上日程并加以解决。

讨论问题

1. 讨论土著旅游与民族旅游的主要区别。
2. 民族文化旅游遇到的主要政治挑战有哪些？
3. 思考民族文化游客的不同动机。是什么吸引他们到极度贫困的地区旅游？请举例说明。

建议阅读书目

Aytar V. and Rath J. (eds) (2012) Selling Ethnic Neighborhoods：The Rise of Neighborhoods as Places of Leisure and Consumption, New York：Routledge.

Diekmann, A. and Smith, M. K. (2015) Ethnic and Minority Cultures as Tourist Attractions, Bristol：Channel View.

第 8 章

艺术、节日与文化旅游

"艺术为旅游的世界带来了不同风格、文化、美感和生活的连续性。"

(Zeppel 和 Hall，1992)

8.1 引言

本章主要分析艺术与文化旅游之间的关系，过去这两者间的关系可以说是令人担忧的，因为管理这两个部门的哲学完全不同。传统上，艺术组织与旅游组织普遍缺乏沟通，不理解对方的相关活动、优先事项和目标。艺术机构并不总是充分了解旅游趋势和市场，正如旅游组织有时也无法理解艺术的需求。然而，无论是视觉艺术部门，还是表演艺术部门都逐渐开始为访客或游客提供一系列丰富多彩的展览和盛会，让他们尽情观察、欣赏或参与，特别是在充满地方文化活力的节日或能吸引人潮的旅游目的地。诸如此类的活动成为少数民族社区表达文化及身份的方式。因此，有大量的敏感问题围绕在活动应如何再现，以及表演者与观众之间相互关系的讨论上。本章重点关注民族和少数民族的艺术对文化旅游产业的重要性，因此，后殖民主义和多元文化主义的历史和政治背景将作为理论框架。同时，本章也会对艺术观念的变化及其与更民主的文化解释之间的关系进行一些分析。

8.2 艺术与旅游的融合

过去，文化旅游研究聚焦于旅游和遗产管理之间的关系，而对艺术旅游的关注往往较少，然而节日和活动或许是例外。过去的研究往往侧重于艺术与旅游之间的紧张与冲突（Tighe，1986；Turner，1992；Varlow，1995）。例如，Turner（1992）表示，过去艺术和旅游产业往往缺乏对彼此工作重点的了解，特别是在娱乐概念方面。旅游产业通常被认为只聚焦于娱乐或取悦游客，而艺术显然被视为一个理智的、有教育作用的角色。他还对一些组织通过旅游业寻求财政支持的动机略感怀疑："有些人认为，只有当'娱乐'需要补贴时，它才会变成'艺术'。"不过他也承认两者合作的潜在好处，如同 Zeppel 与 Hall（1992）所说的：

> 在商业方面，艺术振兴了旅游产品，提高了其市场吸引力，赋予民族特色新的意义，并确保了更有效的销售和促销成果。简单地说，艺术作为旅游的元素，能改善产品，增强其吸引力，使旅游产品更容易销售。

旅游对艺术产业也很重要，因为它为活动和景点的上座率和门票销售做了很大贡献，博物馆和画廊往往严重依赖游客的财政支持。此外，旅游能够拓宽艺术市场，带来知名度的提升，从而增加赞助机会，这对艺术产业每况愈下的财务状况而言越来越重要。

正如 Myerscough（1988）所言，艺术可以充当目的地的磁石，吸引和鼓励人们在当地消费。旅游有助于扩大和丰富艺术市场，提高那些鲜为人知的活动的知名度。然而，许多艺术活动倾向于吸引当地观众，旅游却把国内或国际观众纳入范围。当公共部门的经费支持下降时，许多艺术场地与活动越来越依赖于民间商业赞助。因此，它们一再找寻新的收入来源。然而，艺术团体经常过度警惕多样化的观众可能带来的影响，担心旅游业可能在某种程度上损害活动的艺术完整性或真实性。艺术行程规划经常和游客的主流兴趣不相容，因此艺术机构为了取悦目标观众有时候被迫妥协。在类似情况下，人们质疑艺术机构或许是正确的，因为这意味着艺术形式面临潜在的稀释化、商业化或琐碎化的危险。然而，如本书前面所述（第 5 章），由于新博物馆学和社会包容政策的发展，艺术已经民主化。Booth（2014）认为，民主化意味着艺术以民主的方式向尽可能多的人开放，并且向那些通常情况下无法接触到这些艺术品的人开放，其中包括游客。

Hughes（2000）探讨了艺术、娱乐及旅游之间的关系，给出了一些关于文化和艺术旅游的实用和全面的定义，并深入分析了观众参与度，以及通过旅游发展客源的可能性。他认同发展艺术旅游的重要性，但同时也指出了相关局限性。例如，他表示艺术对当地经济的影响通常被过分夸大，而且发展与艺术相关的旅游并非总是符合艺术的最佳利益原则："如果一味认为商业机构会放弃收入和利益来保留艺术的完整性、创造性，并刺激创新的、实验性和小众化的艺术创作发展，那就真的是过于天真。"

图 8-1　人们在卢浮宫欣赏《蒙娜丽莎的微笑》

（资料来源：Laszlo Puczko）

在艺术旅游蓬勃发展的景点，旅游组织倾向把艺术当作一种别具吸引力的途径来推广文化旅游产品。艺术博物馆和美术馆对游客很有吸引力，尤其是在大城市中。例如，欧洲似乎有大量"必看"的国际艺术博物馆和美术馆，如巴黎卢浮宫、伦敦国家美术馆、马德里普拉多博物馆和佛罗伦萨乌菲齐美术馆。这些博物馆和美术馆中的藏品显然是世界上最美丽独特、最有价值的藏品，而且只有在大城市才能看到。

与其相反的是，表演艺术更具全球性。歌剧、芭蕾舞、古典音乐和舞台剧往往是移动的盛宴，经常到游客所在的国家或城市巡回表演。艺术逐渐全球化是一个有趣的现象，特别是对城市来说。许多艺术形式始于小规模的地方传统艺术，如今成为在全球广受欢迎的活动。弗拉明戈舞就是最佳案例（见案例8.1）。尽管具备传统根基，但许多社区节日或活动也已经开始吸引国内和国际观众了。本章的余下部分将给出这些例子。

案例 8.1
西班牙的弗拉明戈舞

Aoyama（2009）分析了弗拉明戈艺术是如何通过文化旅游在西班牙安达卢西亚地区得以延续的。"弗拉明戈与安达卢西亚是密不可分的，而且在血统上也很有渊源。"弗拉明戈是一种艺术形式，自19世纪初以来一直是旅游产品，也是吉卜赛人的一种文化属性。事实上，正如Aoyama所说（2009）：

在发达国家，文化产业是为数不多的为吉卜赛人提供了既独立又日常的市场的产业之一，这符合吉卜赛传统和他们的生活方式。弗拉明戈为吉塔诺聚居区的人们提供了唯一获得名利的机会。

一般来说，游客是观察者，吉卜赛人是被观察者，但游客也有一定程度的参与。虽然弗拉明戈最初起源于安达卢西亚地区，但它作为一种民族文化形式得到了广泛的推广，并成为西班牙政府发展旅游战略中的一个重要特点。游客可以只观看表演，或者参与节日活动，甚至学习弗拉明戈课程（如在塞维利亚）。塞维利亚是弗拉明戈舞活动最多的城市。Thimm（2014）将弗拉明戈描述为塞维利亚的一个创意产业和一个高价值的旅游细分市场，尽管它对塞维利亚的经济贡献并不大。另外，弗拉明戈是占主导地位的文化板块，在城市塑造的景点形象中具有突出的特色。许多相关节日得到了政府和文化部的支持，甚至许多国外的弗拉明戈活动也得到了赞助。据估计，在西班牙参加弗拉明戈节的人中有一半是外国人，很多是来自法国、意大利、英国和德国的游客，然而也有数量惊人的日本游客（Aoyama，2009）。Matteucci（2014）的研究表明，女性游客倾向于上舞蹈课，而男性游客则倾向于上吉他课。他描述了西班牙弗拉明戈舞与国内的不同之处：

对于游客来说，弗拉明戈不仅仅是激情的出口，更是情感得以体现的催化剂。塞维利亚发展弗拉明戈的经验引发了如此强烈的共鸣，它极大地促进了学习和理解。在塞维利亚跳弗拉明戈被许多人描述为"真实的事情"——与在国内体验弗拉明戈相反，是一个人为了理解弗拉明戈的感觉需要经历的事情。

人们认为弗拉明戈总体上是相对有弹性的，并没有失去太多的完整性或真实性，尽管游客的表演往往是标准化或商品化的（Thimm，2014）。

就普遍认知来说，艺术游客通常在家乡访问艺术景点和参加活动（Richards，1996；

Hughes，2000）。艺术游客的类型和一般文化游客大致类似。他们通常拥有较高的教育水平、收入水平和文化鉴赏力。然而，艺术参与在艺术管理文献领域中是一个备受争议的问题。例如，人们早已认识到，在英国当代艺术场所中通常都是白人、中产人士和壮年的观众占主导地位。此外，少数民族社区的艺术活动往往遇到资金不足或所获的支持比主流艺术少的问题。据说艺术也与某种虚荣感相关，这在一定程度上与所谓的高级艺术形式的性质有关，但也与主办机构、地点和定价结构有关。许多像伦敦考文特花园歌剧院这样的大型艺术场所，在过去曾被批评未能提供渠道，让更广泛的潜在观众参与。而只有克服此种参与障碍，艺术才能真正地在扩展客源的过程中展现民主化，同时对少数民族的活动的资助和支持也需要增加。

就动机而言，高雅艺术（如歌剧、芭蕾舞、古典音乐会）常常会吸引那些期待参加相关艺术活动，进而提升个人声望和社会地位的观众（Dimaggio 和 Useem，1978；Zeppel 和 Hall，1992）。与此相比，在节日或摇滚音乐会中，观众和参与者往往能感受到发自内心的喜悦。不难看出，为什么某些艺术活动比其他活动更受游客和公众欢迎。它们更具包容性，因为那些参与活动的障碍，如需要累积文化资本、接受良好教育或拥有更高的收入水平，都被克服了。此外，诸如此类的活动都是由当地举办或由民族艺术家来表演，因为他们具备强烈的社会关注度，活动通常是免费和公开的。这才是真正的艺术民主化。案例 8.2 介绍了韩国的艺术旅游。

案例 8.2
韩国的艺术旅游

近年来，韩国的文化艺术越来越受欢迎，尤其是在一些亚洲国家。像"鸟叔"这样的韩国流行歌手在全球范围内的成功尤其体现了这一点。"鸟叔"2012 年发布的《江南 Style》是截至 2014 年网民在 YouTube 上观看次数最多的视频，点击量达 2 147 483 647 次，超过了 YouTube 2014 年 BBC 亚洲新闻的观看量。在 21 世纪的头 10 年，来韩国旅游的游客人数已经大幅上升，主要是因为人们对其文化的兴趣越来越大，这促使韩国的数字产品以及时尚、化妆和表演艺术进一步普及。2008 年，韩国旅游组织（KTO）制订了一项将音乐和戏剧作品商业化的计划。这些表演主要是经过现代化改编和发展的传统音乐、舞蹈和民间戏剧，观众不需要语言知识就能看懂。因此，它们对海外游客和当地观众都很有吸引力。到 2009 年，首尔市中心每天晚上都有 7 部作品在多个使用视觉戏剧技术的场馆上演。2000—2010 年，在韩国参加艺术旅游的人数每年增长约 10%。

然而，有人担心文化产品的全球化和大型文化活动的创造可能会取代当地的文化传统和创新。艺术旅游更可持续的方法似乎是进一步研究当地的艺术产品，及包含了当地和外地特点的更复杂的艺术产品，如艺术节和音乐节。正如 Lim 和 Bendle（2012）所说，"地方文化和文化旅游的交织需要能够反映当地环境的营销战略和可持续发展指南"。

8.3　艺术民主化：价值观、政策和政治

在过去几十年中，艺术的民主化程度不断提高，这是对许多西方社会文化政策制定中

所存在的精英主义和固有的种族主义的回应。在西方国家去殖民化前，文化研究主要专注于阶级问题和所谓大众或流行文化的价值。如本书之前提及的，Raymond Williams 这样的理论家挑战了流行的观念，即所谓的"高雅文化"在某种程度上优于大众文化。然而，自从去殖民化后，现今社会越来越重视文化多元性、移民群体，以及自我认同和多民族融合等问题。

在这个时刻讨论艺术和文化的关系或许有一定意义，两者并不是同义词，尽管 Lippard（1990）表示二者密不可分："当文化被视为生活的主要构成部分，而生活又包括服装、语言、社会习俗、装饰和饮食等艺术时，人们开始以不同的眼光看待艺术。"19 世纪"文化与文明运动"的支持者声称文化应该是高尚、文明的，可以开启个人的进步与启蒙。虽然文化评论家 Matthew Arnold 宣称，文化启蒙将超越各种社会分歧，如阶级、性别、宗教或民族，但是 Jordan 和 Weedon（1995）却认为，这种自由人文主义理论的基本信条不过是一种典型的欧洲中心主义。他们不仅提倡高尚文化和欧洲白种男性的自负言论，还几乎没有考虑到接受文化教育的障碍，以及欣赏这种占主导地位的文化形式所需的文化能力的积累。虽然在像英国这样的国家，大众教育在 19 世纪末开始发展，但是，对于到底"值得的"文化是由什么构成的这一定义至今仍是很不确定的，而且本质上是精英主义的。正如 Bourdieu（1984）所言，"艺术价值"通常被置于需要高度文化能力的形式或对象之上。因此，艺术价值体系往往变得有点武断。

文化应该被定义为"一种完整的生活方式"还是"艺术和学习"一直备受争议。Williams（1958）认为两个定义具有同等效力。然而，在对文化的支持及文化资源有限的情况下，问题又出现了，如在决策时应该选择赞助谁的文化，以及应该给谁的文化发声空间、应该如何解释与呈现这些文化。这类问题的决策在本质上非常政治化，但它们逐渐受到市场需求和大众消费力的影响而变得非常商业化。

如果思考一下艺术而不是文化的概念，会发现我们主要把艺术视为个人或集体艺术家的创意呈现，而不是人类的整体生活方式。Lewis（1990）表示，虽然艺术的定义多少有些随意，但以功能性来定义艺术仍然合理：

> 艺术是一种文化实践，包括创造各种特殊且可定义的事物，如表演、影片或音乐。该事物的功能是自我意识、个人或集体对于某个事物的表达。这就是宾果游戏和芭蕾舞的区别。

如今已经有不少激烈的争论探讨什么才能构成有价值的艺术。例如，Damien Hirst 的《甲醛羊》和 Tracey Emin 的《床》（以及在英国获得特纳奖的许多作品）都备受争议。按照 Lewis（1990）的定义，这两件作品都是艺术家对作品的个人和创造性表达。他还指出（根据超现实主义）艺术其实就是：艺术家说它是，它就是！然而，一般民众认为这种态度是侮辱他们对于"何为艺术"的理解，这一点大致与 19 世纪印象派画家受到民众嘲笑的情况相同。现在，比起多数西洋绘画史中的艺术家，印象派艺术家相对更具知名度和商业价值。小阁楼上饥困的艺术家形象——这曾经是梵高的特征——从未困扰过 Damien Hirst 或 Tracy Emin 这样的艺术家，他们作品的市场价值在有生之年已经达到天价。这对过去的艺术家是一种可悲的讽刺，却是当今艺术家的成功。大众都记得当 Damien Hirst 的艺术明显商业化时，他的作品获得了很大的成功。他的想法在各方面都类似 Andy Warhol

这位公开融合艺术与商业的先驱艺术家，他美化日常用品（如汤罐），并从好莱坞等流行文化中寻求艺术灵感。其他流行艺术家（如 Lichtenstein 和 Rauschenberg）同样也受到漫画、连环画和广告的影响。但是，艺术家和商品文化的关系可以说始终有些不稳定，尤其是在市场需求与欲望开始主导文化产品本质时。Rockwell（1999）认为，我们最终可能会看到由商业利益主导的大众口味几乎抹杀了高雅艺术。但他再次强调了两者的相互依存性：

> 如果把年长者的"高雅的"艺术和年轻人的流行艺术区别开，将丧失二者健康发展的最佳机会。当美国的通俗文化无所顾忌、如野兽般恣意挣脱过去精心制定的规则时，高雅艺术也逐渐失去其生命力。

在美国，人们担心大众艺术会或多或少吸收了高雅艺术，这种担心在 20 世纪 50 年代比较强烈。这种担忧起源于艺术的实用性应该强于其美观性的观点，于是，出现了从"灵性艺术"到大众艺术，或者以艺术为工具（也许是为了当地的发展或复兴）的转变。Benjamin 质疑与真实性、仪式性联结的艺术作品的灵性，将受到机械复制的强大破坏。艺术完整性的妥协程度存在着争议。就 CD 或书本而言的艺术复制或许是无害的，但对旷世巨作无止境的复制，如进行廉价的复印或出售纪念品，无疑会破坏原作的吸引力。

人们很难断定艺术在多大程度上取决于其市场价值，而不是其美学的吸引力，或者更确切地说，这是否重要。美学概念一直以来就是哲学问题。例如，哲学家康德表示，如果支持美学的普世、客观的概念，那就很难定义或描述这种明显的"真理"。因此，美学更普遍地被认为是一种主观概念，任何对艺术品的美学判断将形成偏见，即所谓的"情人眼里出西施"。当然，这并没有什么帮助，因为在西方艺术史中，这些观察者通常都是中产阶级的白人男性！案例 8.3 介绍了阿布扎比。

案例 8.3

阿布扎比：中东地区的新艺术之都

阿布扎比正在把自己定位为中东地区新兴的艺术之都。阿布扎比入口处的萨迪亚特岛文化区将拥有自己的卢浮宫和古根海姆博物馆。在几平方千米的范围内，总共将建设五家新博物馆，分别由知名建筑奖得主设计。例如，卢浮宫由法国"明星设计师"Jean Nouvel 设计，Norman Foster 设计了扎耶德国家博物馆，Frank Gehry 正在设计古根海姆博物馆。届时，这里将有一个表演艺术中心，包括一个音乐厅、一个歌剧院和两个剧院，其中一个礼堂可容纳 6 300 人。这里还将有一个海事博物馆。据估计，该建设项目将至少耗资 270 亿美元，并将于 2020 年完工。该项目由旅游开发投资公司 TDIC 牵头，其基本战略基于这样一个事实：文化游客普遍受教育程度更高、更富有、消费水平更高。然而，该项目也存在一些争议。法国人质疑将阿布扎比博物馆命名为卢浮宫是否会损害他们的文化遗产。然而，他们却允许阿布扎比使用这个名字（阿布扎比花了 10 亿美元），并协助建立该博物馆，提供展览和管理方面的专业知识。阿布扎比的古根海姆基金会将永久收藏至少 400 件当代和现代艺术作品，以及其他一些作品。

（Mirkovic，2015）

8.4 多元文化与民族艺术

在艺术领域存在的欧洲中心主义和民族优越感等偏见，同样也影响了更广泛的文化政策的制定，因此少数群体——尤其是少数民族——很少有机会充分地表达自身的利益。这种现象在后帝国主义社会并不罕见，在那里，来自昔日殖民地的移民十分普遍，同时，这类偏见也影响美国和澳大利亚等国家，这些国家的原住民同样被边缘化。Lippard（1990）指出：

> 具有讽刺意味的是，在城市艺术界中，最后受到商业和机构关注的才是"第一批美国人"，他们的土地和艺术一直都遭受殖民统治，并被排除在高雅艺术领域之外，尽管他们的文化对其主流文化有深远的影响。

图 8-2 戴面具的印度男人

（资料来源：Georgina Smith）

Khan（1976）在对少数民族艺术的研究中主张，少数民族对增强英国文化供应有巨大贡献。通过展示他们的文化，少数群体能够坚持自我认同。Carlson（1996）同样认为，文化表演可以让以前被边缘化的群体去探索自我和社会之间的关系，以及与客观化、排斥和身份相关的问题。Candida-Smith（2002）的研究也认为表演可以作为一个回忆触发器和传统生活方式的记忆进行联结。有一个需要注意的重点是，在移居海外群体的文化中经常有"在此地"或"在他乡"（回归家乡）的强烈的感觉（Kaur 和 Hutnyk，1999）。Jermyn和 Desai（2000）乐观地指出少数民族参与艺术的障碍正在逐步消除。然而，Mowitt

（2001）却悲观地认为政府给予少数民族的支持中很多都只是装点门面而已："在全球以白人为主的世界中，少数当地有色人种仍然有一段很长的路要走。"在艺术的规划、解释和再现中，以拨款补助民族文化的形式并不少见。此外，开发民族及少数群体表演活动的客源也有争议性。例如，社会大众声称加勒比狂欢节及类似活动逐渐被"粉饰"或过度旅游化（Errol，1986）。

即使这些少数族裔艺术家有机会发声，他们可能仍需要支持，以摆脱过去的压迫和束缚、寻找新的表现形式和有欣赏能力的新观众。文化旅游可以为他们提供一个机会，但是也存在挑战。例如，Ferguson（1998）论述了媒体全球化如何造成文化再现的分裂，然后再使文化重组，这个阶段通常被称为文化融合。Parekh 报告（2000）认为："混合和杂聚的过程将迅速成为一种常态，在这一过程中快速变化和全球化使各种身份认同可能变得更不稳定。"该报告表示，当前社会过度强调将"民族"传统从"西方"标准中抽离出来、维护过去，而不是在当下催生新的创造力。

Brah（1996）表示，以往离散的概念是沿着"多数/少数"的数轴进行讨论的，而目前已经不恰当了。第一代移民的子孙们已经本土化，也经常在寻找一种新身份。案例 8.4 介绍了黑人历史月活动。

案例 8.4
黑人历史月

美国的黑人历史月是由哈佛大学黑人学者 Carter G. Woodson 博士在美国创立的。在美国，自 1926 年起，二月被作为黑人历史月。人们认为，为了庆祝和承认非裔美国人的成就并保持他们的遗产、传统和历史，有必要举办历史月活动。

在英国，黑人历史月是十月。1987 年英国人首次庆祝该节日。前大伦敦议会促成了黑人历史月的设立。第一个黑人历史月的庆祝活动是由伦敦种族平等机构组织的非洲周年庆典的一部分。从伦敦开始，人们对黑人历史月的兴趣很快就蔓延到了布里斯托、利兹、曼彻斯特、诺丁汉和伯明翰等城市。

2007 年 12 月 8 日，英国黑人历史基金会在伯明翰米尔尼姆举办了首届黑人历史博览会。继 2007 年 10 月的黑人历史月之后，这一活动旨在进一步提高英国人对黑人遗产和文化的认识。出于国家利益的考虑，该展会吸引了来自英国各地的参展商，他们代表了各种各样的组织——从社区剧院到黑人历史研究组织和健康意识组织。伯明翰黑人历史月的一些活动包括：

- 展示黑人艺术家和摄影师作品的展览
- 文学及诗歌朗诵
- 黑人历史讲座
- 音乐和戏剧表演。

英国许多地区与城市目前都针对黑人历史月策划特殊活动（在美国也是如此）。值得注意的是，不像其他活动（如狂欢节）只关注庆祝活动，这类活动有的会展示如奴隶制度这样的敏感和不和谐的遗产项目。下面给出了英国 2015 年的黑人历史月的活动：

- 伦敦：MUSCOVADO（一部英国参与奴隶贸易的戏剧）

● 曼彻斯特：Afrovibes 节（非洲艺术节，包括戏剧、舞蹈、演讲、摄影和非洲音乐活动）

● 伯明翰：南非种族隔离后期展览

● 格拉斯哥：对黑头发和美的认识历史

● 纽卡斯尔：关于美国的种族、反抗和阶级斗争的讨论

（黑人历史月，2015）

Carlson（1996）提供了一个有趣的分析，他研究了对于传统上被边缘化的群体如妇女和少数民族而言文化表演的重要性。人们可以探索自我和社会之间的紧张关系，包括客观化、排斥和身份的相关问题。在某些方面，针对当地的、小规模的传统或少数民族表演活动拓展更多客源，可以帮助这些社区提升知名度。狂欢节是一个很好的案例，就像爵士音乐节一样，如今在全球很受欢迎。现在许多爵士音乐节都吸引了大量国际游客，尽管爵士乐从前只是一个属于贫穷的黑人社区的边缘音乐形式。新奥尔良位于路易斯安那州，以其多元文化和多语言的遗产、建筑、美食和音乐，尤其是爵士乐而闻名。新奥尔良的音乐遗产来自这样一个事实：它原本是新大陆上唯一一个允许奴隶拥有鼓的地方。到 19 世纪 80 年代末，音乐和舞蹈文化出现，爵士乐已经成为一种流行的音乐形式。世界上许多最伟大的爵士音乐家和管弦乐队都是在那里成立的。

多数时候，移民社区与民族社区的政治、社会地位都有不确定性，他们能够表达自身利益的权利相当有限。统治和压制的复杂关系往往控制着这些群体获得政治或文化自治和支持的程度。在政策制定和融资方面，优先考虑的往往是代表国家利益（通常是白人中产阶级社会的利益）的倡议和项目。例如，许多国家组织，如英格兰艺术委员会一直难以接受对少数民族和民族艺术与文化更包容、更民主的定义。这些团体可能感到这样做代表性不足，会使定义被歪曲或被定型，因此无力形成一种更明确的文化认同感。

在当代英国文化研究中，随着 20 世纪 80 年代中期种族与民族问题的重要性的提高，身份构建与再现一再成为主题。黑人作家及理论家，如 Hall、Gilroy 和 Mercery 在个人作品中都非常关心这些问题。Khan（1976）在她的一项重要报告中强调英国很容易忽视民族艺术和文化活动的重要性。Owusu（1986）进一步分析了这份报告，聚焦于黑人社区。Hewison（1997）讨论"亚文化"在 20 世纪 70 年代挑战英国的主流文化霸权的各种方式。许多报告都重点讨论此类问题。例如，Jermyn 与 Desai（2000）讨论如何破除少数民族社区参与艺术的障碍，英格兰艺术委员会在近期的政策文件中也相当重视这些问题。

当然，这些争论并不仅限于英国和其他欧洲国家，虽然这些国家的文化政治特征主要都受到自身帝国史的影响，不过还是可以发现有很多国际城市越来越民族多样化，因为当地第二代和第三代移民社区在文化及艺术发展等方面都扮演着关键角色，尤其是在美国、加拿大、澳大利亚和新西兰的大城市。然而值得注意的是，许多亚洲和南美洲城市（如东京、新加坡、里约热内卢）也逐渐具有全球化和多元文化的特点。

艺术与文化产业面临的重要挑战之一就是需要创造活动、展览和收藏，尽可能让国内的各个民族能够认同并参与。这包括在博物馆和画廊适当解释和展示土著文化与民族文化的收藏品、为民族与弱势表演艺术家提供空间和资金，以及支持当地节日和特别活动。文

化旅游的发展可以支持，也可以损害许多节日或活动的性质，这取决于如何管理。

8.5 节日、活动和旅游

Kirschenblatt-Gimblett（1998）撰写了大量有关表演文化的论述，指出欧洲一直倾向于将各种艺术形式分门别类，区分各种感官体验，以确保人们能以持续的注意力在最低噪声干扰的状况下完美体验艺术。然而，节日提供了众多感官体验，而且表演空间并不是严格密闭的。那是一种民族的、融入环境的表演形式。节日被认为是游客融入当地日常生活的最佳方式。

数百年来，节日一直是一种文化现象，源于当时的人们在经过日常生存的严峻考验后，举办一个庆祝和进行放松的时间节点。从传统来看，最早的节日是涉及仪式活动的宗教庆祝。例如，在古希腊，节日提供了敬神的机会，民众祈祷丰收或凯旋。在欧洲，节日庆祝更世俗化，并逐渐倾向于庆祝人类的伟大及艺术成就。节日通常能够作为重申或复兴当地文化与传统的手段，并为社区提供庆祝自身的文化身份的机会。Picard 与 Robinson（2006）表示，在 18 世纪到 19 世纪的环欧旅游时代，节日让"异国"的城乡景观和自然风景充满生机。举办节日的目的还包括支持和推广本地艺术家，并在集中时段内提供高品质的艺术活动。

Adams（1986）指出，节日和旅游互惠互利的现象由来已久。自第二次世界大战后，节日就随着大众旅游的增长而激增，其明确的目的是鼓励旅游。Picard 和 Robinson（2006）表明，节日无论作为社会庆祝的"传统"时刻，还是特意安排的活动，都已经成为游客所期待的量产形式。Rolfe（1992）表示，在英国超过 50% 的艺术节起源于 20 世纪 80 年代，而且许多旅游城市的节日不断增加的目的是发展旅游业。虽然当前许多节日的目标主要是造福当地社区，但还是成功地吸引了游客，而且也有许多新设的节日是以游客为中心的。自 20 世纪 60 年代晚期以来，新节日的数量大幅增加（Picard 和 Robinson，2006）。许多节日旨在提高该地区的形象并让它"闻名遐迩"。然而，Hughes（2000）提出，有许多原本并不是要吸引游客的传统节日，也都开始采取这种做法。当国家已经把地区发展为旅游目的地时，节日显然能在短期内聚集大量游客，因此多数节日规划者往往以满足游客需求为标准设计景区。

Kirschenblatt-Gimblett（1998）认为，节日是游客融入目的地和体验当地日常生活的理想方式，Zeppel 和 Hall（1992）说道：

> 节日活动、狂欢节及社区集会充满活力，增强了旅游目的地的吸引力。节日活动涉及庆祝舞蹈、戏剧、电影和音乐、手工艺品制作、民族和土著文化遗产、宗教传统、充满历史意义的场景、体育赛事、食品和美酒、季节仪式和农产品。游客参加节日主要是因为他们对产品、活动、文化遗产或具纪念性的传统仪式有着特殊兴趣。

旅游业甚至可以帮助恢复已经停止的节日和活动。例如，1769 年停办的威尼斯狂欢节，又于 1980 年恢复举办，成为社区和游客的节日，其中部分原因是威尼斯狂欢节固定在 2 月举办有助于解决当地旅游淡季的问题。

然而，MacLeod（2006）认为，那些她称之为"与当地脱节的节日"不断增加，它们既缺乏与地方和自我认同的联系，更没有继承当地文化和社区的特色，最多只能被称为强调欢乐和消费的"全球派对"（MacLeod，2006）。这样的例子包括著名的诺丁山狂欢节和爱丁堡艺术节。虽然在节日发起人或当地居民看来，这些活动可能都蕴含着文化意义，但对游客而言，多数都是漫无目的的全球盛会。

节日有多种形式，例如：

- 狂欢节
- 艺术节（如舞蹈、戏剧）
- 音乐节
- 美食和美酒节
- 宗教节日
- 马戏团表演
- 大型赛事（如奥运会）
- 文化盛会

图 8-3　伦敦奥林匹克公园——拍摄于比赛结束后

（资料来源：Melanie Smith）

音乐节，尤其是流行摇滚音乐节深受年轻群体的喜爱。WOMAD 是一个全球性节日，举办目的是汇集和庆祝来自世界各地的不同文化、丰富多样的音乐、艺术和舞蹈。自1982 年创立以来，该节日已经在许多国家举办过。Morley（2000）认为，世界音乐节有助于削弱白人"英伦摇滚"的文化霸权，并给非白人、非西方的音乐形式一个营销的商业机会。美食节，如慕尼黑啤酒节总是能吸引大量参与者，但如今如果无法使访客更深入地参与，各地的啤酒节其实都很雷同。而音乐节往往过于全球化（主要邀请国际知名艺术家）。

宗教节日通常充满神秘色彩，足以吸引游客。但必须注意的是，节日不能为了那些不了解仪式意义或行为不恰当的游客而变相改变宗教或精神意义。马戏团表演可能是旅行式表演或者是目的地永久的特色商品。近年来，最受欢迎及最壮观的马戏团之一就是太阳马戏团。该马戏团起源于加拿大，提供高品质的多元文化奇观，马戏团的表演者来自不同国家，并展示了其优秀的专业技能。体育赛事盛会也越来越流行，还涵盖了文化活动，如所有的奥运会主办国必须同时筹办文化奥林匹克活动。

节日可以成为一个区域和当地居民的精华展示。当然，节日也存在真实性、艺术完整性的妥协问题或文化的小品化问题："节日及博物馆展览越是能成功地展现视觉吸引力和盛会效果，它们就越会把原本所展现的艺术内容重新归类。"（Kirschenblatt-Gimblett，1998）Getz（1994）认为，对于创造传统活动来说，真实性意味着一些不同的东西。就传统活动而言，要确保真实性就必须由社区来参与展现活动。不过，为适应观众需求而进行不断重复的表演或活动并不一定表示活动的价值会受损害，这多数还是取决于表演者和观众的看法及期望。

要协调各类优先事项往往很困难，特别是那些最初仅作为社区活动，但却逐渐成为旅游导向的节日。据说节日活动也面临来自旅游界的许多批评，因为它们将文化旅游发展中普遍存在的许多矛盾内在化，包括文化与经济的辩证对立……（Richards，1996）。随着活动重要性的增加，许多社区节日迅速发展成为旅游景点和目标旅游市场。一些研究者认为，社区导向和旅游导向的活动有着根本差异（Arnold，2001；Evans，1996；Hall，1992），并质疑后者的可持续性。随着节日演变成商业工具（Chacko 和 Schaffer，1993；Joppe，1996），财务经常会支配社会、文化和教育目标。节日活动不仅失去与当地的联系，同时还会在赞助人及大众游客市场的压力下，成为重复不变、缺乏挑战性的活动（Arnold，2001；Rolfe，1992）。

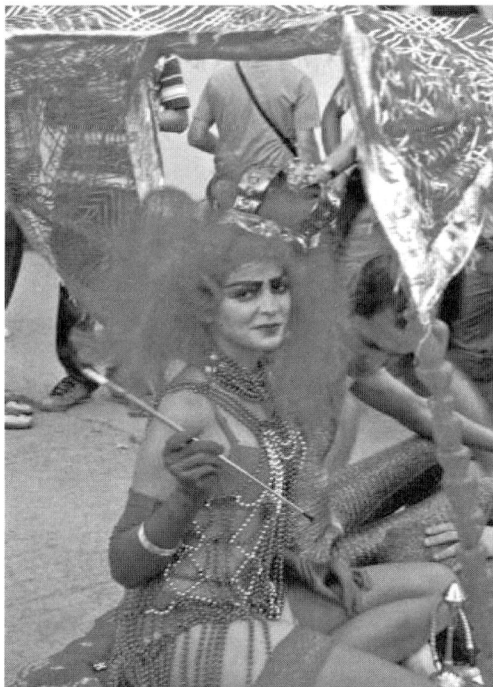

图 8-4　匈牙利 Sziget 节

（资料来源：Georgina Smith）

如果从积极方面来看，节日和活动都充满动感、活力和自发性，通常有多元区位特征，让人们在任何居住地或游客高度集中的区域都能举办庆典。其规划流程是流动的、弹性的，可以配合当地环境、社区和自身的文化。从社会文化的影响来说，节日在当地社区发展中扮演关键角色，因为它们比其他形式的文化更具社会包容性，并经常被节日规划者和当地居民视为一种表达文化多样性和身份的方式。从再生角度来看，节日也有助于促进文化民主化和多样性、推动社区发展、赋予社区权利及提高生活质量。

然而，举办节日通常是根据短暂的、临时的或难以捉摸的经验，如果无法重复举办就不能维持或支持文化的连续性。这就是节日最好每年都应该举办的原因。另一个问题是，当节日越来越国际化时，往往会失去其本质及与特定地区的联系。小型社区节日活动经常被描述为比大型活动更能吸引当地人，但通常又无法吸引游客，因此就长期来看，并不具有商业可行性，除非能得到充足的当地资金的支持。Quinn（2005）注意到，要想让节日成功地为地方和当地居民提供福利，需要对其进行更好的研究和更全面的管理。拨款和地方所有权的问题往往会因为当地想增加知名度、获得政治和财政支持及发展旅游的想法或需求变得复杂化。然而，矛盾的是，这些通常是许多节日和活动继续下去所必不可少的。

8.6 民族节日和狂欢节

在规划节日时，再现显然是一个关键问题。多元文化活动和不同社区艺术形式的再现是应该重点考虑的，但在规划庆典时，活动品质或许才是最重要的。在此特别值得一提的是，在各种文化或艺术形式中，妇女参与的节日或许最具家庭导向。相对于其他民族，许多亚洲和穆斯林妇女往往无法参加家庭以外的文化活动，因此节日可以提供给她们一个参与其中的理想机会，她们可能需要准备服饰和餐食。此外，节日可以发挥政治作用。Marschall（2006）描述了南非德班的全国妇女节是如何授予女性权利并转变其社会角色的："这个节日运用创新的表达方式促进了大众对妇女困境的认识，这些困境包括贫穷、缺乏适度医疗保健、遭受家庭暴力、性侵害和艾滋病。"

8.6.1 狂欢节

Bakhtin（1965）是狂欢节的主要理论家之一。他描述的狂欢节带有疯狂的特点，即参与者和观众从日常生活约束中解放出来，并且参与到给人快感的、狂欢的娱乐活动中。Sampson（1986）以典型的加勒比狂欢节为例：

> 巨型的街道和舞台表演如同一种兴奋剂。到处同时上演高雅和通俗的音乐剧，充满了轻松的情绪和过分的吹捧。这是彻底的大众式歇斯底里：欢乐奔放、无忧无虑的体验和无数（有时是自发的）疯狂的行为。这是一个高潮节日，在两天里狂欢者可以肆意享受在现实生活中被剥夺的奇幻体验。

Miles（1997）认为狂欢节是能呈现多重观点和表达民族性格的理想论坛。Alleyne-Dettmers（1996）追溯了狂欢节的历史，它往往基于特定的历史和文化模式，这些模式产生于欧洲帝国主义、殖民主义和奴隶制的压迫背景下。尤其是加勒比狂欢节，如今已经是遍及整个区域、富有活力的活动。全球最大型的狂欢节位于里约热内卢，囊括了葡萄牙殖民统治者、被奴役的非洲人和当地印第安人的文化，汇集成丰富、精彩、多元的非裔巴西文化，这一文化通过这场全球最盛大、最著名的文化活动得以展现。大量游客都渴望体验这些国家的狂欢节，享受其盛况，并从日常生活的烦忧、约束中解放。

欧洲狂欢节也许是另一种较安静，没那么狂热的活动，但是也同样受到当地居民和游客的好评。在欧洲，狂欢节的历史可以追溯到意大利的狂欢节和 16 世纪的化装舞会，当时的面具狂欢节部分源自"即兴喜剧"。在意大利，没有一个地方的盛会可以比威尼斯狂欢节更壮观。

Kirschenblatt-Gimblett（1998）认为，旅游可以通过美化与忽略史实净化狂欢节体验。正如之前所提到的，近来伦敦诺丁山狂欢节备受关注，它越来越受伦敦人和游客的欢迎，至今已经吸引约 200 万名游客，有些人却抨击该活动已经超出当地社区所能承受的范围，因此应该迁移到伦敦中部。不幸的是，该节日也触发暴力事件。但是，这项活动发源于伦敦内曾经以非洲加勒比社区为主的区域，把它搬走对当地社区来说将是一件伤心事，因为这也会切断和当地遗产有明确联系的文化活动。诺丁山一直是备受争议的中产阶级化进程的讨论焦点，这一问题又因为电影《诺丁山》的成功而加剧。当地非裔加勒比社区似乎感到了不满及理想的破灭，因为他们认识到白人中产阶级正在逐渐接管该地区，也包括狂欢节。

里约热内卢一直被视为全球狂欢节之都。里约狂欢节不只是最盛大的狂欢节，更是世界上最有趣的艺术活动之一，每年吸引国际游客约 50 万人。里约狂欢节是为期 4 天的庆祝活动，在复活节前 40 天举办。它是一个让人享乐的场合，人们可以跳舞、唱歌、聚会，以及尽情狂欢。在狂欢节前、中、后期都会举行许多让人可以彻夜狂欢的派对。里约狂欢节的主线音乐就是桑巴舞音乐。那是一种独特的巴西音乐，起源于里约市，也是一种由穷困的非裔巴西人发明的舞蹈形式。"桑巴"一词来自安哥拉语"samba"。对在 17 至 19 世纪期间被运送到巴西的非洲奴隶们而言，这个名词有许多意义，如它意味着祈祷祖先和非洲神灵的庇佑。而作为一个名词，它又代表抱怨、诉苦或类似蓝调的怨曲。一些参与里约狂欢节的群体都来自最贫穷的街区，即贫民区。对每个人来说这是一个群聚同欢的时刻。这也让巴西成为最具包容性的国家之一。里约狂欢节官方网站在 2009 年如此形容里约狂欢节：

> 人们可能试图组织它、美化它、转播它，甚至使它商业化，但里约狂欢节的形成来自里约人内心深处喜爱狂欢的天性。它不依赖任何机构或赞助商来形成。狂欢节期间街头上的热舞庆祝是这种热情最生动的展现。它是免费的，欢迎任何人参加。

特立尼达狂欢节见案例 8.5。

案例 8.5

特立尼达狂欢节

据说特立尼达狂欢节假面舞会可以追溯到 1783 年。它总是具有非政治性的一面，对那些家园被殖民，因而感觉自己是"另一个人"的人来说，它意味着公民权的体现。特立尼达是加勒比海特立尼达和多巴哥双岛的一部分，由于移民浪潮，特立尼达和多巴哥的人口非常多样化。这里有美洲印第安人、非洲人、叙利亚人、黎巴嫩人、葡萄牙人和中国人的后裔，以及西班牙人、英国人和法国的种植园主。特立尼达的种族关系有一定的等级制度，印度人，特别是印度男人，历来被视为地位最低的群体。

然而，狂欢节已经成为一个全国性的节日，所有民族和社会团体都可以参加。从1957 年开始，狂欢节由提供支持和赞助的政府接手，但这也伴随着一定程度的监管和限制。狂欢节的设计者和执行者与组织者和控制者之间一直存在着冲突。有些人认为狂欢节代表着商业和利润的机会，有些人则认为狂欢节代表着国家、自我表达和自由的概念，以及精神层面的概念（Hosein，2012）。

Scher（2011）描述了多年来，即使是在今天，人们是如何发起运动，改革、修改甚至停办狂欢节的。尽管如此，狂欢节还是存活了下来，而且传播到了海外。不过，现在狂欢节的许多部分主要是为游客设计的，这引起了人们对保护和认证某些传统的担忧。

8.6.2 米拉斯节（Melas）

"米拉斯"一词源自梵语，意思是"聚会"，主要描述在亚洲次大陆上的社区活动。米拉斯节的文化活动涉及音乐、舞蹈、时尚、食品，有时还有电影。近年来，在许多西欧国家的文化活动日历中，米拉斯节已成为一个日益重要的节日。米拉斯逐渐从印度的小规模社区活动发展到西方国家的民族散居文化庆祝活动。如同加勒比狂欢节，米拉斯节也使所有丰富多彩的散居社区象征化，将民族性转化成一种文化展示，以迎合与日俱增的白人游客。这也引起了文化稀释、扭曲和"他人化"的恐惧。

相较于加勒比狂欢节，米拉斯节的起源很少涉及政治性。狂欢节一般是在帝国主义、殖民统治和奴役压迫的背景下诞生的（Alleyne-Dettmers，1996），而米拉斯节显然是社区文化的庆祝活动。不过如果认为米拉斯节是去政治化的活动，这也是一种误解。它还有令人关心的拨款问题，特别是某些地区的政府热衷于通过米拉斯节来营销地方特色，但是不同亚裔群体间的内部冲突也很普遍，因此有时白人主管常常被指派担任调解人。爱丁堡米拉斯节就是一个真实案例。爱丁堡米拉斯节已经举办超过 20 年，它是在夏季的节日，在国际艺术节的最后一周举办，能够吸引当地人和游客。多数参加爱丁堡米拉斯节的访客都是白人。爱丁堡米拉斯节也关注苏格兰传统文化和音乐，并且其在主要的文化融合活动中扮演重要角色。但是，节日董事会一直存在分歧，一派认为米拉斯节应该展示传统文化，而不是流行文化；另一派希望将米拉斯节作为一个论坛，增加亚裔第二代移民的利益，这样就可以保证他们的音乐传统不会因为另一种不同的生活方式而消失（Gamegie 和 Smith，2006）。

民族活动能够帮助当地居民加强文化认同感和社会凝聚力是毋庸置疑的，但是活动如果过度商业化（如以旅游为目的），在某种程度上将偏离其原来的目的及意义。因此，如果要保留当地与民族的本质特点，就必须让社区控制这些活动的组织和发展。

8.7 结论

本章讨论视觉及表演艺术对于旅游的重要性，介绍了节日和特别活动在文化旅游发展中扮演着重要角色。比起其他艺术形式，节日和活动往往使大众更容易参与，因为它们提供了在公开场合庆祝生活和生命的连续性。在许多情况下，它们也可以是本土社区文化、传统和自身认同的表达方式。尽管社区群体必须特别小心，以确保他们的庆祝活动的真实性不受旅游业的影响，但节日显然可以为少数民族文化活动创造新客源。从前许多活动遭遇到政治或经济的威胁与边缘化，但旅游确实有助于提高其知名度，增加大众对其的支持。这类活动对当地人和游客都免费开放，因此鼓励了大众的参与，这样的话他们也能对当地经济作出重要贡献。正如本章引言所述，艺术与旅游之间并不总是那么和谐。有趣的是，就某些艺术形式（如少数民族的活动）而言，旅游确实对其文化延续性有积极贡献。

讨论问题

1. 讨论如今艺术与旅游之间的关系，你认为二者之间仍然存在冲突吗？
2. 哪种艺术形式最具全球化特点？
3. 你赞同艺术和节日有助于提高不同文化的积极形象这一说法吗？请举例说明。

建议阅读书目

Booth, K. (2014)'The democratization of art: A contextual approach', Visitor Studies, 17 (2), pp. 207-221.

Palmer, R. and Richards, G. (2010) Eventful Cities: Cultural Management and Urban Revitalisation, London: Routledge.

Stylianou-Lambert, T. (2011)'Gazing from home: Cultural tourism and art museums', Annals of Tourism Research, 38, pp. 403-421.

第 9 章

创意旅游

"创造力是我们生命意义的源头……大多数有趣、重要和人性的东西都是创造力的产物……当我们发挥创造力的时候,我们会感到生活更加有意义。"

(Csikszentmihalyi,1997)

9.1　引言

　　本章聚焦于创意旅游的发展,其发展可以部分归因于全世界对于创意产业的日益重视。无疑,在 21 世纪早期,创意变成主要流行语之一。然而,如何区分文化和创造力仍然有待商榷。这是发展所谓文化和创意产业的主要问题之一,文化和创意产业在许多经济和旅游发展战略中占有重要地位,并成为复兴的催化剂。传统上,文化旅游被视为一种相当被动的消费形式,游客一般是参观文化遗址和艺术景观;而创意旅游是一种更具互动性的活动形式,这种活动要么与某个地区及当地居民紧密相连,要么与一些技术更为先进的产业紧密相连。因此,我们看到创意旅游在世界不同地区的发展是双重的:要么基于土著社区的传统实践,要么与更现代的体验产业相联系。本章先给出文化创意产业的发展概述,之后对创意产业在重振与旅游策略方面的应用进行讨论。

9.2　文化与创意产业的历史与发展

　　Hesmondhalgh(2007)指出,如果我们像许多文学家和文化研究学者那样将文化定义为"一切生活方式",那么可以断定其实几乎所有的产业都是文化产业,因为它们都涉及文化的生产或消耗。相反,如果采取更多的精英主义观点(如 Matthew Arnold),那么根据狭义的美学观点,文化会被定义为艺术或者"高雅的"文化。在传统上,商业性的"大众"或"流行"文化与为了精英而存在的艺术性较高的活动或商品之间一直存在紧张的关系。激进的社会学家,如 Bourdieu(1996),曾指出 19 世纪大范围的商业文化成果和小范围的创意或文化成果之间存在着很大差异。

　　到了 20 世纪 40 年代,批评理论家,如 Adorno 及 Horkheimer 认为文化产品的生产过程其实与企业产品的生产过程类似。他们将大家所谓的"文化产业"和大众文化相关联,声称这些产品都具有标准化或者同质化的本质,其艺术性因为其生产方式而被削弱了。他们认为,个体和团体都在资本运作的企业和政府操纵下一味开展某些文化活动。他们借鉴马克思的理论,认为资本运作下的文化产品的本质催生了标准化的、大量生产的企业产品。文化被描述为不具挑战性,能够安抚消费者,使其成为不加思考的"大众"。他们认为文化产业可以拉近或消除艺术与日常生活的距离，培养观众成为被动消费人群并可预知其反应，而不是触动观众或引发其深思（值得注意的是，类似于 Brecht 这样的戏剧学家在使用"疏离效应"这个词时强调了中产阶级的自鸣得意）。另一个观点也指出，人们不再自发性地对艺术作品作出回应，而只是依据市场的定价来衡量其价值。交换价值在很大程度上取代了使用价值，这一理论源于马克思的观点。人们非但没有在艺术与文化中获得解放，反而在自主意识下成为其奴隶。

然而，法国 20 世纪六七十年代的社会学家（Morin，1962；Huet 等，1978；Miege，1979）看见了文化产品工业化和科技化的新进程，这一进程与其说是商业化，不如称之为创新。相对于将"文化产业"视为一体，他们更喜欢谈论产业间的差异性。

1982 年，联合国教科文组织（UNESCO）出版了《文化产业：文化的未来挑战》一书。以 Adorno 和 Horkheimer 的论文作为出发点，书中以多元化的形式表示"文化产业"，并再次强调：消费者的需求大多受到强有力的公司控制，艺术创意与自发行为处于从属地位。联合国教科文组织也担忧娱乐产业带来的全球不平等会削弱文化多样性，使文化陷入标准化与同质化（Negus，1997）。日益增长的全球化和放松管制所带来的威胁可能会加剧这个担忧。Hewison（1987）看待传统产业的角度与 Adorno 和 Horkheimer 看待文化产业的角度相同，他认为文化产业是由市场营销经理强加给公众的一段人造历史。此外，他也认为群众在对机会与文化的选择方面受到了操纵。

可以看到的是，"文化产业"的历史概念被高度政治化，因为文化与产业是相辅相成的，学术界和文化从业者对此都存在着一些不适。由于后现代理论的发展，近几年人们对这个话题争论不休，有趣的是，在许多文化圈（如博物馆与画廊）中有一些人坚持反对任何形式的商业行为，如开设商店或咖啡厅、游客中心，以及发展互动科技等。然而，随着所谓的"创意文化"的发展，其立场已迅速过时，甚至对文化发展造成阻碍。Garnham（1990）曾提出，艺术家中心策略应该被接受资助的"创意人"策略所取代，后者聚焦了观众的分布和与观众的接触。

9.3　定义文化与创意产业

Hartley（2005）认为使用"文化产业"这一概念受到政策条件的限制，因为它并没有成功地将艺术与文化、文化与创意融合，也并没有充分考虑社会、科技和文化的变化。他的看法如下：

> 在新媒体科技背景下，伴随着新知识经济的发展，创意产业的概念旨在描述创意艺术（个人）与文化产业（大众）在概念和实践上的融合，以满足新型互动消费者的使用需求。

这使我们回到了 Adorno 及 Horkheimer 的观点，即认为文化产业是关于大众消费的，而创意艺术或产业更多的是关于个人实践。然而，在文化产品及制作这些产品所需的创造性人才之间存在混淆。这是一个投入和产出的问题，对界定哪些部门是"文化"部门和哪些部门是"创意性"部门具有重要意义。当我们谈到投入时，就会发现很多产业是创意性的，因为创意能够激发任何形式的设计（如软件、科技、交通），同时创意思考可以运用在所有专业上，如教学、法律、医学、金融、会计等（Florida，2002）。然而，这些专业大部分的产出并不能被描述为"文化"（假定我们不使用人类学把所有生活方式视作文化的观点，而是将文化定义为艺术实践）。

Hartley（2005）认为创意产业的概念是由文化产业和创意艺术的结合而产生的，很大程度上是政治和技术变革的结果。"文化"的核心依旧是创意，但是创意也可以运用不同方式产出、消费、体验和享受。因此，创意产业的意义更广，不只聚焦于对文化传统及"艺术"的理解。Holzl（2007）的观点是，"以统计学上的创意百分比来定义产业，其范围可以从 0 到 100%"。Florida（2002）提出，在美国所有的就业人口中，大约 30% 的人属于创意阶层（包括金融专员、医生、律师、教师和工程师等）。在英国，这一比例估计为 7%，因为"知识工作者"并不包括在内（DCMS，2001）。Hesmondhalgh（2007）认为 Florida 对于文化的分类"未免过于宽泛"。

最合适的定义框架来自澳大利亚，本章主要依据 DCMS（英国的文化、媒体与体育部）采用的分类方法。澳大利亚的 NOIE（2002）定义了文化产业和创意产业部门（见表 9-1），但是有些部门还是难以归类（例如，艺术可以得到公共资助，也可以不接受公共资助，或者可以同时兼具教育和娱乐功能）。从表 9-1 中可以看出，虽然文化产业和创意产业的部门在音乐和表演艺术方面存在重叠，但却各不相同。

表 9-1　　　　　　　　　　　定义文化产业和创意产业

文化产业 （按公共政策功能和品牌定义）	创意产业 （主要特征是劳动投入的性质，即"创造性个人"）
• 博物馆和美术馆	• 广告
• 视觉艺术和手工艺品	• 建筑
• 艺术教育设计	• 设计
• 广播和电影	• 互动软件
• 音乐	• 电影和电视
• 表演艺术	• 音乐

（资料来源：NOIE，2002）

在旅游业的发展过程中，表演艺术一直很受欢迎，但是值得注意的是，人们对建筑、电影电视和设计等创意产业也越发感兴趣。游客可能从广告或出版物上欣赏那些景点或展览，互动软件在各种文化场所中的应用也越来越广泛。本章后面将对此详细探讨。

欧盟在 2006 年区分了文化与创意产业，见表 9-2。

表 9-2　　　　　　　　　　　欧盟对文化产业和创意产业的定义

核心艺术	文化产业	创意产业	相关产业
视觉艺术、 表演艺术、 文化遗产	电影电视和广播、 电视游戏、音乐、 书籍和报纸	广告、建筑、 设计	电脑产业、随身 听播放器制造 商、手机产业

如果采用这一分类方法，那么可以说文化旅游主要聚焦于欧盟所认定的"核心艺术"。但是在本章后面及第 10 章可以看到，电影、音乐、设计和（现代）建筑近年来越

来越受欢迎。

9.4　文化与创意产业政策概览

以往的政府资助总是倾向于高雅艺术文化，即精英人士（通常是白种欧洲男性）认为值得投入金钱与时间的艺术。正如 Bourdieu 所说，"艺术价值"的形式通常被置于较高的文化能力之上。对于我们现在所定义的"文化产业"，如视觉艺术和博物馆收藏，这当然是正确的。另外，那些被作为"通俗文化"或主要以大众娱乐为主的领域（如流行音乐、电影），一般来说不会得到资助。例如，英国艺术协会曾经拒绝资助爵士乐，原因是它属于"流行娱乐形式"。

20 世纪七八十年代，公共政策开始将传媒产业纳入文化范畴，因此影视、音乐等大众商业产业也被打上了文化产业的烙印。后现代理论也影响到 80 年代以后的政策制定，就如同之前的激进的社会政治也影响了民族、性别、阶级地位一样。我们需要去识别文化政策中固有的精英主义，并接受更广泛、更多元的理解（至少在英国、美国和其他大部分西欧国家）。大伦敦议会（GLC）在 20 世纪 80 年代早期挑战了精英主义和唯心主义的艺术观念。此外，许多产业的私有化和国家补贴的减少意味着艺术形式非商业化的浪漫概念需要被重新审视。这导致了"观众最大化"导向效应。因此，Garnham（1990）引领了英国大众文化民主化的改变，迫使文化生产者变得以消费者为导向。

大伦敦议会开启了在城市重振过程中使用文化产业的趋势，并且这一趋势在今天仍在继续。这一时期被使用的术语是"文化产业"，但是到了 90 年代后期人们已经转而使用"创意"和"创意产业"。20 世纪八九十年代，文化产业成为经济和社会重振的工具。DCMS（2004）将重振描述为"一个地方——无论是居民区、商业区还是开放性空间——的积极转型，其之前已经表现出物质、社会和/或经济衰退的症状"。政府也采取了很多方式，如专注于文化景点或文化创意园区的发展。建造大型博物馆或画廊是进一步发展的催化剂。举办节庆活动也可以吸引游客并提升当地形象。艺术家可以和居民协同工作或起到带头作用。到 21 世纪初，人们更强调创意和创意产业，特别是在城市。如前所述，创意产业的定义比文化产业广泛得多，往往包括设计、媒体、娱乐和技术、商业或"创意集群"的集中，这些都是进一步复兴和投资的催化剂。

在城市重振的计划中，"文化"一词似乎是指自觉地、有意识地制造空间的活动。目前，文化既包括建筑、建筑遗址和景点，也包括给人视觉享受的表演艺术、节日活动、娱乐和休闲综合体、购物和运动场所。表 9-3 给出了文化在城市重振中的作用。

表 9-3　　　　　　　　　　　　　　文化在城市重振中的作用

文化作为应对经济衰退的药方	文化产业创造就业	文化吸引投资和融资	文化支出刺激当地经济
文化作为政治	文化作为多样化的表达方式	文化给被边缘化的少数群体表达的机会	文化创造更多可接触和安全的空间
文化作为社会商品的资源	文化活动可以提高生活质量	文化支持社会融合与和谐	文化活动有教育意义

（续表）

文化提升环境	文化有助于保护环境	文化美化空间	文化赋予空间活力
文化作为商业机会	文化作为旅游产品	文化创造品牌	文化作为娱乐
文化作为一个地方的标志和身份	文化旗舰项目和活动	文化赋予地方感和身份认同感	文化提升内外形象
文化作为日常生活	文化赋予人阅历和品质	文化作为日常活动和实践	文化作为休闲和娱乐

到 21 世纪，"创意产业"似乎更符合全球化、体验经济和信息科技的新气象。在英国或任何地方，政府为创意产业集群和网络提供实物资助。1988 年，英国由 DCMS 主导，为文化和创意产业政策制定了《创意产业路线图文件》。

"创意产业"这一概念的使用意味着政府可以将传统受补贴的领域拓展到可能具有发展潜力的商业领域（如音乐、电视）。更宽泛的定义也意味着经过结合的文化和创意产业的经济评估价值将更高。20 世纪 90 年代，欧洲推进私有化进程，文化需要实现其自身以外的目标，即创造就业或收入、吸引投资、提升形象、帮助社会凝聚等，并非为了艺术而搞艺术！有趣的是，这也意味着向以艺术家为中心的创意回归（但这仅得到了支持，没有得到经济上的资助），而不是向以观众为导向的文化回归。值得注意的是，DCMS 将文化遗址和博物馆排除在创意产业名单之外，尽管人们认为文化遗址和博物馆也扮演着重要角色。这意味着虽然文化产业在技术层面上变成创意产业的一部分，但我们需要专门研究一直以来在概念性或政策术语上被排除在外或处于边缘的文化部门。

9.5 区别文化产业和创意产业

尽管文化产业和创意产业的定义在很多政策文件中越来越接近，但在政策制定、研究、支持和资助时需要考虑其不同的特点。本节运用 DCMS（1998）和 NOIE（2003）分类来阐释其中的一些差别。

尽管表 9-4 的综合归纳是有争议的，但它也为这个争论提供了有用的起点。文化产业趋于构成文化领域的"核心"（如艺术——视觉和表演、遗产、博物馆、节日和文化活动），将文化产品作为产出。文化产业通常基于有形产品，如艺术作品、博物馆收藏品（虽然表演艺术和节日更具体验性）。它们有时候由大众被动消费。创意产业倾向于将创意作为一种积极的投入，但由此产生的产品不一定被描述为"文化"。它们甚至可能不是有形的产品，而只是获取信息的途径。创意产业倾向于在全球生产和分配，而文化产业则越来越本土化和具有国家性（如博物馆藏品或艺术展品）。文化部门往往具有传统的、教育性的、知识性的职责，因此，看起来有些说教意味；创意产业则被视为更现代化、有想象力、互动性和娱乐性。许多文化会场应用（太）少的新科技，而创意产业通常运用了高新技术。因为创意产业并没有得到国家补助，所以它们更专注于营销和顾客导向。文化产业时常以艺术和艺术家为中心，因而它们对游客不是那么友善，因为重点是艺术的价值及其保存或连续性。然而，国家补助正在减少，因此政策制定者正被迫向商业方向倾斜，所以文化和创意产业的交集正在增多。

表 9-4　　　　　　　　　　　　　文化产业和创意产业的主要区别

文化产业	创意产业
国家补助	私人赞助
非营利	商业化
更专注于产出	更专注于投入
通常是有形的	通常是无形的
以产品为中心	以信息为中心
传统的	现代的
集体性的	个体性的
理智的	想象性的
教导性的	互动性的
教育的	娱乐的
科技含量低的	科技先进的
国家的/当地的	全球的
以艺术为中心的	以顾客为中心的

　　然而，政策制定者和产业参与者应该通过更有创意的途径来促进文化产业的发展。这可能包括以下几点：

　　●建筑和设计：创意建筑和室内设计可以增加博物馆或画廊的吸引力，甚至可能将其转变为主要地标或独特景点。

　　●营销和品牌：许多文化产业需要更具创意性的营销和品牌经营，才能在这全球竞争中争取游客或吸引当地的参观者。

　　●科技和互动式软件：许多文化场所需要和高科技、高水平的休闲娱乐景点竞争，因而它们可能需要变得更具有体验性或互动性。

　　●商业鉴别力：许多文化产业因为长期接受国家补助而缺乏商业经验，创意企业可以帮助它们发展商业投资（如开展零售、餐饮、节日活动）。

　　文化产业和创意产业具有不同的结构。文化产业的产品可以是公共商品，然后由国家补助或由非营利组织经营。创意产业的产品则大部分为私有商品，它们受到自由市场势力的支配，必须以商业化为导向以求生存。从传统上来说，国家给予补助的一个原因是文化产业被视为有教育意义的，并为大众提供服务。创意产业，特别是媒体，被视为以娱乐为基础，因而其价值较低。相反，有些人可能会辩称，文化产业没有吸引适当的观众或访客，因为它们被视为过时的或不具有吸引力的。此外，它们没有国家的补助就无法生存，看歌剧和看电影的观众数量对比就是最好的证明。这个趋势对于文化遗产景点、博物馆等具有很严肃的含义，它们必须更现代化以求生存。此外，文化产业逐渐被纳入政府监管范围，并要在访客管理和参访政策方面达到一定目标。

图 9-1　匈牙利：一种通过灯光与声效来展示其遗产的创意方式

（资料来源：Melanie Smith）

9.6　创意环境和目的地

　　Florida（2002）展示了美国创意群体是如何对城市转型和重振作出巨大贡献的。他的研究显示，那些经济增长和创新水平最高的城市，在他所谓的"波希米亚指数"（bohemian index）（艺术家、作家、音乐家和其他艺术从业者的集中程度）标准下分数是最高的。他认为这些人心胸开放，更多元化并且能够接受创意。许多宣称文化发展已取得成功的城市都将其战略建立在"创意产业"（如媒体、设计、音乐、电影、广告）的基础上。然而，Florida（2005）认为：

　　　　大多数城市注重建设的景观——体育场馆、高速公路、城市购物中心及类似主题公园的旅游娱乐区——对许多有创意的阶层人士来说无关紧要或实际上缺乏吸引力。他们在社区中寻找的是丰富且高品质的体验，对多样性的开放态度，最重要的是能认同他们创意人的身份。

　　Florida 的理论提出，人们倾向于被更具包容性、更能接受新思想的地方所吸引。所以在一个城市或其他环境中，政府在吸引更多工作者和投资、支持发展创意园区的过程中是相当重要的。它们可以提供艺术家补助、地产的免税贷款政策或定居于这一地区的其他激励因素（如绿地、高品质的公共设施）。文化空间（如图书馆、社区中心、画廊）应该为人们提供见面、形成网络、交流和展示作品的地方。好的科技设施是必要的，如在公共建筑或咖啡店内提供无线网络。人们也开始认识到，大学所在的环境很可能聚集大量文化和创意人才。他们可能在该地区读书、工作或居住。政策制定者要考虑的不仅仅是经济，也要考虑吸引创意产业所带来的社会影响。创意社会往往更民主化与宽容，也更有活力与创新性。然而，Florida（2002）所提倡引入的创意阶层可能会排斥当地居民，许多批评家认为"阶层"这个词的使用是一种分裂，Evans（2005）将"创意阶层"这个词表述为"旧瓶里的新酒"，并认为没有证据表明"创新指数"和生产力创新之间存在明确的因果关系。Richard（2013）还质疑，Florida 在美国进行的分析，在多大程度上可以转移到其他环境中，尤其是那些不那么多样化或者开放的环境。

　　最近，许多作者一直在提倡一种更具创造性的重振方法，以对抗标准化和连续复制，并支持文化和群体的多样性。例如，Richard 和 Wilson（2007）的研究表明，对于希望避免陷入同质化和连续单调陷阱的城市来说，创意策略的重要性越来越大。由于独特的氛围或者风格（当然，还有负担得起的租金和房产），这些地区对于创意从业者颇具吸引力。然而，必须注意的是，不要把重振区域改造成中产阶级化的地方，不然原有的居民和艺术家会被高昂的房价逼走。

Sandercock（1998）认为，幻想空间对于城市来说是必不可少的，而 Rojek（1993）强调了旅游和休闲中趣味的重要性。许多游客喜欢有科技感和互动性的奇幻空间（主题公园的流行就能证明这一点）。如今，被描述为"超现实"（如迪拜乐园）的新的全球目的地是最有吸引力的，这是由于它们在建筑和景点开发方面提出了创新性方法，并且它们对"体验经济"有深入理解（Pine 和 Gilmore，1999）。如果城市发展计划符合伦理道德行为，而不是操控和剥削受害者（迪拜的常见问题是依靠国外廉价劳动力来为精英建立一个梦想之地），当地居民也能享受到这样的美妙体验。

Csikszentmihalyi（1997）指出了有创造力的城市的发展潜力："创造力是任何改变现有领域或将现有领域转变为新领域的行为、想法或产品。许多旅游目的地再也不能仅凭其文化遗产的实力来竞争，特别是那些希望游客重复参观的地方。许多城市发展和推广的文化遗产景点相对较少，因此强调当代的、体验的和创意旅游变得至关重要。"有创意的城市需要有创意的政府、有创意的领导（Florida，2002），以及有创造性的社区。案例 9.1 介绍了创意城市。

案例 9.1
创意城市：巴塞罗那

巴塞罗那在过去 20 年中成功实现重振，其形象从一个工业化、贸易城市变成了一个地中海的国际大都市（Richards 和 Wilson，2007）。巴塞罗那通过创新的文化政策，将文化纳入城市发展的核心。随着重振计划的成功，巴塞罗那举办了很多诸如 1992 年奥运会和 2004 年"全球文化论坛"的活动，为改善基础设施建设和创造公共空间提供了一个契机，许多 2004 年论坛后举办的节日也为当地的创意活动提供了场地，如街头剧院、户外演唱会及电影院。

同时，巴塞罗那也出现了创意集群，如 Poble Nou 区，其前身是制造业区，有 2 万平方米的工业用地，目前转变成了创新制造园区，在教育、创造和革新的范围内进行新活动。

巴塞罗那拥有许多文化设施和创意产业，如出版、视听、设计和时尚。文化设计中心拥有 2 万平方米的新设施，它将成为一个促进巴塞罗那和加泰罗尼亚地区设计发展的平台。博物馆也被视为国际资本的产生者，因此巴塞罗那建立了一个最重要的博物馆基础网络，其中包括加泰罗尼亚国家艺术博物馆、巴塞罗那当代艺术博物馆、毕加索博物馆、米罗基金会（Fundacio Miro）和达比斯基金会（Fundacio Tapies）。

另外，巴塞罗那还建立了主题年，如"高迪年"（2002），目的是促进遗产的重新评估和唤醒集体记忆；"设计年"（2003），目的是推动设计发展，这也是巴塞罗那最强大的创意产业；"书和阅读年"（2005），目的是支持出版业和培养阅读习惯；"科学年"（2007），目的是将科学文化纳入城市的整体文化框架；另外还有面向创意人的巴塞罗那希腊节，以及 BAM 城市音乐节（Mascarell，2008）。

根据 BCN（2015）的报道，巴塞罗那是继旧金山、伦敦和纽约后的第 4 个最具创意性的城市。

联合国教科文组织在 2004 年决定设定一个"创意城市网络"，以努力维持世界文化多样性。这个概念旨在聚焦文化形式中不可见的方面。各个城市可以从以下 7 种主题中选择：

- 文学
- 电影
- 音乐
- 手工艺品和民俗艺术
- 设计
- 媒体艺术
- 美食

加入"创意城市网络"的好处包括将城市的文化亮点呈现于全球性平台；将创意作为当地经济和社会发展的重要元素；通过世界各地的文化集群分享知识；组织当地人才和训练当地文化活动者的商业技巧；通过交换技能、经验与技术知识来培养创新力；在国家和国际市场推广多样的文化产品。目前，"创意城市网络"在全球有 69 个会员城市。具体情况见案例 9.2。

案例 9.2

联合国教科文组织创意城市网络

文学：爱丁堡、墨尔本、爱荷华城、都柏林、雷克雅未克、诺里奇、克拉科夫、达尼丁、格拉纳达、海德堡、布拉格

电影：布拉德福德、悉尼、釜山、戈尔韦、索非亚

音乐：塞维利亚、博洛尼亚、格拉斯哥、根特、波哥大、布拉柴维尔、滨松、汉诺威、曼海姆

手工艺和民俗艺术：圣达菲、阿斯旺、金泽、利川、杭州、法布里亚诺、帕迪尤卡、雅克梅勒、景德镇、拿骚、北加浪岸、苏州

设计：布宜诺斯艾利斯、柏林、蒙特利尔、名古屋、神户、深圳、上海、首尔、圣埃蒂安、格拉茨、北京、毕尔巴鄂、库里提巴、邓迪、赫尔辛基、都灵

媒体艺术：里昂、翁吉安雷班、札幌、达喀尔、光州、林茨、特拉维夫、约克

美食：波帕扬、成都、厄斯特松德、全州、扎赫勒、弗洛里亚诺波利斯、顺德、鹤冈

（UNESCO，2015）

旅游目的地的发展需要创意，即使这意味着用崭新的方式呈现该旅游目的地的现存资源。竞争是激烈的，并且没有任何旅游目的地能够长时间地依赖其盛名发展。Comunian 和 Mould（2014）认为，大型文化"旗舰"项目通常不会使本地创意群体或经济受益。他们认为文化城市关注文化与资本是很重要的，但是也有越来越少的创意和文化生产者在城市工作。

图 9-2　创意无处不在：秘鲁的沙漠艺术

（资料来源：Edward Smith）

9.7　创意旅游的发展

Richards 和 Wilson（2007）曾说："在几年前，'文化'是通往城市重振的钥匙，而现在，'创意区域'、'创意集群'及'创意阶级'才是时髦的。"Richards 和 Wilson（2006）指出，许多创意可以被融合到城市与旅游发展中，这些项目包括"创意奇观"（如节日和活动）、"创意空间"（如创意园区）和"创意旅游"。Richards 和 Raymond 将创意旅游论述为：

> 在假期学习一个技能是到一个国家和社区游览的一部分内容。通过非正式地参与互动性的工作坊，并且获得旅行目的地的文化体验，创意游客能够发展他们的创意潜能，并与当地居民更亲近。

联合国教科文组织（UNESCO，2006）一直在领导所谓的创意旅游运动，提倡创意旅游应该涵盖更多文化和历史（但少些博物馆，多些广场），并涉及体验式的活动，以及对城市真实文化生活的真正参与：

> 创意旅游涉及更多互动，游客会和当地文化及居民进行有教育意义的、情感上的及社会上的参与互动。他们感觉自己就是当地的居民……当创意旅游和文化相关联的时候，一些特定的文化表达对于每个地方都是独特的。

Richards（2013）讲述了如何在旅游管理中大量运用创意，包括：

- 开发旅游产品和活动体验

- 活化现有产品
- 鼓励文化和创意资产
- 为创意文化提供经济效益，运用创意科技提升旅游体验
- 为旅游景区增添气氛

旅游业一直是城市创造性重振的重要组成部分，因为吸引游客的东西同样也会吸引创意工作者，创意工作者寻求的是通过吸引游客来支持设施的建设（Richard，2013）。

渐渐地，创意旅游不再是一种活动，而是人与人之间的关系（Richard，2011）。在城市中，这种想法体现在体验中——让人们"遇见当地人"或"像当地人一样生活"。在这种情况下，创意游客更主动地参与他们访问的国家或社区的文化。他们发展新的能力，并与当地居民互动，所以创意游客才得以更接近他们访问国家的文化。这对于寻找真实体验的游客来说尤其重要。UNESCO（2006）将创意旅游定义为："旨在获得参与性和真实性的体验，参与学习一个地方的艺术、遗产或特殊特征，并与居住在这个地方并创造这种生活文化的人建立联系。"创意旅游包括许多不同的活动，如烹饪、酿酒、绘画、涂鸦、摄影、制作手工艺品、插花、观看戏剧和舞蹈。其中有些活动发生在独特的景观下。例如，绘画或摄影需要良好的光线，或特定的动植物、人群或文化。当地居民可能不会提供协助，这取决于这个行程的本质。研讨会可以由当地居民或艺术家运作，主题可能是烹饪或制作手工艺品。例如，Richards 和 Raymond（2000）描述了一种在新西兰的创意旅游形式，即由毛利人带领着游客做骨雕、木工、陶器、毛毡和其他活动。

然而，这种作坊也可以由创意执业者来领导，此人未必是当地的原生居民。这在摄影或绘画假期中很常见，这种行程可能是由小型旅行社组织的，他们专注于创意活动，让游客既可以享受创意活动，也可以欣赏当地的景观和文化。但是，在某些案例中，创意活动可能很少或没有与当地居民产生联系。这就意味着，如果游客与当地人没有互动，而且地点是偶然的，那么创意旅游就需要第二个定义。在这里，创意旅游也可以定义为：在假期中探索并表现个人的创意潜力。活动和与自我的关系是主要的关注点，内容和场景是第二位的。

舞蹈假期是一种有趣的形式，该旅程有可能在或不在传统的舞蹈的"发源地"进行，老师也有可能是或者不是当地人，见案例 9.3。

案例 9.3

舞蹈假期

舞蹈假日俱乐部（总部位于英国的公司）在世界各地提供舞蹈假期已经近十年了。这个假期提供由经验丰富的老师教授的舞蹈课程。大部分课程适于所有程度的舞蹈学生——从初学到进阶。课时数由个人所选择的假期种类来决定。

舞蹈种类包括探戈舞、萨拉斯舞、萨洛克舞、拉丁舞、宝莱坞舞蹈、弗拉明戈舞、肚皮舞、队列舞及阿拉伯舞等。有一些舞蹈假期会在该舞蹈形式的起源地，即"家乡"举办。例如，萨拉斯舞在古巴教授，探戈舞在布宜诺斯艾利斯教授，弗拉明戈舞在西班牙教授。然而，许多在其他地点举办的课程的吸引力比较单一，和舞蹈没有根源上的联系，如宝莱坞舞蹈假期有时在西班牙举办，而且可能和萨尔萨舞课程结合。

然而，该公司现在倾向于在西班牙或西班牙语系地区（如加勒比海群岛）提供大部分的假期。这代表这种文化和语言环境对于许多舞蹈形式来说都是适合的（如拉丁舞、萨拉斯舞、弗拉明戈舞、探戈舞）。对于英国（或其他国家）的游客而言，西班牙及西语系国家是很热门的旅游地，这意味着"真正的"舞蹈形式起源相较于其他因素并非那么重要。

这些舞蹈形式的选择取决于现代休闲生活的风格趋势。例如，萨拉斯舞现在几乎成为全球性热门舞蹈。拉丁舞也曾经因为"舞动奇迹"（Strictly Come Dancing）这样的英国节目重获新生。尊巴近几年也大为流行，因此也开始出现尊巴舞蹈假期。

（Dance Holiday，2015）

除了参加专门的研讨会或预订专业旅行社的创意行程之外，游客也可以通过参加一体式假期来体验创意旅游。Smith 和 Kelly（2006）的研究显示，有数百家一体式度假村提供身体、心灵和精神活动，其中也包括创意活动。一体式度假村会提供舞蹈课程、戏剧研讨会、写作训练、绘画或歌唱等活动。度假村活动的主要特征是这些活动必须有疗养效果，如提升游客健康水平、增强游客的沟通技巧和自我表达能力等。虽然这些效果也会发生在其他地方的创意假期中，但是在全包式度假村中，情绪和生理的发展是一个特定的结果，见案例 9.4。

案例 9.4
创意与一体式假期

科蒂乔·罗梅罗位于西班牙南部格拉纳达附近。这是一个一体化的疗养中心，成立于 1986 年。游客在这里可以体验健康生活的各个方面，疗养中心将课程分为不同的类别，如身体、心理及治疗、创意/艺术、舞蹈、冥想、娱乐等。每个类别都提供一系列的课程（如瑜伽、弗拉明戈舞、写作、绘画、唱歌和专注力训练），课程由经验丰富的专业人士教授。

该中心还会提供有机素食，带领游客从事环境友好实践或去周围的村庄和国家公园旅行，并教客人西班牙语和当地饮食的烹饪方法。游客可以另外购买按摩服务和其他治疗项目。这意味着公司致力于可持续发展，并与当地人和当地文化保持亲密联系。

来罗梅罗旅游的游客从 18 岁到 80 岁不等，平均年龄在 45 岁左右。大多数人都是独自出门旅游，主要是为了享受一个人的时光，以及实现自我发展。创造性的假期内容可以帮助他们完成孩提时未完成的活动、学习新的创造性技能、增加经验和沟通技巧、树立信心，或只是放松心情并跟随创造性的"潮流"。

在罗梅罗，有关创意周的一个例子是"激发你的创造力"：

如果你发现很难开始创造性的工作，这个环节会激励你。如果你缺乏自信，它会让你更勇敢。如果没有大的问题，这周结束时你将会收获颇丰。或者你只是花一周的时间讲故事、写创意文章、做实验、写日记、玩游戏、开怀大笑，那就来看看你有多少创意、多有趣吧。

（Cortijo Romero，2015）

第三个创意旅游的定义与前面讨论的创意产业有更紧密的联系：享受和创意产业相关的景点和活动，具有体验和互动的特点。

这个定义涉及许多产业，如电影和电视、时尚、设计和建筑。然而，在这些案例中，个人创意的投入是有限的，并且这些经验大部分是被动的，或充其量是互动的。这个定义可能更适合我们所说的"创意产业旅游"。特别是对于城市而言，建筑变得更重要，不仅是城市自我认同的指标，也是旅游景点。Klingmann（2007）认为，随着超过其功能性的象征价值变得日益重要，建筑具有了多重目的。例如，建筑过去经常作为城市重振的催化剂，人们只要想想毕尔巴鄂古根海姆博物馆等建筑的成功就知道了。对于毕尔巴鄂古根海姆博物馆，建筑可以说与艺术藏品同等重要（如果不是更重要的话）。Frank Gehry（古根海姆博物馆的建筑设计师）在西班牙的 El Ciego 设计了一座红酒水疗中心，被视为该地区的重要地标。Klingmann（2007）也认为建筑就是旅游景点。现在的迪拜建筑被视为全世界最令人惊叹的建筑，那儿的大部分旅游业依赖于这些独特的地标式建筑的推广。建筑被广泛应用于旅游业的市场营销，并且给予这些旅游目的地品牌价值，这些都是独一无二的销售热点。建筑为当地居民和访客提供了灵感。从最简单的层面出发，一个人可能会将对美学建筑的反应和对实用主义建筑的反应进行比较，并见证其对该环境中居民福祉的影响。建筑也是一个热门话题，并引发了争议，许多社区团结在一起，对一座特定的建筑表示不满（如布达佩斯的新国家剧院，经过民意调查被认为是整个国家最丑的建筑）。然而，游客们的好奇心会引领他们到当地富有争议的建筑面前，同时，游客们对于建筑物的热爱也可以使他们团结起来，如许多游客享受巴塞罗那的高迪建筑或鹿特丹的现代建筑，见案例 9.5。

案例 9.5

建筑之城：荷兰鹿特丹

Richards 和 Wilson（2006）描述了鹿特丹是如何在 20 世纪 90 年代推行发展艺术节日和休闲活动的政策的，该政策随后得到了新创意空间和文化集群发展的支持。例如，鹿特丹发展了大量创意集群，以低廉的租金为这些艺术家提供工作室和表演场所。这个策略对于增加游客数量来说卓有成效。这座城市也是 2001 年的欧洲文化之都。Hitters（2007）的研究显示，在成为欧洲文化之都的这一年中，许多游客对于此地的印象来自它的现代建筑。

2007 年，鹿特丹获得"建筑之城"的称号。就在几平方千米的空间内，鹿特丹拥有涵盖整个世纪的现代建筑。40 栋建筑物坐落在市中心，再现一百年以来的现代建筑，在 2007 年鹿特丹被选为"地点和故事"节目的中心舞台。在这些建筑物里及周围经常举办其他节日活动，除了在建筑外举办的亮眼的艺术表演和贯穿整个鹿特丹的步道，还有短途旅行、戏剧表演和许多其他活动。乘坐巴士游览城市可以享受一个更全面的鹿特丹现代建筑之旅。

鹿特丹仍在宣传自己是一个有趣的建筑城市（如"荷兰建筑之都"或"默兹河上的曼哈顿"），提供徒步和自行车之旅。

（Rotterdam City of Architecture 2007；Architecture in Rotterdam City，2015）

图 9-3　柏林的议会大厦

（资料来源：Melvyn Smith）

近年来，影视旅游变得越来越重要，它被描述为在电视上或电影院看到某一地点而引发的旅游。这种旅游形式也包括访问与影视角色或名人相关的地方。Harrison（2006）指出，有三分之一的美国人患有"名人崇拜综合征"，因此，拜访名人家乡或他们最喜欢的地方也是影视旅游的一种形式。影视旅游变得非常流行，如纽约的《欲望都市》旅行或奥地利萨尔茨堡的《音乐之声》旅行。英国旅游局还制作了一份电影地图，为游客提供电影和电视景点的信息。"哈利·波特热"就是一个成功案例，在新西兰拍摄的《魔戒》也获得了成功，新西兰政府投入巨大的资源来推广电影旅游，见案例9.6。

案例 9.6

新西兰的《魔戒》主题旅游

电影《魔戒》一发行，新西兰政府就立刻指定了一位"魔戒部长"。这是一个史无前例的职位！虽然经济与合作发展组织质疑其在电影旅游上的投资是否值得，但是新西兰政府依然勇于尝试，结果也相当成功，至少在最初阶段是如此。

政府打出如下标语："电影是虚构的，但地点并不是。地球的中心在新西兰。"这意味着当游客访问新西兰时，他们被要求想象自己真的身处托尔金的地球中心。这是典型的后现代景点开发，甚至游客自己也对虚构和现实产生混淆。为了塑造更为"真实"的情境，新西兰政府甚至出版了"地球中心"的地图提供给电影游客。然而，实际上几乎没有证据表明有些地点是存在的，因为电影中的许多地点都经过了电脑特效处理，还有一些影像是在国家公园拍摄的，搭建的布景已经被移除。这意味着只剩下一个"真实"的地点——霍比顿。虽然这使当地城镇（Matamata）产生了自豪感，但这种现象可能是短暂的。

《魔戒地点导览手册》在 2002 年再版了 2 次，在 2003 年再版了 5 次，该书反映了电影旅游在当时的热门程度。新西兰航空甚至在飞机降落时广播"欢迎来到地球中心"。

尽管《魔戒》热潮席卷全球，但只有0.3%的游客因为这部电影选择到新西兰旅游，有9%的游客把它作为"原因之一"（Beeton，2005）。

新西兰旅游委员会（2015）近来一直在宣传《霍比特人》这部电影，并提醒游客这儿的150个奇异景观都出现在了《魔戒》中。红地毯旅游（2015）对外声称其作为新西兰最早的魔戒旅游公司，能够提供1～14天的旅游线路。该公司提供的一日游是去霍比特景区，更长时间的行程包括到景区旅行，和到拍摄地与演员见面。

（New Zealand Tourist Board，2015）

人们大多认为世界时尚之都是米兰、巴黎、伦敦和纽约。这意味着在这里举办了许多世界上最有名的时尚展览，这儿还有大量的设计师商店。然而，许多亚洲城市也有越来越多"疯狂追求时髦和流行的人"，如东京。虽然时尚的灵感很多源自国内或当地文化，但时尚是全球性的。然而，大部分以时尚为目的的游客可能只是单纯地追随最好的时装秀和设计师。作为迪拜世界发展计划的一部分，迪拜海岸计划建立第一座"时尚之岛"，岛上有时尚休闲场所、奢华酒店、别墅和疗养等设施。著名设计师Kal Lagerfeld受邀设计建筑和时装。但是，该计划已经搁置一段时间了。

9.8 结论

在本章中我们看到，虽然要区别文化产业和创意产业是比较难的，但是随着"创意旅游"这个领域的不断发展，定义这个概念变得更容易。本章提出三种可能的定义：第一，创意旅游是指回归到创意活动（如手工艺、舞蹈、烹饪或音乐）的"家乡"，并与当地人民和文化接触；第二，创意旅游是指进行创意活动，但是大部分地点是随机的，与当地居民的联系很少或几乎没有；第三，创意旅游可以包括享受创意产业活动（如建筑、电影、时尚或设计等）。这些产业更全球化，并且目的地的文化可能是，也可能不是必要的因素。然而，无论采用哪个定义，创意旅游都应该是体验式的旅游，许多游客现在想要享受更有活力和主动性的假期，而创意旅游可以提供一个理想的选择。在更具文化内涵的创意旅游中，地点和当地居民是体验不可或缺的一部分，真实性似乎也很重要。体验和真实性是第10章讨论的重点。

讨论问题

1. 概述文化旅游与创意旅游的区别。
2. 讨论创意产业在城市重振和旅游发展中的作用。
3. 在你看来，怎样让一个城市或景区真正具有创造性呢？

建议阅读书目

Comunian, R. and Mould, O. (2014) 'The weakest link: Creative industries, flagship cultural projects and regeneration', City, Culture and Society, 5, pp. 65-74.

Long, P. and Morpeth, N. D. (2013) 'Creating creativity in tourism', in Smith, M. K. and Richards, G. (eds) Routledge Handbook of Cultural Tourism, London: Routledge, pp. 304-310.

Richards, G. (2011) 'Creativity and tourism: The state of the art', Annals of Tourism Research, 38(4), pp. 1225-1253.

Richards, G. (2013) 'Tourism development trajectories: From culture to creativity?', in Smith, M. K. and Richards, G. (eds) Routledge Handbook of Cultural Tourism, London: Routledge, pp. 297-303.

UNESCO (2015) 'Creative Cities Network', www. unesco. org/new/en/culture/themes/creativity/creative-cities-network/who-are-the-members/ (accessed 5 February 2015).

第10章

体验型文化旅游的发展

> "今天的游客想学习、发现和经历独特的体验。他们寻求互助，渴望了解其他人如何生活，想深入幕后，并访问平常难以接触的地方。从微小的细节到全面的概念，任何事物都可以触发体验。"

（Laliberte，2005）

10.1 引言

第9章讨论了基于创意产业发展的当代文化旅游形式的增长。然而，即使在文化旅游较传统的领域（如遗产、博物馆、艺术及土著旅游）中，游客对于互动及体验性活动的需求也逐渐增加。这造成了一些矛盾：随着世界变得全球化及科技的进步，许多文化游客渴望获得更多的"真实性"，而另一些人全心接受了旅游中伴随体验形式而来的不真实性。虽然有观点认为文化游客比其他类型的游客更容易被真实环境所吸引，但是在文化旅游多元化、文化游客变得更复杂、要求更高的情况下，需要对此进行进一步分析。

10.2 体验经济在文化旅游中的重要性

旅游业是给游客提供体验的产业，然而，随着近年来"体验经济"的发展，体验的塑造成为越来越重要的因素。学者 Pine 和 Gilmore 在 20 世纪 90 年代后期提出"体验经济"的概念，并称之为新经济时代（Pine 和 Gilmore，1998）。他们认为体验经济是人类发展的第四个经济阶段：在农业时代，我们从地球获得日用品；在工业时代，我们制造商品；在接下来的第三阶段，我们提供服务；最后，我们发展体验经济，体验的塑造是主要的经济产物。Pine 及 Gilmore（1998）将体验从服务中区分出来：

> 体验是独特的经济产物，将它从服务中分离出来，就像以前将服务从商品中分离出来一样。如今，我们可以辨识及形容第四种经济产物，因为顾客毫无疑问地渴望体验，越来越多的企业通过设计和提倡体验作为回应。

至此，我们尚不能确定何者为先——是企业创造体验，还是部分顾客先对体验产生渴望。可以确定的是，顾客对于体验创造作出了正面回应，并要求更多。大部分资本主义社会都认可最高的境界是积累财富。其中一个可能性是多数足够富有的旅行者早已累积足以使其快乐的物质财产，如今他们将焦点放在体验上。另一个可能性是许多人对物质商品已不抱期待，因而进行物质"缩减"或转向探索心灵。体验创造的两个主要原则是基于游客的参与——从被动到主动，以及游客和体验之间的联系——从吸收到沉浸。无疑，最难忘的体验来自那些使顾客沉浸其中并主动参与的活动，这可能需要结合感官的参与或提供纪念品。但直到最近几十年，体验经济的重要性才引起旅游界的重视。

Munsters 和 Klumbis（2005）探讨了具备"生活风格"和"设计感"的酒店在体验经济中的重要性，他们描述酒店顾客如何积极寻求独特体验、多样化娱乐方式和具有美感的冒险。具有生活风格的酒店常因其建筑、特色和吸引力成为一种独立自主的文化旅游产品，具有设计感的酒店因内部及外部的设计结合了时尚、艺术、科技、奢华和质感而吸引人。

2007 年，《福布斯旅行者》发布了全球 50 个最受欢迎的旅游景点，前 10 名见表 10-1。

表 10-1　　　　　　　　　　游客访问最多的世界旅游胜地前 10 名

排名	名胜	城市	国家
1	时代广场	纽约	美国
2	国家广场和纪念公园	华盛顿特区	美国
3	迪士尼乐园	奥兰多	美国
4	特拉法尔加广场	伦敦	英国
5	迪士尼乐园	阿纳海姆	美国
6	尼亚加拉大瀑布	安大略省、纽约	加拿大、美国
7	渔人码头和金门公园	旧金山	美国
8	迪士尼乐园 迪士尼海洋公园	东京	日本
9	圣母院	巴黎	法国
10	迪士尼乐园	巴黎	法国

值得注意的是这些旅游胜地中有许多主题公园，表明相较于现实世界，许多游客更喜爱虚拟世界！当然，上述统计并不代表这些游客都是文化游客，但这仍然是有趣的趋势。由于主题公园能提供无法比拟的体验，因此我们应进一步讨论主题公园的吸引力。Pine 和 Gilmore 认为迪士尼是"体验经济的先锋"，从 20 世纪 50 年代起就从事体验业务，迪士尼可以说是一个成功的主题公园的缩影。Warren（1999）认为迪士尼主题公园"是 20 世纪末游客的朝圣地"，Zukin（1995）指出"迪士尼乐园及迪士尼世界已经成为 20 世纪末最受欢迎的旅游目的地"。迪士尼这一品牌已经全球化，不仅迪士尼公司成为史上最成功的多媒体企业，"迪士尼"也成为国际化企业与创新的代名词。虽然最初这一成功现象是否可以从美国本土输出受到了质疑，但巴黎迪士尼在欧洲获得了空前的成功，如今有很多游客每年访问巴黎迪士尼，而非埃菲尔铁塔。

主题公园：终极旅游体验？

Ritzer 和 Liska（1997）论述了麦当劳或迪士尼是如何同其他文化旅游地一样成为后现代（或体验性）的游客景观的。麦当劳和迪士尼也是持续全球化的象征。Warren（1999）如此评价迪士尼主题公园："巴黎迪士尼乐园反映了潜藏在社会理论深处的一种恐惧——民族国家已经过时，即将被跨国公司超越。"Ritzer 和 Liska（1997）认为，无所不在的同质化，如"麦当劳化"或"迪士尼化"，会侵蚀旅游的基础。

　　然而，随着主题公园在世界旅游胜地排名中名列前茅，我们必须承认主题公园在顾客眼中必有其迷人之处。商业化主题公园或许是旅游胜地的典范，Craik（1997）认为，人造主题公园比许多主题化遗产景点或博物馆更吸引人的原因在于它们为游客提供了更刺激、更有趣、更完整的体验。Philips（1999）曾指出，"主题公园是明确地致力于娱乐的场所"，如此一来，主题公园和遗产景点就有了差异，因为遗产景点通常具有某种程度上的教育性质。这并非指游客无法在主题公园中学习任何有价值的事物，但教育性质并非主题公园的首要属性。Craik（1997）将主题公园描述为极致的"游客泡沫"，即一个安全的、有良好控制的环境，在这里游客可以有选择性地接受"可预测的体验形式"。主题公园，尤其是迪士尼乐园，被认为是安全的、确定的、可信赖的："迪士尼世界具有高度可预测性……迪士尼主题公园努力确保游客不会碰到意料之外的事情"（Ritzer 和 Liska，1997）。

　　Philips（1999）描述了主题公园是如何围绕一些特定的主题来建造的，这些主题通常与流行的文学体裁相对应，如科幻小说、童话或民间故事，以及探险家和宝岛。科幻与想象的交融造就了主题公园的主要吸引力。Rojek（1993）认为，所有的主题公园都建立在速度与时空的压缩理念上。他指出，这些"刺激因素"是由过山车或娱乐设施提供的，在这种刺激因素的影响下，时间与空间都消融在多元化的体验及奇观中。游客可能会有穿越时间或跨越大陆的体验，所有这些都发生在几个小时之内。Philips 认为，主题公园是一个没有时间感的空间，同时也是一个区别于我们所熟悉的环境的地方：

　　　　主题公园提供了千变万化的幻景，在主题公园内游客可以和"不认识的人"聚集在一起，尽情享受富有异域特色的狂欢。主题公园是一个不受地理位置影响的空间，它将自己与实际的场所隔离开。

Zukin（1995）认为，迪士尼世界代表着有个性的、洁净的、富于美感的、理想的世界，人们把它作为严酷现实的避难所。然而，她也指出，迪士尼有效地创造了一个在某些方面比真实世界更真实的环境，这种方式有很多值得赞赏之处：

　　　　如同世界博览会一般，这是一个充满异域风情的紧凑型旅游。这是一个世界级的公司带给你的世界博览会，它对自己文化产品的引用与对真实世界的引用纠缠在一起，以至于迪士尼世界与真实世界没有什么区别。

　　对于许多游客而言，尤其是孩童而言，访问迪士尼乐园是完美的体验。迪士尼结合梦境及仿真的景观，创造出科幻和现实的奇特组合。

　　许多公司企图复制迪士尼的成功，某些亚洲的主题公园也的确造就了奇观。例如，1989 年 7 月于韩国开幕的乐天世界，被认为是世界级主题公园。每年大约有 800 万名游客访问乐天世界，开幕至今累计访问量超过 1 亿人次。游客中大约 10% 是外国游客，该数据显示乐天世界成为韩国国内旅游访问量最大的主题公园。它也是世界著名的旅游景点，在世界主题公园排行榜上位列第 7 名（Lotte World，2013）。案例 10.1 介绍了美国布兰森的主题公园。

案例 10.1

美国布兰森

位于美国密苏里州的布兰森是外国游客不一定熟悉的旅游景点，但对于美国国内游客，尤其是家庭游客而言是非常具有娱乐性的旅游景点。对于 1/3 的美国人口来说，开车前往那里需要一天的时间。在布兰森周围的 7 英里范围内有许多现场音乐演奏、喜剧表演、餐厅、主题公园、购物商店和酒店。布兰森比国内其他地方有着更多的现场表演，每年吸引 700 万人次访问。布兰森也是某些美国最知名的主题公园的所在地，如银币城和庆祝之都。银币城拥有 20 多项游乐设施、许多季节性节日和 60 家独特的商店，它聘用 100 多位工匠示范玻璃吹制、藤篮编织、炼铁、制陶、糖果及蜡烛制作等工艺，展现了 19 世纪 80 年代奥扎克地区（Ozarks）的文化风俗。Leeking（2001）曾提到他及家人每年访问银币城的理由：

"我们在银币城相当愉快，因为它提供了完整的成套行程，我们来此地不仅是玩过山车或吃水煮玉米，而且付费参与 19 世纪 80 年代版本的南密苏里州生活，获得源自家庭的难忘记忆。我们为了体验而来。"

庆祝之都拥有 30 多个游乐设施和充满吸引力的景点及主题餐厅。布兰森地区有超过 350 家餐厅，并有 3 座湖、水上公园及海滩，以及众多的户外活动场地，如高尔夫球场地（面积超过 12 个冠军场地），人们还能进行划船、高空跳伞等运动。布兰森也有一些有趣的博物馆，如 2006 年开幕的泰坦尼克号博物馆，其展示了船体残骸和工艺品，以 1∶2 的比例将两层楼高的建筑体打造成泰坦尼克号的样子。另一个博物馆是美国总统博物馆，展示曾治理美国的总统们的生活点滴。

(Branson Tourism，2015)

游览主题公园和其他体验性质的景点的游客有时被称为"后现代游客"。下一节将介绍这一现象及其与文化旅游的关系。

10.3　后现代旅游与体验经济

Urry（1990）认为旅游是典型的后现代产业，"因为它结合了视觉、美感及大众化"。Rojek 和 Urry（1997）讨论了后现代文化的发展，包括打破传统的区分，如高雅/通俗文化、艺术/生活、文化/街头生活、家乡/国外等区分。Lofgren（2003）认为，新体验经济是高度整合的，旅游业与零售、建筑、节日管理、娱乐、遗产产业及媒体结合在伞状结构下。

Rojrk（1993）认为，后现代社会在对待休闲和旅游的方式上更注重趣味性。Sheller 和 Urry（2004）认为，充满趣味的地方总是在变化，包括在记忆、情绪、表演、身体等方面进行不同的调动。趣味性包含了矛盾、混搭和融合，正如 Junemo（2004）所说，在好玩的地方，全球化并不被视为威胁。这里的审美不是普遍概念的"美"或"遗产"，而是对于当地现代独特性的欣赏。

Kirschenblatt-Gimblett（1998）认为世界本身已变成一座博物馆："游客到现实存在的

地点旅行，以体验虚拟的世界"。主题公园、购物商场和速食已变成后现代消费的一部分。Barber（1995）总结了"麦当劳世界"的概念：

> 娱乐消费将商场、电影院、主题公园、吸引大量观众的体育场、快餐连锁店及电视（与迅速发展的购物网络）集结成庞大的企业，向利益最大化迈进，并改变了人类。

这些是融合的、"不真实"的体验，也代表我们生活中娱乐、休闲和旅游的差异正逐渐缩小（Urry，1990）。Zukin（1995）指出，直到 20 世纪末，购物商场被许多社会学家视为"后现代的主要公共领域"，大众消费的公共文化已经在多元化的购物中心找到了它的家。购物中心旨在将零售与其他休闲娱乐活动结合起来，如看电影、滑旱冰或打保龄球。很明显，购物中心和主题公园一样，正在成为全球消费主义的象征，体现了 Barber（1995）的"麦当劳世界"概念。游客有机会在同一个地点体验全球时尚和国际美食。Sarup（1996）把购物中心当作另一个世界，在这个世界，人们会有另一个自我和身份。

购物与其他娱乐休闲方式的结合显示出零售和休闲的界限正变得模糊，旅游与休闲的界限也是如此。许多复合式休闲设施发展成配套齐全的度假目的地，中央公园就是其中一个例子，有趣的是许多这类复合式休闲设施都位于较冷的国家（如芬兰、比利时、英国及法国）。这是一种北迁的热带乐园，在这里那些无法享受阳光和沙滩的人们可以尽情享受。世界地理可以通过主题环境来体验，如世博会，其中还包含国家文化活动的展示（Urry 2002）。一个国家甚至能在另一地重现，见案例 10.2。Hendry（2000）认为，"主题公园"或许不是这类复合式休闲设施的正确称呼，因为它们呈现了精致的文化表演形式，所以更像博物馆或世界博览会。

案例 10.2

日本长崎的豪斯登堡

豪斯登堡于 1992 年 3 月 25 日在日本九州长崎县开幕，当日本于江户时代执行锁国政策时，长崎是日本国际贸易的唯一窗口。荷兰的 De Liefde 商船于 1600 年来到九州，开启了日本与荷兰的贸易时代，使长崎在明治时代（19 世纪末期）非常繁盛。随着现代化的演进，长崎最终也失去了其优势。但是历史学家、建筑师、海洋学家和环境保护者总会到此欣赏荷兰与日本共享的历史与文化，因此在荷兰政府及许多日本企业的支持下，豪斯登堡开始建设成形。

豪斯登堡是模仿 17 世纪的荷兰小镇建设的，它获得了荷兰皇室的特别许可，并建设了荷兰女王宫殿的复制品。豪斯登堡在英文中意为"森林之家"，如同此名所代表的含义，这个占地 152 公顷的居住式度假胜地不仅遍布运河，也被森林环绕，还有娱乐场所、商店、餐厅、5 家独特的酒店、码头和居住区。其亮点包括探险公园、博物馆、骑马活动和郁金香节。

（Huts TenBosch，2015）

Urry（1990）和 Walsh（1992）论述了后现代游客的形象，认为许多后现代游客通过媒体及旅游获得文化资本，他们引用 Feifer（1985）的观点，指出后现代游客不必离开家乡去游览经典的、游客集中的景点，因为在家中通过电视旅游节目、网站或驱动程序软件就可以获得虚拟的游客体验。如 Adair（1992）所言，"文化是一种越来越常'发生'在家中的事情"。Urry（2002）提出了"三分钟文化"的概念，体现了媒体与电视的影响。Bayles（1999）用电视的隐喻来描述当代文化消费：

> 现在，正统学派认为所有的文化——包括现实本身——是从时间、空间和有意义的参照中截取的影像片段，彼此不相关联也没有情感关系。换句话说：生活不过是频道的转换。

Baudrillard（1988）认为，许多人落入（由电视及大众传播媒体塑造的）"超现实"或幻象世界的陷阱中，难以区分真实和幻象。

McCabe（2002）认为旅游已成为日常生活、文化及消费中不可或缺的一部分，很难区分旅游与其他室内活动或休闲活动，旅游夸大、加强或丰富了日常活动："旅游是每天生活的缩影，也是放大镜，通过这个放大镜，生活中所有的琐事被浓缩成一两个星期的片段。"然而，Urry（2002）认为游客在旅游时，基本上仍在寻求差异。Craik（1997）进一步探索了国内旅游与国外旅游的差别：

> 游客对目的地、当地居民和活动展现的"他人性"着迷，因为这些提供了"他人性"带来的想象，这与人们日复一日的生活有很大不同。同时，家乡的优点、舒适和好处也因为体验到这种差异而得到强化。

Urrg（1990）认为，对于后现代游客而言，旅游成了一种游戏："后现代游客明白自己游客的身份，而且知道旅游是带有多样化背景的、真实的游客体验。"Rojek（1993）认为这种消费体验总是带有嘲讽的目光，他认为对于真实性及自我探索的追求已不再是目标，我们现在处于后现代休闲与后现代旅游的舞台上。他认为后现代游客具有三个特征，分别为：

- 意识到游客体验商品化，但后现代游客以好玩的心态面对这一现象。
- 吸引力来自体验本身，而不是通过旅游追求自我进步。
- 认为景点的再现和景点本身同样重要。

Smith（2005）指出了后现代游客的某种类型——"新休闲游客"，这是游客中相对年轻的类型，他们追求逃离、娱乐和趣味。他们的可支配收入相对较高，但可用时间通常较少。尽管他们追求舒适度与安全感，但旅游体验也应该有一定的刺激和兴奋的成分，这可能是在一个安全范围内，如酒店、度假区或主题景点中进行。他们喜爱的景点包括探险乐园、网络世界或虚拟环境。新休闲游客喜欢与 Barber（1995）所说的"麦当劳世界"概念相对应的环境，这里同时聚集着许多世界知名品牌。这类环境的所处方位并不重要，重要的是获得的体验。新休闲游客和传统的文化游客不同，后者对当地社区或文化感兴趣，而前者更喜爱虚拟环境。例如，许多主题公园模仿埃及帝王谷、阿拉伯露天市场和非洲丛林的环境，不仅避免了远途旅程的不便，还提供了更"安全"的体验。案例 10.3 介绍了中东的"超现实"旅游。

案例 10.3

中东的"超现实"旅游

Steiner（2010）描述了像迪拜这样的旅游目的地的成功和繁荣是如何为中东地区的"超现实"旅游奠定了基础。许多阿拉伯国家似乎都在建设大规模项目，以改变当地的面貌。其中大多数项目都极尽奢华，在风格和设计上具有标志性，具体包括酒店、购物中心、海滨、新的地理空间（如棕榈岛）和独特的景观。Steiner（2004）认为，"从后现代角度来看，新的旅游空间可以被视为超现实的"。

这意味着很难区分什么是真实的，什么是虚拟的，什么是原始的，什么是复制的。迪拜的一些购物中心采用"传统的"东方设计风格，许多地方纷纷效仿，因此就像一个建筑主题公园。酒店的建筑和设计风格也兼收并蓄——融合了摩洛哥、埃及、叙利亚等地的风格。标志性建筑有助于为这些目的地创造全新的形象和品牌，尽管这些建筑在空间上、历史上或社会上都没有嵌入，而且从符号学上来说，它们是"空洞的象征"。的确，通过建筑来打造品牌已经变得越来越普遍，尤其是在城市中（Klingmann，2007）。如果这座建筑是"世界上最高"、"世界上最壮观"或"最豪华"的，城市形象会进一步增强。标识符在当前不存在认同感的地方使用。迪拜已经成为中东地区的"模范"城市（Steiner，2010）。

当然，这些发展项目的可持续性、道德规范和未来财政的可行性完全是另一场辩论。

然而，尽管游客的类型和动机可能重合，我们仍要注意到文化游客和所谓的后现代游客或新休闲游客的兴趣十分不同，见表 10-2。

表 10-2　　　　　　　　文化游客、后现代游客及新休闲游客的比较

文化游客	后现代游客	新休闲游客
• 喜欢一个人四处游走，且有旅行的概念	• 喜爱虚拟的体验，通常"宅"在家中	• 喜欢远离家里或者工作环境
• 积极寻找差异	• 不太能区分旅游、休闲和生活方式	• 寻找比在家里更刺激的经历
• 寻找文化体验中的客观真实性	• 接受没有真正的真实体验的事实	• 寻找"假的"真实
• 关注现实中的真实性，不断提升自己	• 欣然接受旅游中的改变	• 想要忘记自己是谁，尽情享受
• 热忱地与旅游目的地居民互动	• 以批判的目光远观活动或者情境	• 喜欢技术上的互动体验
• 对目的地和当地人有理想的期待	• 对区分何为现实、何为想象不感兴趣	• 认为他们所见并非"真实"，对当地人不感兴趣
• 对"真实"的体验感兴趣	• 对"超真实"的体验感兴趣	• 经常在虚拟现实中旅行
• 鄙视展示和模拟	• 接受展示和模拟	• 喜欢展示和模拟

（资料来源：Smith，2005）

对于真实性的追求似乎是文化游客和其他游客的主要差异。虽然有人认为真实性是建立起来的，感性的，或者根本不存在的，但这一现象的复杂性需要进一步讨论。这部分对于体验经济而言相当重要，在 Pine 及 Gilmore（2007）的著作《真实性》中有过探讨。

10.4　真实性与文化体验

真实性的概念可以说是一种主观归因。Pine 和 Gilmore（2007）甚至认为体验没有真实或不真实的差别，因为体验发自我们自身，是我们对于事件的内在反应。Cohen（1998）认为真实性是"社会建构的概念"，其意义有待商榷。Moore（2002）以"对一个人来说完全是虚假的事物，可能对另一个人来说是有意义的体验"来说明真实性是相对的。Getz（1994）指出，真实性是"一个具有开放性的概念，但对于文化旅游而言非常重要"。

Jamal 和 Hill（2002）针对真实性的不同类型提出了精辟的分析，他们区分了"客体真实性"与"建构真实性"。客体真实性通常指传统或具有历史性的地点或艺术品，建构真实性可能指"舞台化事件"、调整过的艺术品及人工创造的文化景点。关于"个人的真实"可能是最复杂的也是最少被研究的领域，它可能指个人在旅游中情感与心理上的体验、对于体验事件或景点解释的主观反应，或是与个人意义及特点相关的存在主义观点。

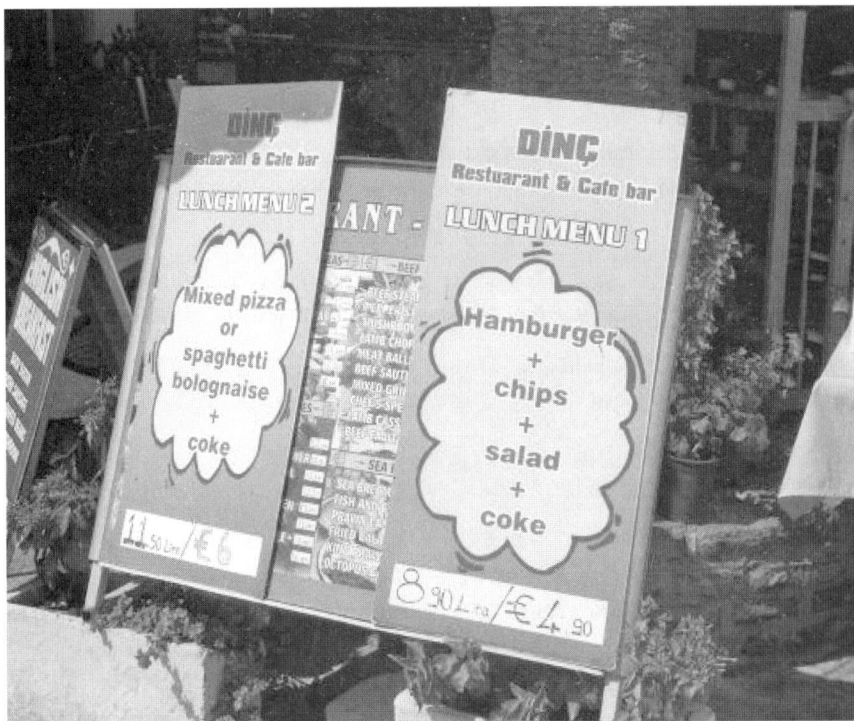

图 10-1　在土耳其的博德鲁姆没有找到真正的当地食物

（资料来源：Laszlo Puczko）

Turner 和 Ash（1975）描述了游客如何被安置在特定范围的、没有责任压力的、脱离含有所有真实性的现实世界中。McKercher 和 Du Cros（2002）认为游客想要真实性却不想要现实，换句话说，在"真实性"环境中，游客并不想体验任何类型的个人困难（如访问充满毒昆虫、奇怪食物和没有自来水的部落村庄）。然而，Goffmann（1959）认为游客无法超越"舞台化真实性"，无论他们多么渴望，都无法走进当地居民生活的"后台"。Crick（1988）甚至认为所有的文化都是舞台化的，因此都是不真实的。但这对许多不遗余力避免不真实的文化游客来说是难以接受的。他们印证了 MacCannell（1976）的说法——游客就像在另一个时间和地点寻找真实性体验的当代朝圣者一样。

Boorstin（1964）认为，许多游客故意寻找不真实的体验或伪事件，使得旅游成为许多表面的事件或"仿制品"出现的原因。这对于所谓的"后现代游客"来说也是如此，他们意识到旅游体验在很大程度上是商品化的，对真实性的追求多少是徒劳的。Boniface和 Fowler（1993）提到：

> 我们需要比现实更好的超真实性。我们想要增强的、奇幻的体验。我们想要
> 模拟我们所希望的生活方式，或者过去的生活方式。很明显，旅游业知道自己正
> 在经营梦想。

神话和奇幻一直都是游客体验的核心。Rojek（1997）说："在有关旅游的讨论中不可避免地会出现神话。"Tresidder（1999）认为，"就最单纯的层面而言，旅游就是梦想的制造与消费"。Kirschenblatt-Gimblett（1998）表示，人们对景点的看法几乎比景点本身还重要："旅游产业更喜欢想象的世界。"

旅游套餐现在给游客提供了相当大的便利性，以帮助他们访问主要的景点与目的地。旅游成为更集中的体验，不仅限于获得知识、追求自我进步，或短暂游览"必看景点"以获得真实性体验。购物、饮食和夜间娱乐成为旅游业中和访问世界主要名胜一样的重要环节。具有讽刺意味的是，许多这类活动可能作为某种形式的补偿提供给游客，因为他们在世界名胜景点的体验不如浮夸的媒体或其他形式呈现得那样好，因而感到失望。不实和失望似乎成了游客体验中可接受的一部分（Rojek，1997；Tresidder，1999）。De Botton（2002）认为旅游很少符合我们的期待，因为艺术、文学或媒体呈现的形象往往是理想化或浪漫化的。例如，看过相关明信片或游客手册的人，很难想到蒙娜丽莎原画的尺寸这么小，金字塔周围是杂乱无章的城市建筑，泰姬陵在日渐褪色并且游客只能透过雾霾欣赏这座建筑。

如今许多景象被视为二手影像，和现实少有相似之处。例如，Urry（2002）形容尼亚加拉大瀑布："现在是庸俗和商业的奇观，似乎瀑布已不在那里，只能从相关影像中观看。"然而，许多游客似乎满足于凝视他们熟悉的事物，Urry（2002）把游客描述为符号学家，他们在找寻通过媒体而熟悉的符号（如典型的英国村庄、法国城堡、德国啤酒花园、美国摩天大楼）。案例10.4介绍了拉斯维加斯。

案例 10.4

拉斯维加斯：最（不）真实的体验

拉斯维加斯是美国最重要的赌博、旅游、休闲胜地，却是发迹于布满沙丘的沙漠。拉斯维加斯每年吸引近 4 000 万名游客，是世界十大旅游胜地之一，有迷人的表演节目、大型度假村和能提供多样化美食的五星级餐厅。Pine 和 Gilmore（2007）认为有许多游客宣称爱上拉斯维加斯的原因是它很"真实"！他们认为尽管在理论上拉斯维加斯和"真实

性"可能不沾边，但是人们似乎相当享受这种创造出来的模拟生活。具体例子如下：

- 百乐宫（意大利科莫湖）
- 卢克索（有金字塔的古埃及城市）
- 20 世纪 30 年代的纽约
- Mirage（一座火山）

其他的例子还有巴黎及蒙特卡洛。"所有这些主题化景观的灵感来自许多游客可能从来不曾接触的资源。他们发现这些地方真正地重现了他们原本无法体验的东西。"（Pine 和 Gilmore，2007）

Klingmann（2007）认为：

游客只需花费数分钟就从古埃及世界来到蒙特卡洛的梦幻世界，从如今的纽约回到浪漫的意大利湖边村庄，就像手拿电视遥控器一样，可以在特定城市区域内即时联结精选的旅游胜地。

Klingmann 描述了在拉斯维加斯的建筑师与设计师如何通过在建筑中使用"情绪设计"来刺激游客的五种感官并创造各种感官反应。游客完全沉浸于仿佛小说叙述般的体验和真实空间的结合中。

例如，游客知道自己身处拉斯维加斯的贝拉酒店、赌场及人造科莫湖的景色中也并不代表自己真的身在意大利。重点在于游客并不在意这种"文化不一致"（Beeck，2003）。他们不寻找真实性，而是玩游戏般地享受舞台化的体验（Urry，2002；Xie，2004）。

图 10-2　比真的还要好？拉斯维加斯的威尼斯人酒店

（资料来源：Karoly Novak）

不难看出，虽然真实性对许多文化游客而言仍然相当重要，但现在"真的东西"有时反而令人失望，区分真实与不真实也相当困难。在某些情况下，不真实可能比真实还有趣。例如，有些文化表演不仅极度费时也过于仪式化，还有些文化体验会让人不便或不舒适（如在当地人条件非常简陋的家中停留）。

在体验经济中，Pine 和 Gilmore（2007）列举了五种真实性：

- **货物**——天然的真实性：人们将天然状态或地球上保持原始样貌的东西视为真实；并非人工或虚构。
- **商品**——原创的真实性：人们往往将有原创的、首先被创造出来的、前所未见的事物视为真实；并非再制品。
- **服务**——独特的真实性：人们将卓越的成就、由个人完成的、由展现人类关怀的人完成的事物视为真实；并非无感情的或虚伪的展示。
- **体验**——参照的真实性：人们将涉及其他背景、从人类历史中获得灵感、属于我们的集体记忆和渴望的事物视为真实；并非衍生物或无价值的。
- **转化**——影响的真实性：人们将能对其他本体发挥影响的、能促使人类达到更高目标的、可提供更好方式的事物视为真实；并非不合理或没有意义的。

随着竞争日趋激烈，原创性在旅游中也变得更重要。产品也应该根据顾客独特的品味或不同寻常的偏好来设计。案例 10.5 介绍了太阳马戏团。

案例 10.5

太阳马戏团

Pine 和 Gilmore（2007）认为太阳马戏团（Cirque du Soleil）是印证"影响的真实性"的例子，因为"太阳马戏团的表演显示出人体在体能上所能展现的美感及诗意"。太阳马戏团是一种崭新的艺术形式，因此也可说是"原创的真实性"的例子。

太阳马戏团的前身是一群在加拿大魁北克表演的街头艺人，当他们决定为他们的热情创造新的场所时，太阳马戏团应运而生。在 Guy Laliberte 的带领下，太阳马戏团的热情及创新重新定义了娱乐版图，并让全世界的观众兴奋不已。太阳马戏团成为一个全球性演艺帝国，有 3 000 名员工，700~750 位演员。"我们的方法非常简单，就是创造世界共同的语言"，Guy Laliberte 说，"为世界各地的人们进行具有吸引力的表演，这是相当重要的事"。

20 位专职演员观察者走遍全球，找到最好的柔术表演者、空中飞人、弹跳技巧者和旋转舞者，把他们带到蒙特利尔接受"马戏团之道"教育。几乎所有的表演者都在创意工作室中接受艺术和特技训练。表演者来自近 40 个不同的国家。太阳马戏团从世界各地聘请了大约 20 名培训师来监督表演人员培训项目。太阳马戏团的每个表演都独一无二，在世界各地巡演，但最精心制作的、最佳的表演还是在拉斯维加斯，每晚有近万名观众人均支付 60~150 美元欣赏太阳马戏团的演出。

（Cirque du Soleil，2009；Stahl，2005）

10.5　传统文化旅游的"体验性"

传统文化领域中的"体验性"往往遇到许多阻力。在沙漠里建造当代的奇幻地（如拉斯维加斯或迪拜）是一回事，但企图改变已存在或延续数世纪的自然环境却是另一回事。尽管后现代游客并非如此注重祖先的真实性，但文化游客却相当在意历史的商品化。例如，有学者批评许多遗产景点或景观越来越像主题乐园（Hewison，1987；Walsh，1992；Kirschenblatt-Gimblett；1998）。这在很大程度上是现实与虚构、历史与媒体的后现代仿制品，它们可以产生一种幻象或"时间胶囊"。Walsh（1992）区别了旅游景点的类型，区分了单纯提供娱乐和结合娱乐与教育的"寓教于乐"现象（Urry，1990）。

Richards（2001d）将博物馆比喻为"体验工厂"。Prentice（2001）认为博物馆在塑造"体验型文化旅游"，他将此描述为一种体验的积累，游客希望从中获得深刻理解，而不仅是程式化的学习。然而，诞生于 20 世纪 90 年代的"新博物馆学"却不总是那么讨喜，Evans（1995）论述了博物馆的教育功能和旅游功能之间日益加剧的冲突，并考虑到博物馆增加自身收入的压力日益增大。许多筹资和创收机制越来越多地以商业活动为基础，如饮食服务、出版和零售。1988 年，伦敦 Victoria & Albert 博物馆的营销标语是："一个博物馆与绝佳小餐馆的结合。"Swarbrooke（2000）对此进行了进一步的讨论，他认为过去博物馆和旅游产业"猜疑地看待对方，彼此忽视及不信任"，但现在双方逐渐意识到合作的重要性，旅游成了极为重要的收入来源。然而，Swarbrooke 也提到，如果博物馆继续优先考虑娱乐、募集收入和营销，而不是注重其提供信息和教育的传统核心功能，博物馆可能成为新一代的主题公园。West（1988）认为，英国什罗普郡的铁桥谷博物馆变得越来越商业化和以利益为导向，并嘲讽地说：

> 我宁可选择在英国黑潭的愉悦海滩乐园或奥尔顿塔（Alton Tower）主题公园度过美好的一天，至少每个人都同意付费坐在过山车上，感受这样的风驰电掣，其乐趣是无穷的。

区分博物馆和其他类型的景点越来越困难，尤其是在互动科技和多媒体出现后。此外，许多现代艺术也加入了视频、多媒体装置或电脑控制影像。访问博物馆已经明显地成为更集中化、互动化的体验，但与其他单纯的主题公园体验相比，博物馆能在多大程度上提供知识又是另一个问题。Graik（1995）指出，人造主题公园比许多受保护的"主题景点"更成功，因为它们为游客提供更刺激的产物和更集中的体验：

> 对比主题公园和当地历史博物馆，显然前者再现了真实印象，后者保存了真实性，但是后者常令人非常失望——缺乏资金、吸引力和多样性，设备简陋，员工虽然热情却缺乏专业知识等。普遍来说，这类博物馆对游客而言是令人失望、毫无意义的。

一些最新的博物馆以当代工业为基础，几乎完全是互动的，如华盛顿新闻博物馆，见案例 10.6。

案例 10.6

华盛顿新闻博物馆，世界上互动性最强的博物馆？

位于华盛顿特区的新闻博物馆是以新闻报道为主题的互动式博物馆，其宗旨是"促进大众和新闻媒体的互相了解"。华盛顿的新闻博物馆于 2008 年 4 月开幕，吸引了大量人潮。新闻博物馆希望让大众了解新闻业如何随着时间的推移、重大事件的发生及传播手段的变化而产生改变。馆长指出，新闻博物馆并非纪念新闻界名人或特定记者，而是纪念美国宪法第一修正案——该议案旨在维护通信自由及言论自由的权利。新闻博物馆也审视了美国新闻业的传统，包括记者为了他们的工作所冒的风险。

根据《纽约时报》的报道，作为投资最多的博物馆之一，新闻博物馆展览场地占地 25 万平方英尺，包括 25 家戏院、14 家画廊、2 个广播工作室、1 个"4D 时空旅行体验室"、互动式电脑测试站、50 吨的田纳西大理石、3 层楼高的 Wolfgang Puck 餐厅、1 个美食广场和由 6 214 本杂志构成的重达 81 000 磅的工艺品。

游客先戴上护目镜观看早期美国新闻业创立的影片，在"4D 影院"中，座椅晃动，水花飞溅，"子弹"飞舞，气浪阵阵袭来，让你相信有老鼠在你的裤腿上奔跑。

博物馆巨大的空间里不仅有柏林墙，也堆满了可追溯到 18 世纪的报纸。7 层楼的建筑中有可供自由演讲、浏览网络和进行广播的空间。孩子也可以参与关于新闻伦理、编辑照片和报道的游戏，博物馆里的电视摄影棚可以让他们在电脑创造的白宫背景下尝试朗读新闻稿。博物馆中的展示品还有美国双子星大厦北塔中的广播塔——以"9·11"事件后报纸头版新闻为背景，并且在旁边的展示间播放着记者叙述"9·11"当天情景的录音带。展示品中有《亚利桑那共和报》的记者 Don Bolles 因调查犯罪案件遭炸弹攻击时乘坐的车辆。

尽管博物馆很受游客欢迎，但仍然遭到一些批评。例如，Shafer（2008）曾说："如果你对新闻界的故事真的感到好奇，可以在出版品本身，如书籍、缩微胶片、DVD 或网页中找到更好的代表性，而不是从虚构的假象中寻找。"英国《卫报》（The Guardian）2008 年的评论中也曾谈到新闻博物馆"二分像迪士尼公园，一分像大英图书馆"。对于一个博物馆来说，这不一定是句恭维话！

(The Guardian Online，2008)

10.6 结论

本章的讨论表明体验经济在旅游及其他领域中越来越重要。旅游总是和新鲜及独特的体验有关，但旅游也面临更大的挑战，特别是高级休闲产业在争夺游客的时间、注意力及金钱。需要在目的地和景点创造特别的事物才能使游客离开扶手椅和电脑！尽管文化游客会持续地旅行，只为单纯地体验不同文化，但"真实性"的复杂性和许多文化体验带来的失望，使文化游客更加谨慎地考虑其假日的选择。他们可能会去拉斯维加斯、迪拜寻找奇观，或观看类似太阳马戏团的表演，尽管这些项目看起来相当全球化。然而，新博物馆学和遗产景点的体验创造表明，即使最小的景点也能举办一个美好、有趣、有互动性的展览。这只是一个如何运用创造力和想象力来吸引当今寻求体验的游客的问题。

讨论问题

1. 在体验经济时代，你是否同意娱乐性比真实性更重要？

2. 你认为存在"后现代旅游者"或者"新休闲旅游者"吗？如果有，他们的特点是什么？

3. 如今在旅游业中，地理位置有多重要？如果旅游景观是人为创造的，这有关系吗？

建议阅读目录

Ferrari, S. (2013) 'An experiential approach to differentiating tourism offers in cultural heritage', in Smith, M. K. and Richards, G. (eds) The Routledge Handbook of Cultural Tourism, London: Routledge, pp. 383-388.

Horváth, Z. (2013) 'Cultural value perception in the memorable tourism experience', in Smith, M. K. and Richards, G. (eds) The Routledge Handbook of Cultural Tourism, London: Routledge, pp. 375-382.

Prebensen, N. K. and Foss, L. (2011) 'Coping and co-creating in tourist experiences', International Journal of Tourism Research, 13(1), pp. 54-67.

Puczkó, L. (2013) 'Visitor experiences in cultural spaces', in Smith, M. K. and Richards, G. (eds) The Routledge Handbook of Cultural Tourism, London: Routledge, pp. 389-394.

第11章

可持续文化旅游

> "旅游业没有尽头，只有无限的增长。对游客来说，尽可能多地参观名胜古迹是没有止境的。"

（Ritzer 和 Liska，2000）

11.1 引言

过去的观点认为文化旅游是旅游产业中的利基市场，目标客群只是一小部分受过良好教育及高消费的游客，因此对旅游目的地及当地土著居民构成的威胁较小。然而，国际旅游的增长和旅游产品的多样化导致对文化活动的需求增加，文化活动正成为游客体验的一个组成部分。大众文化旅游现象正日益成为人们关注的焦点。正如 Ritzer 和 Liska（2000）所说："旅游业没有尽头，只有无限的增长。对游客来说，尽可能多地参观名胜古迹是没有止境的。"对大多数政府来说，文化旅游在经济上是可取的，因为它意味着对该国人民、他们的遗产和传统，以及自然和人为资源的兴趣。这可以提高一个国家的形象并带来更好的国际关系，这一向是各国政府优先考虑的事。然而，通过旅游业创造的财富有必要再投资于人民本身，而不是用于其他经济活动。只有这样，才能最大限度地发挥旅游业的社会经济和社会文化效益，并鼓励以社区为基础的旅游业的发展。这要求对文化旅游的发展和管理采取具有敏感性的和可持续的方法。

11.2 可持续发展的简要概述

可持续发展的需要是由于人类无法管理地球上有限的资源而产生的。过度消费不可再生的水、石油、金属、矿产等资源带来了诸多负面影响，导致了全球变暖、干旱和洪涝等环境灾害、生物多样性退化及物种灭绝。人口过剩和预期寿命的增加，使以平均分配的方式管理地球资源变得更加困难。结果，世界上至少有一半人在挨饿，而另一半人享用的远远超过了他们的健康水平所能承受的。正如本书前文所述，早期的旅行者和殖民者认为他们的生活方式优于他们所访问的土著居民，因此土著居民被迫适应西方的生活方式，这往往损害了土著居民的传统、家庭结构和一般福利。虽然许多原始人类和部落群体在年轻时就努力地去生存并且年纪轻轻就去世了，但许多人也生活在与自然接近的地方，他们拥有现代城市生活已基本丧失的生活质量。一些研究人员甚至认为，人类社会与自然的人为分离正在导致健康问题——如自然赤字失调（Louv, 2005）。大多数西方人生活在永久的定居点，渴望一种物质主义的生活方式，这对他们和地球来说都不是很好。资本主义鼓励积累和利润最大化，并且用经济术语来衡量繁荣。环境被看作一种资源，它是无限的，可以被用来获取最大的利润。Weil（2013）认为，人类的身体并不是为现代后工业环境而设计的，与更"原始"的祖先相比，发达国家民众的生活已经从艰苦但普遍满足的生活，变成了轻松但经常抑郁的生活。幸福星球指数（New Economics Foundation，2012）显示，甚至是在生命相对较长、生活幸福的地方，社会的高碳足迹也意味着这个星球的可持续性完全无法得到保证。

表 11-1 显示，部落生活在许多方面可能比现代城市居民的生活更为积极（当然，假定部落有充分的医疗服务）。

表 11-1　　　　　　　　　　　部落生活与现代生活

部落生活	现代生活
• 工作满足需求	• 每天至少工作 8 小时
• 走路去取水	• 每天通勤两次
• 因体力活动而筋疲力尽	• 精神和心理疲劳，失眠
• 狩猎和收集当地可获得的食物	• 主要购买加工、人工、非本地食品
• 花大量时间与家人和社区成员相处	• 很少有时间见家人和朋友，虚拟社区
• 草药和传统药物	• 医生开的化学药品
• 与自然和谐相处	• 很少在自然或绿色空间活动

Bhajan（2000）认为，人类将在 2012 年开始见证一个新时代的到来。虽然这个过渡时期将带来动荡，但它也将导致社会的变化速度加快。这一转变包括对人类世界观和意识的重大反思。的确，全球的许多地方已经认识到，人类所采取的每一项行动都必须从生态和全球的角度加以考虑，因为每一个人都直接或间接地影响着广大的人民、其他生物和地方的网络。

在进入这个新时代之前，自 20 世纪 90 年代初以来已经产生了许多关于可持续性的定义、概念和战略。这包括 1991 年由联合国环境规划署（UNEP）和世界自然基金会（WWF）出版的《关爱地球：可持续生活战略》。1992 年 6 月地球首脑会议（联合国环境与发展会议）在《21 世纪议程》中提出，在可持续性概念中增加经济和社会文化方面的内容。1997 年，38 个工业化国家在日本京都达成协议，到 2012 年将温室气体排放总量在 1990 年的基础上平均减少 5.2%（《联合国气候变化框架公约》）。2000 年，世界各国领导人聚集一堂，提出了到 2015 年将实现的 8 项千年发展目标（MDGs），包括消除极端贫困、降低儿童死亡率和抗击艾滋病等流行病。世界可持续发展首脑会议（WSSD）于 2002 年在南非约翰内斯堡举行，此时距里约热内卢峰会已有 10 年。联合国大会宣布 2005—2014 年为"可持续发展教育十年"。

引用最多的有关可持续性的定义来自《布伦特兰报告》（世界环境与发展委员会，1987）："可持续性是在不损害后代满足其自身需要的能力的情况下满足当前需要的发展"。世界可持续发展商业理事会（2006）建议，可持续发展要求："在不损害后代满足其需求能力的前提下，满足当前需求的各种形式的进步。"世界旅游组织（2004）指出：

"可持续发展原则涉及旅游发展的环境、经济和社会文化方面，必须在这三个方面建立适当的平衡，以确保旅游业的长期可持续性。"经济、环境和社会方面的平衡通常被称为"三重底线"。

然而，正如 Cros 和 McKercher（2015）所说："一般的可持续发展政策提供一个广泛的框架，但它们可能过于模糊，无法在体现文化旅游的空间、社会和文化背景范围内实施。"表 11-2 提供了一些可持续发展的原则，可更具体地应用于文化旅游。

表 11-2 可持续发展原则

S-着眼于子孙后代发展的策略和长远方针	• 长期思考 • 为后代做计划 • 发展和管理的整体方法 • 保存和保护 • 经济稳定
U-理解道德和责任的含义	• 考虑所有利益相关者的需求 • 公平贸易 • 扶贫旅游
S-利益相关者的协作与合作	• 网络 • 集群 • DMOs • 论坛 • 委员会 • 行动小组
T-为企业和员工提供培训	• 平等机会 • 创业
A-欣赏其他国家、文化和环境	• 风景 • 动植物 • 遗产 • 当地居民 • 风俗习惯 • 生活方式 • 传统
I-影响管理造成的最大效益和最小损害	• 提高生活水平和生活质量 • 改善和保护环境 • 对经济和社会变革作出积极贡献 • 跨文化理解和教育
N-规划、发展和管理的新方法	• 以社区为中心的旅游 • 本土旅游 • 生态旅游 • 绿色旅游 • 扶贫旅游 • 志愿者旅游 • 慢旅游

（续表）

A–替代能源	• 使用天然气的替代品并减少排放 • 绿色交通解决方案 • 水、风和太阳能 • 节能灯泡和节约用水
B–最佳做法	• 负责任旅游奖项 • 扶贫旅游合作 • 旅游关注 • 部落民族的生存 • 生态旅游社会
L–当地社区参与	• 咨询 • 参与 • 教育 • 授权 • 创业 • 政治支持 • 说 "不" 的权利
E–对环境的理解和关注	• 教育 • 行为准则 • 硬、软管理 • 承载能力 • 分区 • 绿色商业实践

11.3 缓慢、可持续旅游

近年来，慢运动在各行各业中越来越受欢迎，特别是在 Carl Honoré（2004）的《慢》（In Praise of Slow）一书出版以后。

慢运动不仅仅是要放慢速度，而是要以正确的速度做每件事，提高体验的质量而不是数量，更可持续地发展，理想地使用和欣赏当地的产品和服务。慢食运动已经从意大利蔓延到世界各地，其重点关注食品里程、可持续生产方法，以及当地的有机和生物食品。慢城市运动在 1999 年起源于意大利，现在有超过 100 个城市加入，覆盖 5 万人口，该运动推崇与缓慢运动有关的哲学，如健康产品和食品的采购，保持当地的传统并提供一种宁静的生活方式。Heitmann 等（2011）指出，在支持当地商品生产和商业独立的基础上保护文化遗产和历史建筑对于慢城市是重要的，同样重要的是尽量减少旅游对当地居民的影响，并享受当地的文化特色——包括美食、手工艺品和节日等文化活动（Honore，2004）。Heitmann 等（2011）认为，这些品质的结合有助于贯彻持续管理和发展的理念，因为它包含了规划过程中的关键因素，即环境、经济和社区。

慢旅游也越来越受欢迎，有很多的书籍专门解读这一现象（Dickinson 和 Lumsdon，2010；Fullagar 等，2012）。慢旅游的主要特点是尊重当地文化和历史，保护环境，具有社会责任感。慢节奏的游客喜欢更加真实的居住体验，而不仅仅是在那里度假。他们相对于住酒店更喜欢租一套公寓，享受与当地社区的互动。虽然许多形式的慢旅游倾向于以自然为基础，发生在乡村地区，但慢城市运动也为文化城市提供了慢旅游的典范。

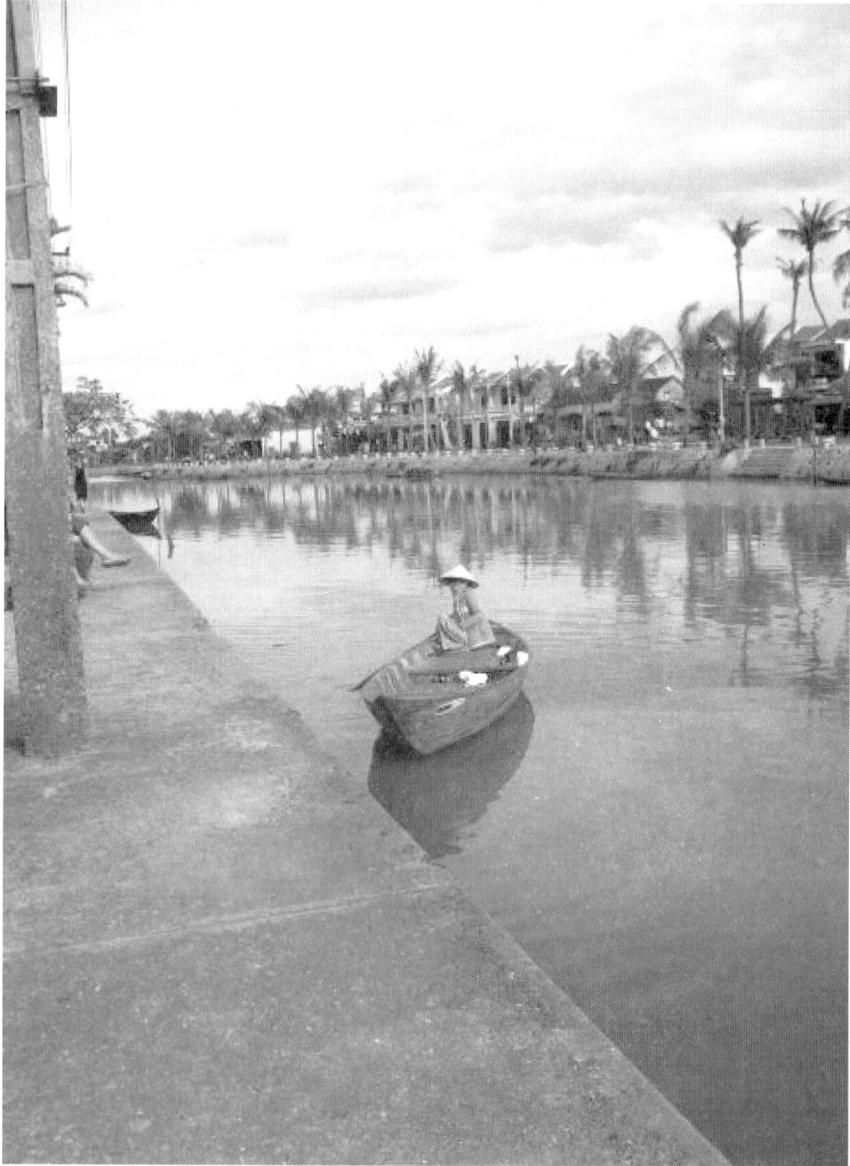

图 11-1　越南的慢生活

（资料来源：Edward Smith）

11.4　文化旅游与失乐园

Jostein Gaarder 的小说《玛雅》（Maya，2000）的主人公 Frank 在访问南太平洋的一个岛屿时，评论了人类与生俱来的渴望，即渴望成为第一个体验新地方的人，尤其是体验原始荒野。他认为，只有在一个地方消失、永远毁灭之前，成为最后一个看到它的人，才能超越这种体验。Smith（1997）指出，一些后现代旅游模式，如生态旅游、探险和荒野旅游，"假定了一种模糊的意识，即人们看到的资源应该正在减少，而他们仍然可以看到"。文化旅游也是如此。游客们可能热衷于成为最后一个在自然栖息地看到一个部落的人。游客们永远在寻找最田园诗般的、未受破坏的和未被触及的目的地。Alex Garland 的畅销小说《海滩》（The Beach，1996）很好地概括了这种追求（具有讽刺意味的是，世界上最后的田园诗般的泰国海滩之一，在拍摄同名电影时遭到部分破坏）。

如果对大多数文化旅游目的地管理不谨慎和不敏感，也会出现同样的情况。悲观的结论必然是，随着时间的推移，找到的"天堂"几乎总是已经失去了的"天堂"，特别是考虑到地球是一个拥有有限资源的地方，并且现在地球上没有任何地方是不可接近的。当然，到月球旅游成为家常便饭只是时间问题。事实上，第一批游客已经进入太空旅行。太空旅游或许只是迈出了一小步，但对大众旅游的未来来说，这又是多大的飞跃呢？

1995 年，电视节目主持人 Clive Anderson 在 BBC 一档名为"我们的人类在……"的节目中报道了一些旅游目的地。该节目调查了国际旅游业产生的一些影响，Anderson（1995）的结论是：

> "每个人都杀死了他所爱的东西"这句话对游客来说无疑是正确的。我们都在寻找我们可以玷污的处女地、未被破坏的海滩，这样我们就可以成为破坏它的人。游览任何旅游目的地的最佳时间总是在你真正到达那里之前的 10 年。10 年前，渔村仍然有渔民，当地的酒吧仍然有当地人。现在，到处都是像我们这样的人。

Anderson（1995）还描述了果阿邦的人们如何经常发现旅游业的发展与现有的工业不协调，与当地的宗教不相容：

> 这些问题来自富裕的现代旅游业与世代过着田园生活的人们简单的生活方式之间的冲突。我同情的是那些为保住他们的天堂而挣扎的果阿人民。

有趣的是，在果阿邦，一些游客自己也成了偷窥式旅游的"受害者"，因为来自孟买等印度大城市的男子每天大部分时间都在海滩上看穿着比基尼的西方女性！

Burns（1999）对"天堂"的概念进行了有趣的分析，这是旅游手册中"想象"的核心。他引用了 David Lodge 的小说《天堂新闻》中的主要人物的话，这个人物讽刺地指出，夏威夷用不断重复的天堂主题给游客洗脑，让他们认为自己一定到了那里！然而，现实情况有些不同。夏威夷原住民传统上被社会边缘化，就像许多地方的原住民一样，这些群体往往遭受更严重的经济匮乏和失业困境。旅游业在解决这些社会经济问题方面收效甚微。相反，它往往加剧了这些问题，使当地居民无法再负担度假村的生活费用。然而，他们别无选择，只能支持旅游业，因为他们现在的经济选择是如此有限。传统的夏威夷舞蹈等文化活动已经成为一种商品化的奇观，游客在檀香山机场通常会受到来自"草裙舞女郎"的欢迎。讽刺的是，当 1898 年美国人最初吞并夏威夷时，他们完全禁止草裙舞，同时禁止当地人说他们的语言（Trask，1998）。现在的草裙舞服装倾向于融合不同的波利尼西亚文化的风格和主题。这显然破坏了当地土著传统的神圣性质。不足为奇的是，近年来当地对旅游业发展的反响并不积极。Trask（1998）认为，"夏威夷的旅游业侵犯了当地夏威夷人民的自决权"。De Kadt（1994）引用了 Pfafflin（1987）的话："我们不想要旅游业。我们不需要你。我们不想被贬为仆人和舞者。我不想在夏威夷见到你们中的任何一个。没有无辜的游客。"这是一个明显的例子，这里对游客来说可能是天堂，但对当地人来说却变成了地狱。巴塞罗那的当地居民也表达了他们的担忧，他们的小镇已经成为一个狂欢的城市，市民还鼓励警方打击游客的反社会或攻击性行为（Tremlett，2005）。如今，在任何地方，男人和女人的聚会几乎都不受欢迎，尤其是在中欧和东欧的一些历史悠久的城市。甚至以"有趣"形象而闻名的英国海滨胜地，如黑谭市，也开始取缔据说有损该镇形象的男性和女性的聚会（Sims，2007）。泰国的满月派对是一个传奇，几乎没有人会不同意这样的说法。对游客来说，满月派对是一种乐趣，但与当地的环境和文化极不相称，见案例 11.1。

案例 11.1
泰国满月派对

"满月派对"始于 20 世纪 80 年代末（在 90 年代初发展壮大），当时一群游客认为泰国帕岸岛上的哈林海滩的月亮特别漂亮，于是他们开始在满月之夜庆祝。

如今每月有一到三万人参加满月派对。音乐由 DJ 组织——从迷幻和电子音乐到雷鬼音乐应有尽有。吞火者和变戏法的人也加入进来。

然而，满月派对开始被认为是过于享乐主义的派对，许多当地人被酗酒者和吸毒者冒犯。许多游客也成为罪犯的受害者，每年都有几个人因为吸毒而被关进泰国的监狱或者医院。

尽管如今满月派对给帕岸岛带来了经济利益，毫无疑问，还有一些吸引力，但是其仍然存在一些消极影响，如文化冲突、基础设施建设压力、犯罪率上升，以及其他一些不受欢迎的活动。岛上的大多数公民不参加岛上的活动，有些岛民想把游客赶走。然而，另一些人认为，最好是控制鼓励旅游业和经济增长的活动（应该指出，泰国总体上是比较宽容的国家）。这是许多地区的典型，在这些地区，旅游增长往往会分裂一个社区。游客和当地岛民的隔阂显而易见，尤其体现在哈林海滩的满月派对上。

未来，泰国政府和旅游部门似乎需要鼓励游客增强社会责任，阻止他们的冒险行为，比如禁止在满月派对上无限制地摄入酒精、咖啡因或其他高能量饮料。监管和惩罚可以用来控制买家和卖家，这有助于减少参加满月派对的游客发生危险行为的可能性。

（Wongkerd，2003）

旅游业的一个不可避免的事实是，文化变化主要发生在土著社会的传统、习俗和价值观念上，而不是发生在游客的传统、习俗和价值观念上。在大多数情况下，当地人的面貌不断变化，而游客的目的地也在不断变化。虽然有些旅游景点有淡季、旺季，但随着时间的推移，持续不断的游客人数会对东道国的社会和文化结构产生相当大的影响。在一些主要发展季节性旅游的国家（如希腊或土耳其），许多当地人过着分裂的生活，他们夏季在旅游胜地工作，冬季返回家园。这就意味着，社会中出现的文化变迁是一种文化漂移，而不是文化适应。人类学家几十年来一直在研究文化适应，人们认识到旅游业只是导致文化永久变化的众多因素之一。Mathieson 和 Wall（1992）区分了文化适应和文化漂移，认为文化漂移是宿主行为的表型变化，只有在与游客接触时才会发生，但游客离开后可能会恢复正常。基因型行为是一种更为持久的现象，在这种现象中，文化的变化代代相传。这很可能发生在发展非季节性旅游的地方，其影响十分普遍。

图 11-2　喀拉拉邦的渔民

（资料来源：Melvyn Smith）

11.5　文化旅游的影响

此前，文化旅游被认为是一种规模较小、更可持续的旅游形式，吸引了受教育程度更高、消费水平更高和更敏感的游客。

如 Smith 和 Richards（2013）所述：

> 文化游客不仅使目的地从经济上受益，而且因为他们对文化更加敏感和了解，这一观点隐含在他们对文化旅游的定位中，即何为"好的旅游"，他们反对那些看起来更轻浮或利润更低的旅游形式。

然而，大众文化旅游形式的快速增长，尤其是廉价航空公司所创造的文化旅游形式的普及，意味着欧洲的城市已经变得像西班牙的海滩一样拥挤和难以管理。同样明显的是，人们没能从原先的错误中吸取教训，于是泰国的一些岛屿和村庄似乎也在重蹈欧洲和其他西方国家的覆辙。遗产古迹被过度参观，社区的生活变得面目全非，有时变得更好，但更多时候变得更糟。Cros 和 McKercher（2015）列举了一些不可持续的文化旅游发展的负面影响：

- 过度使用（如城市拥堵、个人隐私丧失、城市中产阶级化和外迁、资源和空间竞争）
- 使用不足（如季节性、资金不足、参观不足）

- 误用（如不恰当地游览遗址、故意破坏）
- 文化商品化，丧失真实性和多样性
- 旅游全球化的影响（如旅游利润流向外部机构、文化财产的非法侵占、过多的外部影响导致的社会失忆）
- 规划有缺陷或缺失（规划不当的基础设施、不平衡的发展、与社区利益的权力平衡、游客的期望在社区之外的影响）

从 20 世纪 70 年代和 80 年代开始，关于文化旅游可持续性的许多文献倾向于关注社区和文化变化（Smith, 1989）。虽然这些工作中有很多负面影响的例子，但最近的人类学工作也开始讨论一些积极的方面（Macleod 和 Carrier, 2010）。典型的社会文化影响包括传统和仪式的商品化（如工艺品的商业化）、文化的同质化或标准化（如大规模复制）、示范效应（当地人模仿游客行为）和舞台真实性（当地人表演或生产文化纯粹是为了娱乐游客）。

游客对当地产品的过度需求会导致传统产品的大规模生产，从而产生文化商品化的效应。游客热衷观看或参与的传统活动也是如此。真实性成为一个关键问题，尤其是当仪式在与传统环境隔离的情况下进行时。然而，以被取代的仪式和活动等形式出现的"舞台真实性"已经变得普遍。虽然旅游体验的真实性有一定的重要性（如第 10 章所述），但更重要的是确保当地社区对自己作为表演者和艺人的角色感到舒适。这包括为达到促进旅游发展的目的，他们准备在多大程度上允许自己的文化商品化。当然，应该理解的是，一些宗教或精神文化习俗可能不符合游客的眼光。

表 11-3 概述了旅游对文化的主要影响。最小化负面影响和最大化正面影响，显然需要复杂的可持续旅游管理模式。管理者需要关注环境、特定社区的文化，甚至个人。一个社区的不同成员对游客和旅游发展的反应通常是不同的。这在传统社会中尤其如此——老年人对旅游业的热情可能不如年轻人高，男性不喜欢女性在旅游业中担任职位，或者说是不喜欢女性比他们挣得多。旅游业的发展可能会造成分裂，并且破坏整个社会和家庭的结构。虽然标准化和同质化在文化背景下似乎完全不受欢迎，但应该记住，许多游客喜欢一定程度的舒适和熟悉感，不习惯应对太多的"真实性"（即非常简陋的条件和不适）。跨文化交流显然是旅游发展的一个积极成果，但旅游者与当地人之间的关系仍然是不平等的，这很大程度上是非自发的，在时间和空间上是有限的。

表 11-3	旅游与文化变迁
旅游对文化的"积极"影响	旅游对文化的"消极"影响
提高当地社区及其文化的知名度	过度曝光当地社区及其文化
可以帮助当地居民加强文化认同	导致当地居民文化认同的丧失
保持传统的真实性	冲淡传统，鼓励舞台化的真实性
提供跨文化交流和相互教育的机会	可能导致文化冲突和不良示范效应
突出文化的独特性和多样性	造成文化的标准化和商业化
整个社区都能从旅游业中受益	由于旅游业的发展，可能会出现代际或性别冲突

（资料来源：Smith, 2015）

示范效果通常被认为是消极的。然而，当地居民在多大程度上能和旅游者一样有权利进入那些旅游景点，这个问题是富有争议的。在某些情况下，完全不发展旅游业可能更好，特别是在那些社区和家庭关系密切、居民已经有了自给自足的生计和良好的生活质量的地方。社区可能对旅游发展的前景充满热情，却不了解可能产生的影响。这些问题可以得到明智的解释，人们也可以做出明智的选择。

还应该记住的是，许多传统的东西经历了几个世纪后开始慢慢变化，当实践从一个环境或一代人转移到另一代人身上时，这些传统可能会得到进一步的适应。一些传统已经被遗忘，后来为了旅游而恢复，这可以说是一个好的结果。年轻人可以重新学习他们祖先的文化传统。在某些情况下，社区可能会更进一步"改进"传统，使其更有趣、更令人兴奋。Macleod（2013）讨论了"文化配置"的概念，它涉及对文化的有意操纵，即只呈现特定的维度。当地人想要展示的东西和游客真正想看的东西之间可能存在一些差异，并且当地人不应该被迫展示让他们感到不舒服的文化元素。案例 11.2 介绍了马里的旅游业与文化变迁。

案例 11.2
马里的旅游业与文化变迁

马里是世界上最贫穷的国家之一，但近年来它已经渐渐成为游客最青睐的旅游地，这得益于它的世界遗产——多贡村庄。多贡村庄被称为马里旅游的瑰宝，90% 的游客都为它而来。有趣的是，马里从 20 世纪 30 年代开始开放参观，游客从 80 年代才开始猛涨。2011 年，近 20 万名游客到访这个国家，每人每天至少花费 100 美元（Ford 和 Allen，2013）。多贡村庄因其坐落在近 200 千米长的悬崖上而闻名，悬崖上居住着大约 30 万居民。Baxter（2001）引用一位马里旅游官员的话说："多贡村庄的魅力在于它的不可接近性，这保护了文化和人民的真实性。"然而，随着游客数量的急剧增加，这种文化变得是否真实还存在争议。尽管多贡文化在历史上经受住了各种压力，但就文化变迁而言，旅游业已经被证明是更具有破坏性的。Craddock（2011）认为，"仪式的神圣性"已经被淡化，许多当地人甚至出售像雕像这样真正的文化艺术品。最重要的一个例子是戴面具的 Sigui 舞蹈，这种舞蹈传统上是按照希腊的宇宙观每隔 60 年秘密进行一次，多贡人认为面具最初来自希腊。理论上，下一次真正的 Sigui 舞蹈计划在 2020 年举行，但多贡人已经开始每天为游客表演了。Baxter（2001）引用了马里旅游官员的话："这就像你在机场看到的东西……旅游业使宗教仪式和神物雕刻不再神秘，侵蚀了它们所有的意义。"

不幸的是，马里经历了更大的危机，2009 年的游客绑架案和 2012 年的政变使它无人问津。2012 年只有近 1 万名游客到访马里，而 2011 年有近 20 万名游客前来游玩（Ford 和 Allen，2013）。许多当地人贫困绝望，他们失去了经济来源。虽然马里在文化上面临过度消费的危险，但没有旅游业显然也是不可持续的。

重要的是，把旅游业的影响同更广泛的社会、环境、技术等变化的影响分开几乎是不可能的。正如 Picard 和 Robinson（2006）所说，"尽管国际旅游业与全球化理论有关，但它只是更广泛的全球文化变化和相互变化过程的一部分"。这使得衡量可持续发展的旅游业极具挑战性。一些衡量可持续旅游的指标已经被制定出来,用于衡量对经济和环境的影响,但衡量对社会文化的影响更加困难,这需要大样本和纵向定性研究,但这些研究耗时长且昂贵,还需要基线数据,这种实验很难在旅游景区实际操作。

对社会和文化影响的可持续管理需要以社区为基础,让社区参与和控制决策,并发展积极参与决策所需的技能。然而,Picard(2013)认为,由于国际发展机构将社区的理想主义模型强加于社区,忽视了在当地范围内管理社区生活的社会关系,导致很少有社区运营的项目能够在经济上可行。马丘比丘的案例见案例11.3。

图 11-3 马丘比丘

(资料来源:Edward Smith)

案例 11.3
马丘比丘

马丘比丘是世界上吸引游客最多的文化遗产之一,每年约有 90 万名游客前去游览,它也是公认的"世界新奇迹"之一。马丘比丘生态系统多样,每天约有 2 500 名游客参观该遗址,但景区没有合理规划,政策不力,监测不足。因此,联合国教科文组织要求秘鲁政府修订其《世界遗产管理计划》。对于是否该限制参观游客的数量,还存在很大的争议。除了关于过度参观和准入问题的讨论,景区管理的主要挑战包括生态系统的脆弱性、印加古道退化、旅游业利润分配不均、分裂,以及社区收入不足。还有人担心旅游业会威胁到文化遗产和圣地的神圣性。有些秘鲁人甚至在为保护他们的文化而战。有人尝试去限定景区的游客数量,并对其进行规范。然而,对于马丘比丘每天能够容纳的游客数量还存在争议(一些人说 3 000 人,另一些人说 4 000 人)。最终,联合国教科文组织将这一数字限制在每天 2 500 人。人们认为，一个灵活的资源管理（ARM）框架可能对保护马丘比丘有帮助，这个框架的作用包括保护当地的生物多样性、防止自然环境退化、保护文化遗产、支持当地发展、增加经济效益和确保利益相关者的满意度。该框架包括客观指标（如物种数量、游客和当地人的口粮、旅游收入）和主观指标（如当地人对退化的看法、游客和管理者的满意度）。

（Larson 和 Poudyal，2012）

当然，游客被限制在与当地居民接触极少的"飞地"也并不罕见。有时候大多数游客，甚至是长期的背包客，都渴望西式的设施。因此，旅游目的地通常被迫迎合游客的口味，提供快餐、酒和品牌香烟。这不仅会造成经济流失，还会威胁到当地商品的生产——如果当地人也对西式产品产生偏好。就全包式度假酒店而言，其对当地经济几乎没有什么好处。但在某些方面，它会使社会文化的影响更容易管理，因为主客之间的接触是最小的，而且是可控的。这种关系不太自然，考虑到这种人为安排的性质和假期的长度，主客关系究竟在多大程度上是真正自发的或真实的值得怀疑。然而，在一些旅游目的地，全方位的度假开发需要一些干预。以冈比亚为例，冈比亚旅游局成立的目的是帮助当地建立一个更加有道德的和可持续的旅游业秩序。冈比亚旅游业近年来的主要矛盾之一是"反对全包假日运动"。由于全包假日的大部分费用都是在游客自己的国家支付的，这种形式的旅游不会给当地带来什么经济效益。的确，游客有可能在度假期间待在酒店里，不花一分钱参与当地的经济活动，也不与当地人接触。

11.6　使文化旅游的效益最大化

居住在旅游景点或度假村内的当地人必须被保证能够使用文化设施，这可能需要实行双重定价制度或确保当地人能够免费进入。当当地人和游客之间的关系紧张时，人们采取错峰进入的方法，但是很明显，这种隔离游客和当地人的做法对于巩固两者之间的关系并不是一个理想的方法（尽管它似乎在马尔代夫发挥了很好的作用，在该地，只有部分岛屿被开发出来发展旅游业，并且当地的群岛会限制游客的访问）。如果当地人认为这是适当的，可能会禁止游客进入某些文化设施或参与活动。同样，各国政府可能希望能在任何一个时间——如通过签发有限数量的签证——限制游客进入某些地区或目的地。

在某些情况下，当地导游可以扮演"文化经纪人"的角色，旅游经营者也可以在到达景区之前或到达景区时向游客分发信息指南和传单。尽管许多旅游目的地试图限制游客进入或以高价赶走不受欢迎的游客，但不应假定那些有钱的游客可能更有文化意识或更敏感。

许多旅游目的地实行选择性营销，以确保旅游业的发展保持小规模和适当性。这对欧洲许多历史悠久的城市来说是必要的。它还可以用来确保吸引特定的访问者。然而，这是一个微妙的平衡，因为那些花钱最多的游客，也就是对当地经济最有利的游客，未必对当地文化最感兴趣。例如，许多背包客更大程度地表现出对文化的兴趣和意识，但他们往往是低消费的游客。准入问题很难管理，特别是旅游业是一个增长的行业，而且随着市场多样化的发展，游客越来越喜欢访问较偏远的地方。然而，一些对环境更友好、对文化更敏感的旅游形式正在发展。生态旅游就是一个很好的例子。

文化旅游管理

值得注意的是，在文化旅游管理和规划领域，各个部门的管理理念大相径庭，这可能引发利益相关者之间的利益冲突，见表11-4。

表11-4　　　　　　　　　　　文化部门的不同优先事项

遗产	文物保存、解说、可达性、访客管理、教育、真实性
视觉艺术/博物馆	藏品管理、传译、展览管理、访客流量、访问、教育
表演艺术	观众开发、节目制作、观众体验
节日节目	制作、赞助、观众开发、人群管理
文化旅游	游客满意度、营销、影响管理
土著/民族/日常文化	所有权、咨询、解释、代表
娱乐中心	游客体验、景点管理
创意产业	娱乐、创业精神、分销、网络

本书较为详细地论述了文化管理的一个关键问题，即通过遗产和博物馆藏品来诠释和表现文化，这两者都是文化旅游产品的重要组成部分。这可能是文化旅游管理中最复杂、最敏感的领域之一。工人阶级、妇女、少数民族和土著人民的历史和遗产的代表性无疑是一项受欢迎的发展，因为当今时代确实需要采取更加包容、民主和参与性的文化发展方法。

因为人们正在努力使有价值的遗产的概念多样化，遗产领域也正在发生重大变化。重点被放在历史价值或"历史性"上，而不仅仅是遗址的美学。例如，世界遗产名录上的皇家宫殿、城堡和乡村住宅的主导地位已经发生了变化，工业遗产、属于土著人民或工人阶级的更多非物质形式的遗产已被列入其中。这是一个令人欣慰的发展，尽管有人担心世界遗产名录的完整性将在某种程度上受到这种发展的损害，但是这个举措很受人欢迎。当然，有人会说，世界遗产不仅应该是独一无二的，而且应该是令人敬畏的。因此，一个昔日的矿业景观能够在多大程度上与泰姬陵的灿烂辉煌相媲美呢？同样，这是一个一直富有争议的话题，但采取一种更包容、相对远离欧洲中心主义的做法是积极的。

遗产的"全球化"可以被视为不和谐的根源，特别是在当地人对遗产的所有权（集体或其他）和解释方面（Graham 等，2000）。Tunbridge 和 Ashworth（1996）强调了遗产身份与当地发展之间的不协调。对于将地方景点转变为全球旅游景点所带来的微妙的社会、文化和政治影响，需要进一步分析。Evans（2001）强调了需要协调国家和地方需求的全球遗产旅游管理：对世界以及发达国家和发展中国家的城市中有象征意义的遗产的关注应达到一个平衡——生活的品质，经济和物理上的可及性，将中产阶级化效果最小化，以及在保存遗产方面强加的"舞台真实性"。案例11.4介绍了中国的世界遗产。

案例 11.4

中国的世界遗产：本土/国际和东方/西方的挑战

世界上一些新兴文化旅游目的地的世界遗产面临着特殊的挑战。中国就是一个很好的例子，因为最初去参观这些世界文化遗产的国际游客不多。后来，随着中国的对外开放，国内游客也渐渐前来参观了。然而，自 20 世纪 80 年代中期以来，国际游客的数量不断增加，如何同时向国内和国际游客提供正确的讲解形式成为一个新的挑战。其中一个主要问题是，中国和西方游客对景点可能有非常不同的文化期望和看法。西方游客可能需要更多的文化信息，如需要新的解说和标识，而不是依赖于游客对中国文化的了解（通常不存在）。如果没人为他们提供信息，他们就不会理解某种颜色所代表的含义，或者一些神话的深层意义。

Li 和 Sofield（2006）注意到，在黄山景区也是这样的。在这里，针对中西方游客的不同理念在景点的管理上表现得非常明显。这样的景观对中国人来说具有相当大的文化和精神意义，而西方人可能仅仅把它看作一种自然景观。中国人更注重以人为本的价值观，认为在世界遗产范围内为游客提供设施和服务没有问题。另外，西方机构很难接受人为因素对景观的入侵。在中国，增加现有的遗产（如使用古老的书法艺术）可能被认为是可以接受的，因为这是一个持续的文化过程，而西方人往往把过去和现在分开。

对联合国教科文组织来说，"准入"显然是一个重要的概念，而该组织的任务之一就是让世界遗产尽可能广泛地向公众开放。然而，这可能会产生严重的问题，尤其是名单上的景点通常因知名度的提升而被列入旅游地图。虽然旅游业可以为当地提供有用的保护资金，但必须考虑的是，脆弱的遗址在多大程度上能够永远承受文化旅游的破坏。可持续性概念的提出部分是为了解决永久的问题。也就是说，有关遗产的考虑不仅是关于过去的，而且是关于现在和未来的。显然，如果当代人不能同时从遗产中受益，那么为后代保留遗产就没有什么意义了。然而，国际旅游业的发展产生了巨大的问题，尤其是对世界上一些"必看"的遗产来说，其中许多遗产已被列入世界遗产名录，它们必须注意在保护、准入和游客管理之间保持敏感的平衡。还有一个问题是当地社区及其与遗产地点的关系，特别是当它们碰巧身在其中时（如历史城镇或国家公园）。多重解释的问题显然也需要解决。

在匈牙利，世界遗产的标志在一定程度上给当地居民带来了困扰。Hodgson（2008）描述了匈牙利东北部著名的托卡伊葡萄酒产区的几个村庄如何考虑放弃它们在世界遗产名录中的位置。处于世界遗产名录中意味着，即使该地区失业率高，也无法建立工厂。因此，人们认为这种地位弊大于利。面对大众旅游，欧洲村庄往往难以保持自己的传统和身份。这方面的一个例子是匈牙利的世界遗产鸦石村，见案例 11.5。

案例 11.5

匈牙利鸦石村

鸦石村（Hollókö）是匈牙利北部的一个小村庄，在 1987 年被列为世界遗产。它是匈牙利的帕洛克族聚居地，但它也是许多衰落的欧洲乡村的典型代表。

鸦石村的中心位置是古老的村庄，有 55 座房屋、1 座古老的教堂和 1 座中世纪城堡的废墟。在 20 世纪 70 年代和 80 年代，大约有 40% 的人口（大多为年轻人）离开村庄谋求生计，寻求更好的生活。20 世纪 80 年代鸦石村才开始发展旅游业，部分原因是乡村房屋残缺不全。到 20 世纪 90 年代，鸦石村每年有 10 万到 12 万名游客到访，但游客大多只在村里待 2~3 个小时，很少有游客能够待更长的时间（Kovacs，2004）。然而，当地人口也急剧下降，许多居民现在居住在鸦石村的新城区。值得注意的是，在第二次世界大战后，年轻人逐渐在旧村的基础上建立了一个新的村庄，他们现在居住在这个新的村庄里。

到 2000 年，这个古老的村庄已经失去了一个"活着"的村庄的许多特征，只有大约 20 位老人住在那里。另外，大约 340 名当地居民住在没有受到保护的新村。

由于这个小社区是遗产不可或缺的组成部分，世界遗产管理计划（2004）需要帮助当地居民保护社区生活和建筑。然而，Kovacs（2004）指出，鸦石村的年轻人并不认为旅游业和保护传统有前途。相反，企业家往往来自乡村以外的地方。

Kovacs（2008）指出，在最初对鸦石村的管理中出现的问题就是关注建筑而不关注人。虽然世界文化遗产的地位可能帮助鸦石村发展，但它不能将村民留在村庄内工作，村庄在某种意义上成为一个"活的博物馆"。另外，游客表示他们对鸦石村很有兴趣。例如，Kovacs（2008）引用了游客的话语："在鸦石村我们玩得非常开心。""鸦石村是匈牙利的核心，这次旅程非常难忘。""在这里我们能获得简单的快乐，能在旅途中回到过去。""这是对遗产的赞颂和铭记。"

然而，所有这些评论都暗示着鸦石村并不是一个"活着"的村庄，而是对过去的纪念。旅游业使文化僵化，而不是推动了文化的动态变化。结论可能是，对游客有益的东西不一定对居民有益。然而，如果没有旅游业和世界遗产的地位，这个村庄可能就不复存在了。

许多世界遗产也成为它们自身成功的牺牲品（见案例 11.6）。

案例 11.6

英国巨石阵

巨石阵是英国威尔特郡的一处备受喜爱的旅游胜地，1986 年被列入世界遗产名录。它是被保留下来的史前遗迹，考古学家对它特别感兴趣，但也对现代德鲁伊教和"新时代"文化感兴趣，因为它被认为与凯尔特神秘主义有关。每年有超过 100 万的游客参观巨石阵，特别是在 7 月和 8 月，每天有多达 2 000 名游客到访（Mason 和 Kuo，2006）。尽管巨石阵名气很大，Baxter 和 Chippindale（2006）仍注意到：

巨石阵的历史和环境意义是比较好理解的，但在文化游客作为利益相关者的背景下，如何用一种可持续的方式管理世界文化遗产，还只是处于早期的研究阶段。

事实上，Baxter 和 Chippindale（2006），以及 Millar（2006）都引用了英国文化遗产名录在 2005 年对巨石阵的描述："一个国家的耻辱。"Chippindale 等（2014）指出，"在超过 30 年关于巨石阵远景规划的争论中，各种各样的方案相继提出，但每一个方案都未能满足其中一个或明或暗的标准。"管理巨石阵最大的问题是利益冲突，如谁拥有巨石阵，以及它不同的公共属性。交通拥挤造成了污染、震动、噪声和视觉干扰。大量的游客带来了停车场和游客设施的建设。从事保护工作的专业人士对该遗址受到的各种影响感到不满。石头由于游客的触摸和攀爬而受损，所以巨石阵现在开始管制参观人数。然而，游客们，尤其是新时代的游客们不满于他们无法近距离观看巨石，因为参观的范围在距离巨石 50 米左右的圆圈外。Millar（2006）认为巨石阵的问题之一是它作为史前遗迹而不是文化景观被列入世界遗产名录。后者将为其提供额外的盈利权利，如从交通和农业等周边活动中获利。

Chipindale 等（2014）讲述了 2013 年巨石阵管理条款是如何被重新设立的。一个新的游客中心在距离巨石阵 2.5 千米的地方建立，游客们可以乘坐火车往返其与巨石阵（大约 7 分钟）。英国遗产协会和国民信托公司已经在 2000 年的时候讨论过这个计划了。这一举措的成功与否还有待观察，但是对停车的规定已经被认为是远远不够的了。

在城市环境和历史城市中管理旅游业显然比单独地管理遗产地点更复杂。政策和规划需要纳入更广泛的城市发展背景，城市规划者、旅游开发商、自然资源保护主义者和当地居民之间的利益冲突需要得到解决。历史小镇有繁荣的工作社区，不应该被简单地视为历史景点，从而为了游客的利益被旅游或遗产产业变成"化石"或"活的博物馆"。历史城镇管理中产生的许多冲突往往难以解决。例如，城市设立行人专用区，可尽量减少交通拥堵和污染，有助于防止历史建筑被破坏，并可改善本地居民和游客的体验。然而，交通改道往往会给市中心以外的地方造成瓶颈——出租车和公共汽车的通行被减少，住宅区更加拥堵，污染也加剧了。这也会给当地商人和小镇中心的小企业带来麻烦，因为传统上，这些小企业依赖送货上门。诸如 ICOMOS、英国历史城镇论坛、欧洲历史城镇和地区协会等组织都积极参与到历史城镇可持续旅游的发展中。

在营销方面，许多历史悠久的城镇有时是迫不得已地进行营销，因为它们的中心变得过于拥挤，历史建筑受到威胁。被列入世界文化遗产的历史城镇往往会吸引更多的游客，因为它们的地位和全球形象得到了提高。许多城镇（如英国的剑桥）热衷于吸引少量高消费、受过良好教育的文化游客或商务游客，而不是低消费的背包客和语言学生。在游客/本地游客比例特别高的地方（如英国的坎特伯雷），本地居民对旅游业的好感可能会降低。意大利的威尼斯等城市几乎已经变成了"活的博物馆"，但游客数量仍没有下降的迹象。当地居民往往选择搬出市中心，而不是让自己成为旅游景点的一部分。解决季节性问题有时可以帮助缓解历史城镇一年中某些时段的拥堵，特别的活动、展览，或商业和会议旅游的发展可以帮助实现这一点。然而，发展非季节性旅游可能意味着当地居民一直得不到休息，这也是有争议的。

游客管理可以通过建立游客"通道"和信息中心来进行，这些"通道"和信息中心有助于通过提供选择过的信息来控制游客流量。导游服务亦有助于引导访客往某个方向走，以缓解热门景点的拥堵情况。在某些情况下，定时售票也可以将游客流限制在某一景点。自行或由导游引导的遗产小径或步行路线也被用来鼓励游客考虑其他路线和景点。Puczko 和 Ratz（2007）讨论了以步道、旅行路线或主题路线作为旅游产品的优势，因为它们可以：

- 以相对较小规模的投资开发
- 将游客对于旅游的需求在时间和空间上进行区分
- 促进旅游业未开发资源的利用
- 开发特定类型旅游的细分市场（如文化旅游、遗产旅游或葡萄酒旅游）

图 11-4　罗马文化遗产附近人们的生活

（资料来源：Laszlo Puczko）

虽然文化路线可以跨越不同国家（如欧洲文化路线），但对游客来说，在有限的时间和空间内选择的路径更实用。有时，一个城市可能会提供两三个不同的主题步道，试图将游客分散到城市的不同地区。

有人批评旅游业将遗产和博物馆部门变成一个纯粹的娱乐论坛。由于缺乏（往往严重缺乏）保护和管理收藏品的资金，文物遗址和博物馆被迫多样化地从事其他活动（如旅游或零售），而这往往是以牺牲其核心功能为代价的。这是一个严重的问题，我们应该提出的问题是，博物馆和文物遗址在多大程度上可以像主题公园或娱乐区那样被接受。毕竟，教育仍然有一席之地，特别是在文化旅游领域。再次强调，在这些景点的教育和娱乐功能之间取得平衡是关键的挑战。在遗产"不协调"的情况下，很难提供一种对各方都妥善的解释形式。在这种情况下，发展旅游业可能是不合适的，这些地方应该保留教育意义。

当然，不仅仅是在遗产和博物馆领域，与包容、准入和民主相关的问题已经成为一个主要的优先事项。越来越多的人担心，艺术传统上是精英主义的，其专注于所谓的高雅文化，对流行文化或大众文化不屑一顾。尽管许多大众文化形式（如流行音乐、时尚）比高雅艺术形式更容易创造收入，而高雅艺术总是需要补贴，但这更多的是一个需要改变大众态度的问题。后殖民主义的遗产导致许多社会中的多元文化主义和种族多样性日益增加，因此，这些群体的文化和艺术需要得到一些承认和支持。尽管诺丁山狂欢节等许多艺术活动都是在强大的社区基础上发展起来的，但它们未来的延续性高度依赖于资金和政治支持。这本书详细给出了许多以社区为基础的民族和少数民族的艺术活动和节日的例子。虽然这类活动并不总是欢迎大量的游客，但它可以帮助当地提高其国际地位，为社区提供一个改善形象的机会，并最终有可能增加地方的政治权力。从游客的角度来看，这样的事件是文化旅游产品中越来越具有吸引力的一部分。这种活动进入的障碍很少，许多是免费的，它们是参与性的，它们使参与者得以目睹真实的、土著的或民族的文化。当然，如果这些活动变得不那么自发，为了游客的利益而"上演"，那么它们将不可避免地失去其真实性，最终失去吸引力。然而，对于狂欢节来说，这类活动大多还是自发的，主要是因为它们通常是为了庆祝某个特定的现象或时刻而发生。

关于艺术在其他方面的用途，如作为使城市重振的工具，也有许多争论。许多城市都建立了以艺术和相关活动为基础的文化区或"旗舰"项目。它甚至达到了这样一个阶段——博物馆或画廊的内容在某种程度上变得不那么重要，而建筑作为重振和吸引投资的催化剂的潜力更重要。有人批评毕尔巴鄂的古根海姆美术馆和伦敦的泰特现代美术馆（Tate Modern）就是这种现象的例子。当然，艺术不应该总是被认为是经济或商业发展的工具，这只不过是政府遗留下来的问题，政府基本上不愿资助艺术，这迫使它们不得不依赖商业赞助或旅游业生存。在此过程中，艺术内容不可避免地会以某种方式受到损害。

11.7　结论

许多资本主义社会，特别是欧洲的资本主义社会，目前正经历着巨大的动荡，环境、政治、经济和社会制度都出现了明显的危机。世界似乎正处于一个转折点，人类需要承认其行为的后果，并对生命、人类同胞和地球承担更大的责任。社会和文化变革是必要的，旅游业可能是交流可持续价值的工具之一。然而，与早期的旅游和文化变迁理论相反，游客可以从东道国社区学到很多关于可持续生活与保护自然和文化资源的知识。

讨论问题

1. 文化旅游的主要影响是什么？可以采用什么技术来管理文化旅游？

2. 你同意许多文化旅游目的地和景点因自身的成功而成为受害者的观点吗？举例说明。

3. 我们如何保护文化而不使其变成"化石"？我们如何在不失去传统的情况下创造积极的文化变革？

建议阅读目录

DuCros，H. and McKercher，B.（2015）Cultural Tourism，London：Routledge（see Chapter 2 on sustainable cultural tourism）.

Fullagar，S.，Markwell，K. W. and Wilson，E.（2012）Slow Tourism Experiences and Mobilities，Clevedon：Channel View.

Hall，C. M.，Gössing，S. and Scott，D.（2015）The Routledge Handbook of Tourism and Sustainability，London：Routledge（for general tourism）.

在写本书的时候，文化旅游似乎比以往任何时候都发展得更快，或者至少，文化被定义得比以往任何时候都更广泛！不管怎样，都更有必要考虑不同类型的文化旅游对文化遗产、旅游目的地和当地居民的影响。虽然有些作者可能会说，没有必要进一步细分文化旅游，但本书认为各类文化旅游（如遗产、艺术、本土文化旅游）都有其需要解决的管理问题，每种文化游客都有其不同的特点和动机。越来越多的人可以接触到文化旅游，能够到达世界上最美妙的地方是个好消息。Palmer 和 Richards（2010）认为，文化现在是一种理性的商品，可以由很多人分享，而不是由少数精英独享。当这本书的第一版在 2003 年出版的时候，人们还在争论文化之间是否有孰 "高" 孰 "低" 的问题，但是文化和旅游的民主化进程已经减少了问这些问题的必要性。这一进程包括：将人们的日常生活纳入文化旅游的定义中；将世界遗产名录的覆盖范围从以欧洲为中心扩大到世界各地；强调非物质文化遗产；推广流行文化；强调工业城市和景点的旅游价值。

诚然，文化的变化更有可能影响到景区的居民（他们可能永远不会去旅游），而不是游客本身，所以文化旅游在这个意义上并不完全是 "民主的"。尽管新技术和体验经济在增长，但必须承认，全球化和 "经济发展" 在世界各地的分布仍然非常不均。即使是西方社会也在经济和社会方面和过去一样呈现两极分化，可以说，要实现真正的民主和包容，它们还有很长的路要走。在世界其他地区，许多当地居民几乎无法生存。旅游业被政府抛弃或遏制，就像彩虹尽头看得见摸不着的装着黄金的保险箱。

然而，当地居民的真实生活仍然吸引着许多文化游客，贫困并不是障碍，这可以从贫民窟或乡镇旅游业的例子中看出来。不幸的是，对当地人来说，在偏远和脆弱的地方追求 "普通" 和 "日常" 文化，可能比追求必看的城市或古迹更令人不安和具有破坏性。即使当地人似乎欢迎这种旅游形式，他们也可能没有意识到它会带来一些问题。本书的几个案例研究表明，旅游发展，特别是土著居民区的旅游发展，极大地加剧了代际和性别冲突。尽管其他全球因素可能已经对他们的生活方式和传统产生了重大影响，但可以说，本土文化旅游造就了最重要的影响和变化。然而，文化体验可能随时随地发生，而且不可能是按计划进行的。各种形式的旅游都可能产生许多自发的文化邂逅。因此，无论到哪里，游客都不可避免地是文化变迁的推动者。很明显，文化独立于旅游业而存在，当居民们想要过上充满活力和进步的生活，不受文化僵化的影响或被贴上 "遗产景点" 的标签时，传统应该被保护到什么程度，这一直是一个值得思考的问题。西方机构真的应该剥夺发展中国家人民改善生活方式的机会吗？哪怕是以牺牲传统和 "遗产" 为代价？

文化旅游（像所有形式的旅游一样）包含了全球化进程中所有相互矛盾的元素，是一把双刃剑。它在给景区和当地人带来广受欢迎的经济利益的同时，也会毁坏他们的生存之地，剥夺他们的传统。等人们意识到这种情况就太晚了。因此，在作出决定之前，当地人需要了解其他类似旅游景点的情况，以及旅游发展对当地的影响。另外，决定并不总是由他们来做。像全球的所有产业一样，旅游业主要由大公司和来自发达国家的西方游客主导。因此，它经常被描述为一种新形式的帝国主义也就不足为奇了。各国政府发展旅游业的原因很简单，那就是旅游业似乎为该国的经济困境提供了一个"快速解决方案"，并有可能为它们提供进入全球舞台的机会。但是，它们并没有考虑到这种发展所带来的长期问题，而且旅游业产生的收入也没能用于投资当地。同样重要的是，要考虑旅游业或自然保护能在多大程度上像医疗或教育一样真正让当地人受益，甚至产生更多的益处。医疗和教育有可能不会得到重视，因为它们通常是政府资助的，而旅游业会带来私人投资和商业化。但问题是，这种造福当地人民，而不仅仅是造福政府收入的开发项目能走多远？国际组织可以对政府施加压力，但遗憾的是，它们的影响力太有限了。

在发达国家，包括快速发展的金砖四国（BRIC），许多游客将到国外感受不同的文化作为他们日常生活的一部分，这也是标准的全球化过程。矛盾的是，尽管网络世界为人们提供了几乎能在任何时候逃离现实的机会，但这却导致了旅游需求的显著增长，而不是下降。旅游和文化旅游显然仍是增长的行业，尽管家庭娱乐革命被认为会增加人们"宅"的欲望。愤世嫉俗者可能会说，人们对自己创造的世界并不满意，他们实在太急于尽早逃离现实生活，并"摆脱一切"。巧合的是，随着工作时间的增加，人们的压力也在上升，而且人们会越来越作茧自缚于自己发明的科技和通信工具。然而，一些土著居民热衷于保护他们的文化和传统，这些文化和传统包括他们与自然、与自己的和睦相处。有时这甚至会让游客羡慕不已，因为他们对当地的生活有着浪漫的看法。因此，越来越多的西方游客开始"回归自然"，或者追求精神上的满足也就不足为奇了。"慢旅游"现象的发展也反映了这一点。

然而，世界上许多发达国家和发展中国家的公民都充分接受技术革命。技术可以被看作促进旅游发展的一种方式（预订酒店的互联网革命就是一个简单的例子，还有更快、更便宜的交通），这有助于创造更多的旅游体验形式。没有高科技的发展，就不会有第10章所讨论的主题公园和模拟景点，这些都是世界上最受欢迎的旅游产品。在博物馆和画廊里，互动性和方便游客的解说方式将会减少。虽然对于人工景点在多大程度上是文化旅游的一部分仍有争议，但人造的"国家"或"世界"对那些没有时间或金钱去看真实世界的人有极大的吸引力！拉斯维加斯就是最好的例子。

Sigala（2005）描述了新媒体和技术促进文化旅游发展的各种方式，如文化遗产景点的"网页化"，以及由文化从业者、游客和教育者创建的虚拟社区。多媒体信息系统允许创造和促进新的文化体验，如聊天室、网络论坛和新闻组，它们可以是实时的和交互式的。访问者可以在访问前或访问后获得大量的信息。互联网上出现了大量的旅游博客，包括 TripAdvisor 这样的网站，这些博客为同一地点的其他游客提供了"真实"的信息。尽管这些都不是官方消息来源，但它们往往为游客提供了一幅比光鲜亮丽的旅游宣传更现实、更平衡的画面，而宣传通常没有提到目的地或体验的任何负面因素。这意味着旅游运营商不得不彻底改变它们的经营方式。住宿行业目前正在努力应对爱彼迎（Airbnb）和"沙发客现象"。独立旅行也呈指数增长。事实上，许多游客在假期中可能只是短暂的文化游客。捕捉这种流动的、快速变化的数据是一个越来越大的挑战，许多研究人员现在正求助于"网络图像"方法来收集数据。

自2003年本书第一版出版以来，文化旅游发生了翻天覆地的变化。它的定义更加宽泛，更加民主，更加不具有"路标式"的特征，更独立，更具互动性、体验性和创造性。随着可持续发展意识的提高，尽管游客的数量也在同步增长，但可以说许多地方管理得更好。如果管理得当，文化旅游可以成为某种灵丹妙药——不仅对于那些渴望体验文化差异的富有的西方人是如此（他们想要自己在身体、精神或灵魂上得以升华），对于那些需要另一种经济发展方式才能生存的社会也是如此。因此，尽管 Williams（1958）认为文化是普通的，但只要具备适当的条件，文化旅游有可能真正变得非凡。

参考文献

所有网站地址在访问时是正确的,但现在其中一些可能已不复存在,不过资料来源仍然被认为是有价值的。

ACE Cultural Tours (2014) www. aceculturaltours. co. uk (accessed 15 December 2014).

ACOF (Australian Camp Oven Festival) (2015) http://acof. com. au/about (accessed 13 January 2015).

Adair,G. (1992) The Postmodernist Always Rings Twice: Reflections on Culture in the 90s, London: Fourth Estate.

Adams,R. (1986) A Book of British Music Festivals,London: Robert Royce.

Adorno,T. W. (2001) The Culture Industry: Selected Essays on Mass Culture, London: Routledge.

Adorno,T. W. and Horkheimer,M. (1979) Dialectic of Enlightenment,London: Verso (first published in 1947).

Aglietti,S. (2013) 'Tourism in Rwanda: Genocide memorials as well as gorillas', Fox News, 1 August, www. foxnews. com/world/2013/08/01/tourism-in-rwanda-genocide-memorials-aswell-as-gorillas (accessed 13 January 2015).

Aiesha,R. and Evans,G. (2007) 'VivaCity: Mixed-use and urban tourism', in Smith, M. K. (ed.) Tourism,Culture and Regeneration,Wallingford: CABI,pp. 35-48.

Aitchison,C. , MacLeod, N. E. and Shaw, S. J. (2000) Leisure and Tourism Landscapes: Social and Cultural Geographies,London: Routledge.

Alaska Wilderness Recreation and Tourism Association (AWRTA) (2009) www. awrta. org (accessed 3 February 2009).

Alcatraz (2015) www. history. com/topics/alcatraz (accessed 12 April 2015).

Ali,Y. (1991) 'Echoes of empire: Towards a politics of representation', in Corner,J. and Harvey,S. (eds) Enterprise and Heritage: Crosscurrents of National Culture,London: Routledge, pp. 194-211.

Alleyne-Dettmers,P. T. (1996) Carnival: The Historical Legacy,London: Arts Council of England.

Anderson,C. (1995) Our ManIn . . . ,London: BBC Books.

Angeloni,S. (2013) 'Cultural tourism and the well-being of the local population in Italy', Theoretical and Empirical Researches in Urban Management,8(3),August,pp. 17-31.

Aoyama, Y. (2009) 'Artists, tourists, and the state: Cultural tourism and the flamenco industry in Andalusia, Spain', International Journal of Urban and Regional Research, 33(1), March,pp. 80-104.

Appleton, J. (2006) 'UK museum policy and interpretation: Implications for cultural tourism', in Smith, M. K. and Robinson, M. (eds) Cultural Tourism in a Changing World: Politics, Participation and (Re) presentation, Clevedon: Channel View, pp. 257-270.

Architecture in Rotterdam (2015) www. architectuurinrotterdam. nl/cms. php? cmsid = 50andlang = en (accessed 12 February 2015).

Arlidge, J. and Wintour, P. (2000) 'How the Dome dream collapsed', The Guardian, Sunday 6 February.

Arnold, M. (1875) Culture and Anarchy, London: Smith, Elder.

Arnold, N. (2001) 'Festival tourism: Recognising the challenges, linking multiple pathways between global villages of the new century', in Faulkner, B. , Laws, E. , Moscardo, G. and Faulkner, H. W. (eds) Tourism in the 21st Century: Reflections on Experience, London: Continuum, pp. 130-157.

ATLAS (2007) ATLAS Cultural Tourism Research Project, Tram Research, www. tram-re-search. com/atlas/aboutproject. htm (accessed 10 March 2008).

Aytar, V. and Rath, J. (eds) (2012) Selling Ethnic Neighborhoods: The Rise of Neighborhoods as Places of Leisure and Consumption, New York: Routledge.

Azara, I. and Crouch, D. (2006) 'La Cavalcata Sarda: Performing identities in a contemporary Sardinian festival', in Picard, D. and Robinson, M. (eds) Festivals, Tourism and Social Change: Remaking Worlds, Clevedon: Channel View, pp. 32-45.

Bakhtin, M. (1965) Rabelais and his World, Cambridge: MIT Press.

Ballantyne, R. , Hughes, K. , Ding, P. and Liu, D. (2014) 'Chinese and international visitor perceptions of interpretation at Beijing built heritage sites', Journal of Sustainable Tourism, 22 (5), pp. 705-725.

Barber, B. (1992) Jihad vs. McWorld, March, www. theatlantic. com/doc/199203/barber (accessed 26th January 2009)

Barber, B. (1995) Jihad vs McWorld, New York: Times Books.

Barnett, S. (1997) 'Maori tourism', Tourism Management, 18 (7), pp. 471-473.

Baudrillard, J. (1988) Selected Writings, ed. M. Poster, Cambridge: Polity Press.

Bauman, Z. (1998) Globalization: The Human Consequences, Oxford: Blackwell.

Bauman, Z. (2011) Culture in a Liquid Modern World, Cambridge, UK: Polity Press.

Baxter, I. and Chippindale, C. (2006) 'Managing Stonehenge: The tourism impact and the impact on tourism', in Sigala, M. and Leslie, D. (eds) International Cultural Tourism: Management, Implications and Cases, Oxford: Butterworth Heinemann, pp. 137-150.

Baxter, J. (2001) 'Mali: What price tourism?', Monday 16 April, BBC News, http:// news. bbc. co. uk/2/hi/africa/1280076. stm (accessed 8 February 2009).

Bayles, M. (1999) 'Tubular nonsense: How not to criticise television', in Melzer, A. M. , Weinberger, J. and Zinman, M. R. (eds) Democracy and the Arts, Ithaca and London: Cornell University Press, pp. 159-171.

BBC News Asia（2014）'Gangnam Style music video "broke" YouTube view limit', 4 December, www. bbc. com/news/world-asia-30288542（accessed 2 February 2015）.

BCN（2015）http://blog. wegobcn. com/en/wegobcn-barcelona-2015（accessed 12 February 2015）.

Beeck, S.（2003）Parallel Worlds. Theming: Analysis of a Method of Visual Communication for Semantic Programming, Related to the Context of Architecture and City Building in the 21st Century, Doctoral dissertation, University of Karlsruhe.

Beeton, S.（2005）Film-Induced Tourism, Clevedon: Channel View.

Binkhorst, E. and Den Dekker, T.（2009）'Agenda for co-creation tourism experience research', Journal of Hospitality Marketing and Management, 18（2）, pp. 311-327.

Biran, A., Poria, Y. and Oren, G.（2011）'Sought experiences at（dark）heritage sites', Annals of Tourism Research, 38（3）, pp. 820-841.

Black, G.（2005）The Engaging Museum: Developing Museums for Visitor Involvement, London: Routledge.

Black History Month（2015）www. blackhistorymonth. org. uk（accessed 15 February 2015）.

Blakey, M.（1994）'American nationality and ethnicity in the depicted past', in Gathercole, P. and Lowenthal, D.（eds）The Politics of the Past, London: Routledge, pp. 38-48.

Blichfeldt, B. S, Chor, J. and Milan, N. B（2013）'Zoos, sanctuaries and turfs: Enactments and uses of gay spaces during the holidays', International Journal of Tourism Research, 15, pp. 473-483.

Bohol Tourism（2009）'Eco-cultural tourism', www. boholtourismph. com/（accessed 12 Junc 2015）.

Boissevain, J.（1997）'Problems with cultural tourism in Malta', in Fsadni, C. and Selwyn, T.（eds）Sustainable Tourism in Mediterranean Islands and Small Cities, London: MED-CAMPUS, pp. 19-29.

Boniface, P. and Fowler, P. J.（1993）Heritage and Tourism in 'the Global Village', London: Routledge.

Boorstin, D.（1964）The Image: A Guide to Pseudo-Events in America, New York: Harper and Row.

Booth, K.（2014）'The democratization of art: A contextual approach', Visitor Studies, 17（2）, pp. 207-221.

Booyens, I.（2010）'Rethinking township tourism: Towards responsible tourism development in South African townships', Development Southern Africa, 27（2）, pp. 273-287.

Bourdieu, P.（1984）Distinction: A Critique of the Judgement of Taste, London: Routledge.

Bourdieu, P.（1996）The Rules of Art, Cambridge: Polity Press.

Boyd, N. A.（2011）'San Francisco's Castro district: From gay liberation to tourist destination', Journal of Tourism and Cultural Change, 9（3）, pp. 237-248.

Boyd, S. and Timothy, D. (2002) Heritage Tourism, London: Prentice Hall.

Brah, A. (1996) Cartographies of Diasporas: Contesting Identities, London: Routledge.

Branson Tourism (2015) www. branson. com (accessed 13 February 2015).

Breitbart, M. and Stanton, C. (2007) 'Touring templates: Cultural workers and regeneration in small New England cities', in Smith, M. K. (ed.) Tourism, Culture and Regeneration, Wallingford: CABI, pp. 111-122.

Brick Lane Festival (2006) Evaluation Report, www. equal works. com/resources/content-files/3449. pdf (accessed 2 February 2009).

British Foreign and Commonwealth Office (2015) Foreign Travel Advice, www. gov. uk/foreigntravel-advice (accessed 13 January 2015).

Brown, M. F. (2003) 'Safeguarding the intangible', Cultural Commons, November, http://web. williams. edu/AnthSoc/native/Brown_SafeguardingIntangible2003. htm (accessed 12 June 2015).

Bruce, D. (2013) 'The nineteenth-century "golden age" of cultural tourism: How the beaten track of the intellectuals became the modern tourist trail', in Smith, M. K. and Richards, G. (eds) The Routledge Handbook of Cultural Tourism, London: Routledge, pp. 11-18.

Bruggeman, S. C. (2012) 'Reforming the carceral past: Eastern State Penitentiary and the challenge of the twenty-first-century prison museum', Radical History Review, 113, pp. 171-187.

Bryce, D., Curran, R., O'Gorman, K. and Taheri, B. (2015) 'Visitors' engagement and authenticity: Japanese heritage consumption', Tourism Management, 46, pp. 571-581.

Burgold, J., Frenzel, F. and Rolfes, M. (2013) 'Editorial: Observations on slums and their touristification', Die Erde, 144(2), pp. 99-104.

Burns, P. M. (1999) An Introduction to Tourism and Anthropology, London: Routledge.

Burr, A. (2006) 'The "Freedom of the Slaves to Walk the Streets": Celebration, spontaneity and revelry versus logistics at the Notting Hill Carnival', in Picard, D. and Robinson, M. (eds) Festivals, Tourism and Social Change: Remaking Worlds, Clevedon: Channel View, pp. 84-98.

Busby, G. and Klug, J. (2001) 'Movie-induced tourism: The challenge of measurement and other issues', Journal of Vacation Marketing, 7(4), pp. 316-332.

Butcher, J. (2001) 'Cultural baggage and cultural tourism', in Innovations in Cultural Tourism, Proceedings of the 5th ATLAS International Conference, Rethymnon, Crete, 1998, Tilburg: ATLAS, pp. 11-18.

Butler, R. and Hinch, T. (eds) (1996) Tourism and Indigenous Peoples, London: International Thomson Business Press.

Butler, R. and Hinch, T. (eds) (2007) Tourism and Indigenous Peoples: Issues and Implications, Oxford: Butterworth-Heinemann.

Butler, S. (2010) 'Should I stay or should I go? Negotiating township tours in post-apartheid south Africa', Journal of Tourism and Cultural Change, 8, pp. 15-29.

Butler, S. R. (2012) 'Curatorial interventions in township tours: Two trajectories', in

Frenzel, F., Koen, K. and Steinbrink, M. (eds) Slum Tourism. Poverty, Power and Ethics, New York: Routledge, pp. 215-231.

Cabot, V. (2009) 'Jews everywhere-and nowhere: Remembrance, remorse stimulate Polish Jewish revival', Jewish News of Greater Phoenix, www.jewishaz.com/jewishnews/980417/jews.shtml (accessed 6 February 2009).

Calver, S. J. and Page, S. J. (2013) 'Enlightened hedonism: Exploring the relationship of service value, visitor knowledge and interest, to visitor enjoyment at heritage attractions', Tourism Management, 39, pp. 23-36.

Candida-Smith, R. (ed.) (2002) Art and the Performance of Memory: Sounds and Gestures of Recollection, London: Routledge.

Carlson, M. (1996) Performance: A Critical Introduction, London: Routledge.

Carnegie, E. (1996) 'Trying to be an honest woman: Making women's histories', in Kavanagh, G. (ed.) Making Histories in Museums, London: Leicester University Press, pp. 54-65.

Carnegie, E. and Smith, M. K. (2006) 'Mobility, diaspora and the hybridisation of festivity: The case of the Edinburgh Mela', in Picard, D. and Robinson, M. (eds) Festivals, Tourism and Social Change: Remaking Worlds, Clevedon: Channel View, pp. 255-268.

Castro-Gomez, S. (2001) 'Traditional vs. critical cultural theory', Cultural Critique, 49 (autumn), pp. 139-154.

Cave, J., Ryan, C. and Panakera, C. (2007) 'Cultural tourism product: Pacific Island migrant perspectives in New Zealand', Journal of Travel Research, 45, pp. 435-443.

Chacko, E. (2013) 'La Fiesta DC: The ethnic festival as an act of belonging in the city', Journal of Intercultural Studies, 34(4), pp. 443-453.

Chacko, H. E. and Schaffer, J. D. (1993) 'The evolution of a festival-Creole Christmas in New Orleans', Tourism Management, 14, pp. 475-482.

Chan T. W. and Goldthorpe J. H. (2005) 'The social stratification of theatre, dance and cinema attendance', Cultural Trends, 14(3), 55, pp. 193-212.

Chappel, S. and Loades, G. (2006) 'The Camp Oven Festival and Australian identity', in Picard, D. and Robinson, M. (eds) Festivals, Tourism and Social Change: Remaking Worlds, Clevedon: Channel View, pp. 191-208.

Chen, Y. (2007) 'Regeneration and sustainable development in China's transformation', ENHR Sustainable Urban Areas International Conference, Rotterdam, 25-28 June.

Chippindale, C., Gosden, C., James, N., Pitts, M. and Scarre, C. (2014) 'New era for Stonehenge', Antiquity, 88, pp. 644-657.

Cirque du Soleil (2009) www.cirquedusoleil.com/ (accessed 27 January 2009).

Cloquet, I. and Diekmann, A. (2015) 'Discovering or intruding? Guided tours in the ethnic district Matonge in Brussels', in Diekmann, A. and Smith, M. K. (eds) Ethnic and Minority Cultures as Tourist Attractions, London: Routledge, pp. 41-59.

Coelho, P. (2011) Aleph, London: HarperCollins.

Cohen, D. (2006) 'The battle of Brick Lane', Evening Standard, 25 July.

Cohen, E. (1988) 'Authenticity and commoditization in tourism', Annals of Tourism Research, 15, pp. 371-386.

Cohen, E. and Cohen, S. (2012) 'Authentication: hot and cool', Annals of Tourism Research, 39(3), pp. 1295-1314.

Cohen-Hattab, K. and Shoval, N. (2007) 'Tourism development and cultural conflict: The case of "Nazareth 2000"', Social and Cultural Geography, 8(5), October, pp. 701-717.

Collins, J. (2006) 'Ethnic precincts as contradictory tourist spaces', in Rath, J. (ed.) Tourism, Ethnic Diversity and the City, London and New York: Routledge, pp. 52-67.

Collins, J. (2015) 'Chinatowns as tourist attractions in Australia', in Diekmann, A. and Smith, M. K. (eds) Ethnic and Minority Cultures as Tourist Attractions, London: Routledge, pp. 149-162.

Comunian, R. and Mould, O. (2014) 'The weakest link: Creative industries, flagship cultural projects and regeneration', City, Culture and Society, 5, pp. 65-74.

Conforti, J. M. (1996) 'Ghettos as tourism attractions', Annals of Tourism Research, 23(4), pp. 830-842.

Convict Creations (2009) 'Does Australia need a national identity?' www. convictcreations. com/research/identity. htm (accessed 26 January 2009).

Cortijo Romero (2015) www. cortijo-romero. co. uk (accessed 12 February 2015).

Craddock, A. (2011) 'Rebuilding tourism in Mali', Think Africa Press, 19 August, http://thinkafricapress. com/mali/rebuilding-tourism-mali (accessed 18 September 2013).

Craik, J. (1994) 'Peripheral pleasures: The peculiarities of post-colonial tourism', Culture and Policy, 6(1), pp. 153-182.

Craik, J. (1997) 'The culture of tourism', in Rojek, C. and Urry, J. (eds) Touring Cultures, London: Routledge, pp. 113-136.

Creamer, H. (1990) 'Cultural resource management in Australia', in Gathercole, P. and Lowenthal, D. (eds) The Politics of the Past, London: Unwin Hyman, pp. 130-139.

Creative Tourism New Zealand (2009) www. creativetourism. co. nz (accessed 7 February 2009).

Crick, M. (1988) 'Sun, sex, sights, savings and servility', Criticism, Heresy and Interpretation, 1, pp. 37-76.

Csikszentmihalyi, M. (1997) Creativity: Flow and the Psychology of Discovery and Invention, London: Harper Perennial.

Cummins, A. (1996) 'Making histories of African Caribbeans', in Kavanagh, G. (ed.) Making Histories in Museums, London: Leicester University Press, pp. 92-104.

Cyprus Agrotourism Company (2004) www. agrotourism. com. cy (accessed 13 February 2009).

Dance Holidays (2015) www. clubdanceholidays. com (accessed 12 February 2015).

Dann, G. (1996) 'Images of destination people in travelogues', in Butler, R. and Hinch, T. (eds) Tourism and Indigenous Peoples, London: International Thomson Business Press, pp. 349-375.

Dapkus, L. (2006) 'Lithuanians jeer symbols of communist past at "Stalin's World" theme park', Associated Press, 5 May, www. usatoday. com/travel/destinations/2006-05-05-stalins-world _x. htm (accessed 28 January2009).

Davidson, L. and Sibley, P. (2011) 'Audiences at the "new" Museum: Visitor commitment, diversity and leisure at the Museum of New Zealand Te Papa Tongarewa', Visitor Studies, 14 (2), pp. 176-194.

Davis, M. (2007) Planet of Slums, London: Verso.

De Botton, A. (2002) The Art of Travel, London: Hamish Hamilton.

De Brito, S. (2008) 'This is our story', The Guardian, Saturday 20 December (accessed 11 February 2009).

De Certeau, M. (1988) The Practice of Everyday Life, California: University of California Press.

De Kadt, E. (1994) 'Making the alternative sustainable: Lessons from development for tourism', in Smith, V. L. and Eadington, W. R. (eds) Tourism Alternatives: Potentials and Problems in the Development of Tourism, Chichester: John Wiley and Sons, pp. 47-75.

De Vidas, A. A. (1995) 'Textiles, memory and the souvenir industry in the Andes', in Lanfant, M. , Allcock, J. B. and Bruner, E. M. (eds) International Tourism: Identity and Change, London: Sage, pp. 67-83.

Deacon, II. (2004) 'Intangible heritage in conservation planning: The case of Robben Island', International Journal of Heritage Studies, 10 (3), pp. 309-319.

Deacon, H. (2012) 'Rediscovering our stories-intangible cultural heritage in South Africa', www. goethe. de/ins/za/prj/wom/inw/enindex. htm (accessed 13 January 2015).

Department for Culture, Media and Sport (DCMS) (1998) Creative Industries Mapping Document, London: DCMS.

Department for Culture, Media and Sport (DCMS) (2001) The Creative Industries Mapping Document 2001, London: DCMS.

Department for Culture, Media and Sport (DCMS) (2004) Culture at the Heart of Regeneration, June, London: DCMS.

Dickinson, J. and Lumsdon, L. (2010) Slow Travel and Tourism, London: Routledge.

Dicks, B. (2003) Culture on Display: The Production of Contemporary Visitability, Maidenhead: Open University Press.

Diekmann, A. and Chowdhary, N. (2015) 'Slum dwellers' perceptions of tourism in Dharavi, Mumbai', in Diekmann, A. and Smith, M. K. (eds) Ethnic and Minority Cultures as Tourist Attractions, London: Routledge, pp. 112-126.

Diekmann, A. and Hannam, K. (2012) 'Touristic mobilties in India's slum spaces', Annals of Tourism Research, 39(3), pp. 1315-1336.

Diekmann, A. and Maulet, G. (2009) 'A contested ethnic tourism asset: The case of Matonge in Brussels', Tourism, Culture and Communication, 9(1), pp. 93-106.

Diekmann, A. and Smith, M. K. (eds) (2015) Ethnic and Minority Cultures as Tourist Attractions, London: Routledge.

Dimaggio, P. and Useem, M. (1978) 'Social class and artsconsumption: The origin and consequences of class differences in exposure to the arts in America', Theory and Society, 5, pp. 141-161.

Dimon, J. (2008) Stalin World in Lithuania, 26 March, www. wordtravels. tv/articles. php? articleid=48 (accessed 26 January 2009).

Dirlik, A. (1999) 'Is there history after Eurocentrism? Globalism, postcolonialism, and the disavowal of history', Cultural Critique, 42 (spring), pp. 1-34.

Dobszay, J. (2008) 'A sebek helye', 23 August, HVG, Hungary.

Dolnicar S. (2002) Activity-Based Market Subsegmentation of Cultural Tourists, Proceedings of the 12th International Research Conference for the Council of Australian University Tourism and Hospitality Education (CAUTHE), Fremantle, Western Australia, 6-9 February, http://ro. uow. edu. au/commpapers/266 (accessed 9 April 2009).

Dubailand (2015) www. dubailand. ae (accessed 21 February 2015).

Du Cros, H. and McKercher, B. (2015) Cultural Tourism, London: Routledge.

Dudutki. com (2015) 'Agritourism in Slovakia', www. dudutki. com/217/agritourism-slovakia. html (accessed 23 February 2015).

Durrans, B. (1988) 'The future of the other: Changing cultures on display in ethnographic museums', in Lumley, R. (ed.) The Museum Time Machine, London: Routledge, pp. 144-169.

Dyson, P. (2012) 'Slum tourism: Representing and interpreting "reality" in Dharavi, Mumbai', Tourism Geographies, 14(2), pp. 254-274.

Eagleton, T. (2000) The Idea of Culture, Oxford: Blackwell.

Edensor, T. (2001) 'Performing tourism, staging tourism: (Re) producing tourist space and practice', Tourist Studies, 1(1), pp. 59-81.

Edwards, J. A. and Llurdes, J. C. (1996) 'Mines and quarries: Industrial heritage tourism', Annals of Tourism Research, 23(2), pp. 341-363.

Eirne, R. (2007) 'Papua New Guinea's untouched paradise', July, www. news. com. au/travel/world-travel/pop-next-door-to-paradise/story-e6frfqci-1111113869206 (accessed 12 June 2015).

Ek, R. , Larsen, J. , Hornskov, S. B. and Mansfeldt, O. K. (2008) 'A dynamic framework of tourist experiences: Space-time and performances in the experience economy', Scandinavian Journal of Hospitality and Tourism, 8(2), pp. 122-140.

Elder, G. S. (2005) 'Somewhere, over the rainbow: Cape Town, South Africa as a gay destination', in Ouzgane, L. and Morrell, R. (eds) African Masculinities: Men in Africa from the Late Nineteenth Century to the Present, London: Palgrave Macmillan, pp. 43-60.

Erelçin, D. (2015) 'Orhan Pamuk's Museum of Innocence in Istanbul', http://theculture-trip. com/europe/turkey/articles/orhan-pamuk-s-museum-of-innocence-opens-in-istanbul (accessed 13 January 2015).

Errol, J. (1986) 'Mamalook a Mas', in Masquerading: The Art of the Notting Hill Carnival, London: Arts Council of Great Britain, pp. 7-19.

ETC (2006) Tourism Trends for Europe. European Travel Commission, Brussels, www. etccorporate. org/resources/uploads/ETC_Tourism_Trends_for_Europe_09-2006_ENG. pdf (accessed 18 September 2011).

European Museum Forum (2015) www. europeanmuseumforum. info/emya/emya-2014. html (accessed 13 January 2015).

Evans, G. (1995) 'Tourism versus education-core functions of museums?' in Leslie, D. (ed.) Tourism and Leisure: Culture, Heritage and Participation, Brighton: LSA, pp. 145-168.

Evans, G. (1996) 'The Millennium Festival and urban regeneration-planning, politics and the party', in Robinson, M. , Callaghan, P. and Evans, N. (eds) Managing Cultural Resources for the Tourist, Sunderland: Business Education Publishers, pp. 79-98.

Evans, G. (2001) Cultural Planning: An Urban Renaissance? London: Routledge.

Evans, G. (2005) 'Creativity, tourism and the city', Keynote Address at Tourism, Creativity and Development Conference, ATLAS, Barcelona, 2-4 November.

Feifer, M. (1985) Going Places: The Ways of the Tourist from Imperial Rome to the Present Day, London: Macmillan.

Ferguson, R. (1998) Representing 'Race': Ideology, Identity and the Media, London: Arnold.

Fernandes, C. and Sousa, L. (1999) 'Initiatives for developing textile crafts in the Alto Minho, Portugal', in Richards, G. (ed.) Developing and Marketing Crafts Tourism, Tilburg: ATLAS, pp. 55-72.

Fisher, D. (2004) 'A colonial town for neocolonial tourism', in Hall, C. M. and Tucker, H. (eds) Tourism and Postcolonialism, London: Routledge, pp. 126-139.

Florida, R. (2002) The Rise of the Creative Class, New York: Basic Books.

Florida, R. (2005) Cities and the Creative Class, London: Routledge.

Forbes Traveler (2007) 'Forbes Traveler 50 most visited tourist attractions', www. forbestraveler. com/ftdcs (accessed 4 February 2009).

Ford, T. and Allen, B. (2013) 'Tourism in Mali fades away as instability leads to hardship', The Guardian online, 9 January, www. theguardian. com/world/2013/jan/09/tourism-mali-fadesaway-instability (accessed 18 September 2013).

Foster, P. (2012) 'How Barack Obama changed the face of America', The Telegraph, 7 November, www. telegraph. co. uk/news/worldnews/us-election/9662929/How-Barack-Obama-changedthe-face-of-America. html (accessed 12 June 2015).

Fourmile, H. (1994) 'Aboriginal arts in relation to multiculturalism', in Gunew, S. and Rizvi, F. (eds) Culture, Difference and the Arts, St Leonards: Allen and Unwin, pp. 69-85.

Fowler, P. J. (1992) The Past in Contemporary Society: Then, Now, London: Routledge.

Freire-Medeiros, B. (2009a) Gringona laje: produção, circulação e consumo da favela turística, Rio de Janeiro: Editora FGV.

Freire-Medeiros, B. (2009b) 'The favela and its touristic transits', Geoforum 40 (4), pp. 580-588.

Freire-Medeiros, B. and Vilarouca, M. G. (2015) 'Would you be a favela tourist? Confronting expectations and moral concerns among Brazilian and foreign potential tourists', in Diekmann, A. and Smith, M. K. (eds) Ethnic and Minority Cultures as Tourist Attractions, London: Routledge, pp. 137-148.

Frenzel, F. (2013) 'Slum tourism in the context of the tourism and poverty (relief) debate', Die Erde, 144 (2), pp. 117-128.

Frideres, J. S. (1988) Native Peoples in Canada: Contemporary Conflicts, Scarborough, Ontario: Prentice Hall Canada.

Friedman, T. (1999) The Lexus and the Olive Tree: Understanding Globalization, New York: Anchor Books.

Full Moon Party (2009) http://fullmoonparty-thailand.com/ (accessed 20 February 2009).

Fullagar, S., Markwell, K. W. and Wilson, E. (2012) Slow Tourism Experiences and Mobilities, Clevedon: Channel View.

Gaarder, J. (2000) Maya, London: Phoenix.

Garland, A. (1996) The Beach, London: Penguin.

Garnham, N. (1990) Capitalism and Communication, London: Sage.

Gathercole, P. and Lowenthal, D. (eds) (1994) The Politics of the Past, London: Routledge.

Geary, D. (2013) 'Incredible India in a global age: The cultural politics of image branding in tourism', Tourist Studies, 13 (1), pp. 36-61.

Geertz, C. (1973) 'From the native's point of view: On the nature of anthropological understanding', in Rabinow, P. and Sullivan, W. M. (eds) Interpretive social science: A reader, Berkley: University of California Press, pp. 225-241.

Getz, D. (1994) 'Event tourism and the authenticity dilemma', in Theobald, W. F. (ed.) Global Tourism, Oxford: Butterworth Heinemann, pp. 409-427.

Gill, A. (2013) 'Why Jewish life is thriving in today's Poland', FoxNews.com, 21 June, www.foxnews.com/opinion/2013/06/21/why-jewish-life-is-thriving-in-today-poland (accessed 10 September 2013).

GNWT (Government of the Northwest Territories) (1983) Community Based Tourism. A Strategy for the Northwest Territories Tourism Industry, Yellowknife: Department of Economic Development and Tourism.

Goffman, E. (1959) The Presentation of Self in Everyday Life, New York: Doubleday.

Gold, M. (2012) Taking the Township to the Tourist, www. atlas-webshop. org/ ATLASReflections-2012-re-creating-the-Global-City (accessed 15 June 2012).

Graburn, N. H. (ed.) (1976) Ethnic and Tourist Arts: Cultural Expressions from the Fourth World, Berkeley: University of California Press.

Graham, B. , Ashworth, G. J. and Tunbridge, J. E. (2000) A Geography of Heritage: Power, Culture and Economy, London: Arnold.

Gruber, R. E. (2002) Virtually Jewish: Reinventing Jewish Culture in Europe, Berkeley: University of California Press.

Gruber, R. E. (2007) Jewish Heritage Travel. A Guide to Eastern Europe, Washington: National Geographic.

Gruber, R. E. (2008) 'Letter from Budapest: reclaiming a heritage', The New Leader, January/February, pp. 11-13.

Gruber, R. (2009) 'The change has come to Jewish life in Eastern Europe', JewishJournal. com, 19 November 19, www. jewishjournal. com/travel/article/the_change_has_come_to_jewish_life_in_eastern_europe_20091119 (accessed 16 December 2013).

Gruffudd, P. (1995) 'Heritage as national identity: Histories and prospects of the national pasts', in Herbert, D. T. (ed.) Heritage, Tourism and Society, London: Mansell Publishing, pp. 49-67.

Gruner, S. (2007) 'Making the case for tourists in Georgia', Special to The Wall Street Journal, 24 August, http://embassy. mfa. gov. ge/index. php? lang_id = ENGandsec_id = 45andinfo_id = 3379 (accessed 10 February 2009).

Grunwell, J. N. (1998) 'Ayahuasca tourism in South America', Newsletter of the Multidisciplinary Association for Psychedelic Studies, 8 (3) (autumn), pp. 59-62. Haakanson, S. (2009) Balancing Cultural Tourism, Kodiak, USA, www. rha. is/static/files/NRF/ OpenAssemblies/Yellowknife2004/3rd-nrf_plenary-3_pp_haakanson. pdf (accessed 12 June 2015).

Hall, C. M. (1992) Hallmark Tourist Events: Impacts, Management, Planning, London: Belhaven Press.

Hall, C. M. (1994) Tourism and Politics: Policy, Power and Place, Chichester: John Wiley and Sons.

Hall, C. M. and Rath, J. (2004) 'Tourism, migration and place advantage in the global cultural economy', in Rath, J. (ed.) Tourism, Ethnic Diversity and the City, London: Routledge, pp. 1-24.

Hall, C. M. and Tucker, H. (eds) (2004) Tourism and Postcolonialism, London: Routledge.

Hall, C. M. , Sharples, L. , Mitchell, R. , Macionis, N. and Cambourne, B. (eds) (2003) Food Tourism Around the World: Development, Management and Markets, Oxford: Butterworth-Heinemann.

Hancox,D. (2011) 'Lithuania's Soviet nostalgia: Back in the USSR', The Guardian, Sunday 1 May, www. theguardian. com/travel/2011/may/01/lithuania-soviet-nostalgia-theme-parks (accessed 28 March 2015).

Hannam,K. and Diekmann,A. (2011) Tourism and India: A Critical Introduction, New York: Routledge.

Hannam,K. and Roy,S. (2013) 'Cultural tourism and the mobilities paradigm', in Smith, M. K. and Richards,G. (eds) The Routledge Handbook of Cultural Tourism,London: Routledge, pp. 141-147.

Hannerz,U. (1990) 'Cosmopolitans and locals in world culture', in Featherstone,M. (ed.) Global Culture: Nationalism,Globalisation and Modernity,London: Sage,pp. 237-252.

Harrison, E. (2006) 'Divine trash: The psychology of celebrity obsession', Cosmos, February,www. cosmosmagazine. com/node/414 (accessed 3 October 2007).

Hartley,J. (ed.) (2005) Creative Industries,Oxford: Blackwell.

Hatzeira,O. A. (2007) 'Queens of the Desert', Israel Travel, 16 August,www. ynet. co. il/english/articles/0,7340,L-3437947,00. html (accessed 8 February 2009).

Hauksson,K. M. (2008) 'Finland Sámi protect their cultural symbols', Ice News, 18 November 18, www. icenews. is/index. php/2008/11/18/finland% e2% 80% 99s-Sámi-protect-their-culturalsymbols (accessed 4 March 2009).

Hazlett,A. and Carter,S. (2007) 'Slow recovery for tourism and Bedouin', CairoCalling,9 March,www. masress. com/en/dailynews/113501 (accessed 12 June 2015).

Heap,C. (2009) Slumming: Sexual and Racial Encounters in America Nightlife, 1885-1940,Chicago: University of Chicago Press.

Heitmann,S. ,Robinson,P. and Povey,G. (2011) 'Slow food,slow cities and slow tourism', in Robinson,P. , Heitmann,S. and Dieke,P. (eds) Research themes for tourism,London: MPG Books Group,pp. 114-127.

Hems,A. (2006) 'Introduction: Beyond the graveyard-extending audiences,enhancing understanding', in Hems,A. and Blockley,M. (eds) Heritage Interpretation,London: Routledge, pp. 1-8.

Henderson,J. C. (2004) 'Tourism and British colonial heritage in Malaysia and Singapore', in Hall, C. M. and Tucker, M. (eds) Tourism and Postcolonialism, London: Routledge, pp. 113-125.

Hendry,J. (2000) 'Foreign country theme parks: A new theme or an old Japanese pattern?' Social Science Japan Journal,3,pp. 207-220.

Herbert,D. T. (ed.) (1995) Heritage,Tourism and Society,London: Mansell Publishing.

Hesmondhalgh,D. (2007) The Cultural Industries,second edition,London: Sage.

Hewison,R. (1987) The Heritage Industry-Britain in a Climate of Decline, London: Methuen.

Hitchcock,M. (2013) 'Souvenirs and cultural tourism', in Smith, M. K. and Richards,G.

(eds) The Routledge Handbook of Cultural Tourism, London: Routledge, pp. 201-206.

Hitters, E. (2007) 'Porto and Rotterdam as European Capitals of Culture', in Richards, G. (ed.) Cultural Tourism: Global and Local Perspectives, New York: Haworth Press, pp. 281-301.

HNTO (2008) 'Kultúra és turizmus utazásra motiváló kulturalis látnivalók és programok', Turizmus Bulletin XII, 3, pp. 20-28.

Hobbs, J. J. and Tsunemi, F. (2007) 'Soft sedentarization: Bedouintourist stations as a response to drought in Egypt's Eastern Desert', Human Ecology, 35(2), April, pp. 209-222.

Hodgson, R. (2008) 'Mayorcalls for plants, not vineyards, in Tokaj', The Budapest Times, 15 October, http://budapesttimes.hu/2008/10/15/mayor-calls-for-plants-not-vineyards-in-tokaj (accessed 30 March 2015).

Hoffman, L. M. (2003) 'The marketing of diversity in the inner city: Tourism and regulation in Harlem', International Journal of Urban and Regional Research, 27(2), pp. 286-299.

Hollinshead, K. and Ivanova, M. (2013) 'The multilogical imagination: Tourism studies and the imperative for postdisciplinary knowing', in Smith, M. K. and Richards, G. (eds) The Routledge.

Handbook of Cultural Tourism, London: Routledge, pp. 53-62.

Hölzl, K. (2007) Creative Industries in Europe and Austria: Definition and Potential, www.cream.oulu.fi/documents/holzl_ccf.pdf (accessed 12 June 2015).

Honoré, C. (2004) In Praise of Slow, London: Orion.

Hooper-Greenhill, E. (2000) Museums and the Interpretation of Visual Culture, London: Routledge.

Horne, D. (1984) The Great Museum, London: Pluto Press.

Hosein, G. J. (2012) 'Transnational spirituality, invented ethnicity and performances of citizenship in Trinidad', Citizenship Studies, 16(5-6), pp. 737-749.

Howe, A. (2001) 'Queer pilgrimage: The San Francisco homeland and identity tourism', Cultural Anthropology, 16(1), pp 35-61.

Hoyau, P. (1988) 'Heritage and "the conserver society": The French case', in Lumley, R. (ed.) The Museum Time Machine, London: Routledge, pp. 27-35.

Huet, A., Ion, J., Lefèbvre, A., Miège, B. and Peron, R. (1978) Capitalisme et industries culturelles, Grenoble: Presses Universitaires de Grenoble.

Hughes, H. L. (2000) Arts, Entertainment and Tourism, Oxford: Butterworth Heinemann.

Hughes, H. L. (2002) 'Gay men's holiday destination choice: A case of risk and avoidance', International Journal of Tourism Research, 4(4), July/August, pp. 299-312.

Hughes, H. L. (2006) 'Gay and lesbian festivals: Tourism in the change from politics to party', in Picard, D. and Robinson, M. (eds) Festivals, Tourism and Social Change: Remaking Worlds, Clevedon: Channel View, pp. 238-254.

Huis Ten Bosch (2015) http://english.huistenbosch.co.jp (accessed 13 February 2015).

Hüncke, A. and Koot, S. (2012) 'The presentation of Bushmen in cultural tourism: Tourists' images of Bushmen and the tourism provider's presentation of (Hai//om) Bushmen at Treesleeper Camp, Namibia', Critical Arts, 26(5), pp. 671-689.

HVG (2008) 'Isteni bizniz', 9 February, HVG, Hungary. Infoplease (2014) How many countries? www. infoplease. com/ipa/A0932875. html # ixzz3Ogp2clkw (accessed 13 January 2014).

Inter-Commission Task Force on Indigenous Peoples (IUCN) (1993) Indigenous Peoples and Sustainability: A Guide for Action, IUCN Inter-Commission Task Force on Indigenous Peoples and the Secretariat of IUCN in Collaboration with the International Institute for Sustainable Development.

International Museum of Women (2015) www. imow. org/home/index (accessed 13 January 2015).

Introducing Africa (2009) Cultural Tourism in Tanzania, www. introducingafricatz. com/culturaltourism. htm (accessed 2 February 2009).

Irimiás, A. (2012) 'The Chinese diaspora in Budapest: A new potential for tourism', Tourism Review, 67(1), pp. 23-33.

Iszák, N. (2008) 'Békétlen show', 29 November, HVG, Hungary.

Jacobs, J. M. (1961) The Death and Life of Great American Cities, New York: Penguin.

Jacobs, J. M. (1996) Edge of Empire: Postcolonialism and the City, London: Routledge.

Jamal, T. B. and Hill, S. (2002) 'The home and the world: (Post) touristic spaces of (in) authenticity', in Dann, G. M. S. (ed.) The Tourist as a Metaphor of the Social World, Wallingford: CABI, pp. 77-108.

Jansen-Verbeke, M. and McKercher, B. (2013) 'Reflections on the myth of tourism preserving "traditional" agricultural landscapes', Journal of Resources and Ecology, 4(3), pp. 242-249.

Javrova, Z. (2005) 'European integration is hard work', Presentation at Europe: Challenges, Examples and Opportunities: The European Union Approach to Culture, Euclid Seminar Series, London, 7 March.

Jermyn, H. and Desai, P. (2000) Arts-What's in a Word?: Ethnic Minorities and the Arts, London: Arts Council of England.

Joppe, M. (1996) 'Current issues: Sustainable community tourism development revisited', Tourism Management, 17(7), pp. 475-479.

Jordan, G. and Weedon, C. (1995) Cultural Politics: Class, Gender, Race and the Postmodern World, Oxford: Blackwell.

Junemo, M. (2004) '"Let's Build a Palm Island!" Playfulness in complex times', in Sheller, M. and Urry, J. (eds) Tourism Mobilities: Places to Play, Places in Play, London: Routledge, pp. 181-191.

Kalavar, J. M, Buzinde, C. N. , Melubo, K. and Simon, J. (2014) 'Intergenerational differences in perceptions of heritage tourism among the Maasai of Tanzania', Journal of Cross-

Cultural Gerontology,29,pp. 53-67.

Kaur,R. and Hutnyk,J. (1999) Travel Worlds: Journeys in Contemporary Cultural Politics, London: Zed Books.

Kavanagh,G. (ed.) (1996) Making Histories in Museums,London: Leicester University Press.

Khan,N. (1976)The Arts Britain Ignores: The Arts of Ethnic Minorities in Britain,London: Commission for Racial Equality.

Kim,H.,Cheng,C. K. and O'Leary,T. J. (2007)'Understanding participation patterns and trends in tourism cultural attractions',Tourism Management,28(5),pp. 1366-1371.

Kim,J. H.,Ritchie,J. R. B. and McCormick,B. (2010)'Development of a scale to measure memorable tourism experiences',Journal of Travel Research,20(10),pp. 1-14.

Kirschenblatt-Gimblett,B. (1998) Destination Culture: Tourism, Museums and Heritage, Berkeley: University of California Press.

Klepsch,L. (2010) A Critical Analysis of Slum Tours: Comparing the Existing Offer in South Africa, Brazil, India and Kenya, Master's Thesis, Université Libre de Bruxelles, unpublished.

Klingmann,A. (2007) Brandscapes: Architecture in the Experience Economy,Cambridge, Massachusetts: The MIT Press.

Koens,K. (2012)'Competition,cooperation and collaboration intownship tourism: Business relations and power in township tourism', in Frenzel, F., Koens, K. and Steinbrink, M. (eds) Slum Tourism. Poverty,Power and Ethics,New York: Routledge,pp. 83-100.

Kolb, J. (2007) 'Grab bag: Follow that gay!' 3 Quarks Daily, 18 June, http:// 3quarksdaily. blogs. com/3quarksdaily/2007/06/grab_bag_follow. html (accessed 19 February 2009).

Koryo Tours (2015) www. koryogroup. com (accessed 13 January 2015).

Kovács D. (2004) Hollöko "World Heritage Site Management Plan,Hungary: UNESCO.

Kovács D. (2008)'Quality of life of local people in Hollöko",a World Heritage Village in Hungary',Tourism and Quality of Life Workshop,13-14 November,Budapest,Hungary.

Laliberté,M. (2005)'Defining a tourist experience', Tourism Intelligence Network, 23 March, http://tourismintelligence. ca/2005/03/23/defining-a-tourist-experience (accessed 3 March 2015).

Lanfant,M. (1995)'Introduction', in Lanfant,M., Allcock,J. B. and Bruner,E. M. (eds) International Tourism: Identity and Change,London: Sage,pp. 1-23.

Larson, L. R. and Poudyal, N. C. (2012) 'Developing sustainable tourism through adaptive resource management: A case study of Machu Picchu,Peru',Journal of Sustainable Tourism,20 (7),September,pp. 917-938.

Leask, A. and Barron, P. (2013)'Engaging with Generation Y at museums', in Smith, M. K. and Richards,G. (eds) The Routledge Handbook of Cultural Tourism,London: Routledge, pp. 396-403.

Leask, A. and Fyall, A. (eds) (2006) Managing World Heritage Sites. Oxford: Butterworth-Heinemann.

Lechner, F. J. and Boli, J. (2005) World Culture-Origins and Consequences, Oxford: Blackwell.

Leeking, D. (2001) 'Welcome to the experience economy', www. davidleeking. com/pdf/Chap%2001. pdf (accessed 10 February 2009).

Lehrer, E. (2007) 'Jewish? Heritage? In Poland?' Bridges: A Jewish Feminist Journal, 12 (2), pp. 36-41.

Lemée, C. (2009) 'Processes of identity reconstitution for descendants of Jewish emigrants from the Baltic and Central European post-Holocaust situations', Identity Politics: Histories, Regions and Borderlands, Acta Historica Universitatis Klaipedensis XIX. Studia Anthropologica 111, pp. 131-146.

Lennon, J. and Foley, M. (2000) Dark Tourism: the Attraction of Death and Disaster, London: Thomson.

Lewis, J. (1990) Art, Culture and Enterprise, London: Routledge.

Li, Fung Mei S. and Sofield, T. H. B. (2006) 'World Heritage Listing: The case of Huangshan (Yellow Mountain), China', in Leask, A. and Fyall, A. (eds) Managing World Heritage Sites, Oxford: Butterworth-Heinemann, pp. 250-262.

Li, V. (2000) 'What's in a name? Questioning "globalisation"', Cultural Critique, 45 (spring), pp. 1-39.

Li, W. (2009) Ethnoburb: The New Ethnic Community in Urban America, Hawaii: University of Hawaii Press.

Light, D. (1995) 'Heritage as informal education', in Herbert, D. (ed.) Heritage, Tourism and Society, London: Mansell Publishing, pp. 117-145.

Lim, C. C. and Bendle, L. J. (2012) 'Arts tourism in Seoul: Tourist-orientated performing arts as a sustainable niche market', Journal of Sustainable Tourism, 20(5), June, pp. 667-682.

Lin, J. (1998) Reconstructing Chinatown: Ethnic Enclave, Global Change, Minneapolis: University of Minnesota Press.

Lin, J. (2010) The Power of Urban Ethnic Places: Cultural Heritage and Community Life, London and New York: Routledge.

Linke, U. (2012) 'Mobile imaginaries, portable signs: Global consumption and representations of slum life', Tourism Geographies, 14(2), pp. 294-319.

Lippard, L. (1990) Mixed Blessings: New Art in a Multicultural America, New York: Pantheon Books.

Llancaiach Fawr Manor (2009) www. caerphilly. gov. uk/llancaiachfawr/llan_english/education. html (accessed 20 January 2009).

Lodge, D. (1991) Paradise News, Harmondsworth: Penguin.

Lofgren, O. (2003) 'The new economy: A cultural history', Global Networks, 3 (3), pp. 239-254.

Lomine, L. (2005) 'Tourism in Augustan society', in Walton, J. K. (ed.) Histories of Tourism: Representation, Identity and Conflict, Clevedon: Channel View, pp. 71-87.

López-SintasJ, and García-Álvarez E. (2004) 'Omnivore versus univore consumption and its symbolic: Evidence from Spaniards' performing arts attendance', Poetics, 32, pp. 463-483.

Lotte World (2013) Company Overview, http://global.lotteworld.com/contents/contents.asp? cmsCd = CM0222 (accessed 12 June 2015).

Louv, R. (2005) The Last Child in the Woods, Chapel Hill: Algonquin Books.

Lowenthal, D. (1985) The Past is a Foreign Country, Cambridge: Cambridge University Press.

Lowenthal, D. (1998) The Heritage Crusade and the Spoils of History, Cambridge: Cambridge University Press.

Lumley, R. (1994) 'The debate on heritage reviewed', in Miles, R. and Zavala, L. (eds) Towards the Museum of the Future: New European Perspectives, London: Routledge, pp. 57-69.

Lynch, M., Duinker, P., Sheehan, L. and Chute, J. (2010) 'Sustainable Mi'kmaw cultural tourism development in Nova Scotia, Canada: Examining cultural tourist and Mi'kmaw perspectives', Journal of Sustainable Tourism, 18 (4), May, pp. 539-556.

MacCannell, D. (1976) The Tourist: A New Theory of the Leisure Class, New York: Schocken.

MacDonald, D. (1994) 'A theory of mass culture', in Storey, J. (ed.) Cultural Theory and Popular Culture-A Reader, London: Harvester Wheatsheaf, pp. 28-43.

Maclcod, D. V. L. (2013) 'Tourism, anthropology and cultural configuration', in Smith, M. K. and Richards, G. (eds) The Routledge Handbook of Cultural Tourism, London: Routledge, pp. 195-200.

Macleod, D. V. L. and Carrier, J. G. (eds) (2010) Tourism, Power and Culture: Anthropological Insights, Bristol: Channel View.

MacLeod, N. E. (2006) 'The placeless festival: Identity and place in the post-modern festival', in Picard, D. and Robinson, M. (eds) Festivals, Tourism and Social Change: Remaking Worlds, Clevedon: Channel View, pp. 222-237.

Mail and Guardian Online (2006) 'Buenos Aires booms as gay tourist destination', 29 May, www.mg.co.za/article/2006-05-29-buenos-aires-booms-as-gay-tourist-destination (accessed 14 February 2009).

Mairesse, F. and Desvallées, A. (2010) Key Concepts of Museology, International Council of Museums, Paris: Armand Colin.

Maitland, R. (2007) 'Cultural tourism and the development of new tourism areas in London', in Richards, G. (ed.) Cultural Tourism: Global and Local Perspectives, New York: Haworth Press, pp. 113-128.

Maitland, R. and Newman, P. (2009) World Tourism Cities: Developing Tourism off the Beaten Track, London: Routledge.

Maiztegui-Onate, C. and Areitio Bertolin, M. T. (1996) 'Cultural tourism in Spain', in Richards, G. (ed.) Cultural Tourism in Europe, Wallingford: CABI, pp. 267-281.

Makhurane, J. P. (2003) 'Robben Island-developing an integrated environmental and heritage management system', Proceedings of the International Scientific Symposium of ICOMOS, Place, Memory, Meaning: Preserving Intangible Values in Monuments and Sites, Victoria Falls, Zimbabwe, 27-31 October, www. international. icomos. org/victoriafalls2003/papers. htm (accessed 18 February 2009).

Manning, J. (2014) 'Closer ties could make for Cuban tourism boom: End of the "cultural exchange?"' The Oregonian, December, www. oregonlive. com/today/index. ssf/2014/12/closer_ties_could_make_for_cub. html (accessed 13 January 2015).

Maoz, D. (2006) 'The mutual gaze', Annals of Tourism Research, 33(1), pp. 221-239.

Markwell, K. (2002) 'Mardi Gras tourism and the construction of Sydney as an international gay and lesbian city', GLQ: A Journal of Lesbian and Gay Studies, 8(1-2), pp. 81-99.

Markwell, K. and Waitt, G. (2009) 'Festivals, space and sexuality: Gay pride in Australia', Tourism Geographies: An International Journal of Tourism Space, Place and Environment, 11(2), pp. 143-168.

Marschall, S. (2006) 'Creating the "Rainbow Nation": The National Women's Art Festival in Durban, South Africa', in Picard, D. and Robinson, M. (eds) Festivals, Tourism and Social Change: Remaking Worlds, Clevedon: Channel View, pp. 152-171.

Martin Randall Travel (2014) www. martinrandall. com/ (accessed 15 December 2014).

Mascarell, F. (2008) Creative Policies in Barcelona, Barcelona: Institut de Cultura.

Mason, P. and Kuo, I-Ling (2006) 'Visitor management at Stonehenge, UK', in Leask, A. and Fyall, A. (eds) Managing World Heritage Sites, Oxford: Butterworth-Heinemann, pp. 181-194.

Mathieson, A. and Wall, G. (1992) Tourism: Economic, Physical and Social Impacts, Harlow: Longman.

Matteucci, X. (2014) 'Forms of body usage in tourists' experiences of flamenco', Annals of Tourism Research, 46(2), pp. 9-43.

May, S. (1999) The Pocket Philosopher: A Handbook of Aphorisms, London: Metro.

Mazza, K. (2004) 'In Defense of U. S. Culture', 13 February, TheDickinsonian, http://dickinson. edu/dickinsonian/detail. cfm? 226 (accessed 26 January 2009).

McCabe, S. (2002) 'The tourist experience and everyday life', in Dann, G. M. S. (ed.) The Tourist as a Metaphor of the Social World, Wallingford: CABI, pp. 61-76.

McCall, V. and Gray, C. (2014) 'Museums and the "new museology": Theory, practice and organisational change', Museum Management and Curatorship, 29(1), pp. 19-35.

McClinchey, K. A. (2008) 'Urban ethnic festivals, neighborhoods, and the multiple realities of marketing place', Journal of Travel and Tourism Marketing, 25 (3-4), pp. 251-264.

McKercher, B. (2002) 'Towards a classification of cultural tourists', International Journal of Tourism Research, 4, pp. 29-38.

McKercher, B. and Du Cros, H. (2002) Cultural Tourism: The Partnership Between Tourism and Cultural Heritage Management, New York: Haworth.

McKercher B., du Cros, H. and Ho, S. Y. (2004) 'Attributes of popular cultural tourism attractions', Annals of Tourism Research, 31 (2), pp. 393-407.

Meethan, K. (2001) Tourism in Global Society: Place, Culture, Consumption, London: Palgrave.

Merriman, N. (1991) Beyond the Glass Case: The Past, the Heritage and the Public in Britain, Leicester: Leicester University Press.

Michalkó, G. (1999) A városi turizmus elmélete és gyakorlata, Budapest: MTA Földrajztudomá nyi Kutatóintézet.

Miège. B. (1979) 'The cultural commodity', Media, Culture and Society, 1, pp. 297-311.

Miettinen, S. (1999) 'Crafts tourism in Lapland', in Richards, G. (ed.) Developing and Marketing Crafts Tourism, Tilburg: ATLAS, pp. 89-103.

Miles, M. (1997) Arts, Space and the City: Public Arts and Urban Futures, London: Routledge.

Millar, S. (2006) 'Stakeholders and community participation', in Leask, A. and Fyall, A. (eds) Managing World Heritage Sites, Oxford: Butterworth-Heinemann, pp. 37-54.

Milner, A. (1994) Contemporary Cultural Theory: An Introduction, London: UCL Press.

Mirkovic, N. (2015) 'Cultural bonds ofEast and West', Elevate, February, pp. 24-27.

Mitchell A. (1984) The Professional Performing Arts: Attendance Patterns, Preferences and Motives, Madison, WI: Association of College, University and Community Arts Administrators.

Mkono, M. (2013) 'African and Western tourists: Object authenticity quest?' Annals of Tourism Research, 41, pp. 195-214.

Mongululs. net (2009) www. mongoluls. net/nadaam. shtml (accessed 17 February 2009).

Moore, K. (2002) 'The discursive tourist', in Dann, G. M. S. (ed.) The Tourist as a Metaphor of the Social World, Wallingford: CABI, pp. 41-60.

Morin, E. (1962) L'Esprit du temps, Paris: Bernard Grasset.

Morley, D. (2000) Home Territories: Media, Mobility and Identity, London: Routledge.

Moufakkir, O. and Reisinger Y. (eds) (2014) The Host Gaze, Wallingford: CABI.

Mowforth, M. and Munt, I. (1998) Tourism and Sustainability: New Tourism in the Third World, London: Routledge.

Mowforth, M. and Munt, I. (2008) Tourism and Sustainability: New Tourism in the Third World, third edition, London: Routledge.

Mowitt, J. (2001) 'In the wake of Eurocentrism: An introduction', Cultural Critique, 47 (winter), pp. 3-15.

Muir, H. (2004) 'Curry touts leave a bad taste in Brick Lane', Guardian, 20 May.

Munjeri, D. (2003) 'Intangible heritage in Africa: Could be case of much ado about nothing', ICOMOS 14th General Assembly and Scientific Symposium, Place, Memory, Meaning: Preserving Intangible Values in Monuments and Sites, Victoria Falls, Zimbabwe, 27-31 October.

Munsters, W. and Freund de Klumbis, D. (2005) 'Culture as a component of the hospitality product', in Sigala, M. and Leslie, D. (eds) International Cultural Tourism: Management, Implications and Cases, Oxford: Butterworth Heinemann, pp. 26-39.

Museum of Innocence (2015) www. masumiyetmuzesi. org/? Language = ENG (accessed 13 January 2015).

Myerscough, J. (1988) The Economic Contribution of the Arts and Tourism, London: Policy Studies Institute.

Nagy, G. (2009) 'Hogy volt, mikor volt?', 24 January, HVG, Hungary.

Nash, D. (1977) 'Tourism as a form of imperialism', in Smith, V. (ed.) Hosts and Guests: The Anthropology of Tourism, Oxford: Blackwell, pp. 33-47.

Nash, D. (1989) 'Tourism as a form of imperialism', in Smith, V. (ed.) Hosts and Guests: The Anthropology of Tourism, Philadelphia: University of Pennsylvania Press, pp. 37-52.

Nash, D. (2001) Anthropology of Tourism, Oxford: Elsevier.

Negus, K. (1997) 'The production of culture', in Du Gay, P. (ed.) Production of Culture/Cultures of Production, London: Sage, pp. 67-118.

Nemasetoni, I. and Rogerson, C. M. (2005) 'Developing small firms in township tourism: Emerging tour operators in Gauteng, South Africa', Urban Forum, 16 (2-3), pp. 196-213.

Németh, A. (2008) 'Mindennek ellenállók', 15 November, HVG, Hungary.

New Economics Foundation (2012) Happy Planet Index, www. happyplanetindex. org/assets/happy-planet-index-report. pdf (accessed 24 February 2013).

New Zealand Tourist Board (2015) 'Lord of the Rings', www. newzealand. com/int/lord-of-therings (accessed 12 February 2015).

NOIE (2002) Creative Industries Cluster Study Stage 1 report, http://portal. unesco. org/culture/en/files/40768/12705461905Creative_Industries_Cluster_Study_Report_Stage_1. pdf/Creative_Industries_Cluster_Study_Report_Stage_1. pdf (accessed 12 June 2015).

Nuissl, H. and Heinrichs, D. (2013) 'Slums: Perspectives on the definition, the appraisal and the management of an urban phenomenon', Die Erde, 144(2), pp. 105-116.

Nunkoo, R. and Gursoy, D. (2012) 'Residents' support for tourism: An identity perspective', Annals of Tourism, 39(1), pp. 243-268.

OECD (2009) The Impact of Tourism on Culture, Paris: OECD.

Oh, H., Fiore, A. M. and Jeoung, M. (2007) 'Measuring experience economy concepts: Tourism applications', Journal of Travel Research, 46, p. 119-132.

Otepka, P. and Habáni, M. (2007) 'Slovak Republic potential and suitability for tourism with emphasis on agritourism', http://agricultura. usab-tm. ro/Simpo2007pdf/Parte% 20II/Sectiunea%

207/0703％ 20-％ 20Otepka％ 20_Slovacia_％ 20-％ 20OK. pdf（accessed 23 February 2015）.

Owusu, K.（1986）The Struggles for the Black Arts in Britain, London: Comedia. Pacific Island Travel（2007）'Hawaiian culture', www. pacificislandtravel. com/hawaii/about_destin/culture. html（accessed 10 February 2009）.

Palmer, R. and Richards, G.（2010）Eventful Cities: Cultural Management and Urban Revitalisation, London: Routledge.

Paolillo, T.（2012）Analyse des dynamiques de l'offre touristique de Matonge, quartier ethnique de Bruxelles, Master's Thesis, Université Libre de Bruxelles, Brussels.

Pappalepore, I., Maitland, R. and Smith, A.（2010）'Exploring urban creativity: Visitor experiences of Spitalfields, London', Tourism, Culture and Communication, 10, pp. 217-230.

Pappalepore, I., Maitland, R. and Smith, A.（2014）'Prosuming creative urban areas. Evidence from East London', Annals of Tourism Research, 44, pp. 227-240.

Park, H. Y.（2013）Heritage Tourism, London: Routledge.

Pelly, D. F.（2013）'Cultural tourism in Nunavut', Arctic, 66（1）, March, pp. iii-iv. Peters, A. and Higgins-Desbiolles, F.（2012）'De-marginalising tourism research: Indigenous Australians as tourists', Journal of Hospitality and Tourism Management, 19, pp. 76-84.

Peter Sommer Travels（2014）In the Footsteps of Alexander the Great, www. petersommer. com/escorted-archaeological-tours/turkey/alexander-the-great-tour（accessed 11 December 2014）.

Peterson, R. A.（1992）'Understanding audience segmentation from elite and mass to omnivore and univore', Poetics, 21, pp. 243-258.

Peterson, R. A. and Kern, R. M.（1996）'Changing highbrow taste: From snob to omnivore', American Sociological Review, 61, pp. 900-907.

Pfafflin, G. F.（1987）'Concern for tourism: European perspective and response', Annals of Tourism Research, 14（4）, pp. 576-579.

Philips, D.（1999）'Narrativised spaces: The functions of story in the theme park', in Crouch, D.（ed.）Leisure/tourism Geographies: Practices and Geographical Knowledge, London: Routledge, pp. 91-108.

Picard, D.（2013）'Cosmopolitanism and hospitality', in Smith, M. K. and Richards, G.（eds）The Routledge Handbook of Cultural Tourism, London: Routledge, pp. 165-171.

Picard, D. and Robinson, M.（eds）（2006）Festivals, Tourism and Social Change: Remaking Worlds, Clevedon: Channel View.

Pine, B. J. and Gilmore, J. H.（1998）'Welcome to the experience economy', Harvard Business Review, 76（4）, pp. 97-105.

Pine, B. J. and Gilmore, J. H.（1999）The Experience Economy: Work is Theatre and Everyday Business a Stage, Boston: Harvard Business School Press.

Pine, B. J. and Gilmore, J. H.（2007）Authenticity, Boston: Harvard Business School Press.

Pittja, L.（2011）'VisitSápmi: Promoting an authentic Sámiexperience through sustainable tourism', 7 June, www. ecotourism. org/news/visits％ C3％ A1pmi-promoting-authentic-s％ C3％

A1 mi-experience-through-sustainable-tourism（accessed 12 June 2015）.

Pocock,D. C. D.（1997）'Some reflections on world heritage',Area,29（3）,pp. 260-268.

Podoshen,J. S. and Hunt,J. M.（2011）'Equity restoration,the Holocaust and tourism of sacred sites',Tourism Management,32,pp. 1332-1342.

Poria,Y. ,Reichel,A. and Cohen,R.（2013）'Tourists perceptionsof World Heritage Site and its designation',Tourism Management,35,pp. 272-274.

Porter,G.（1988）'Putting your house in order：Representations of women and domestic life',in Lumley,R.（ed. ）The Museum Time Machine,London：Routledge,pp. 102-127.

Potts,J. D. ,Hartley,J. ,Banks,J. A. ,Burgess,J. E. ,Cobcroft,R. S. ,Cunningham,S. D. and Montgomery,L.（2008）'Consumer co-creation and situated creativity',Industry and Innovation, 15（5）,pp. 459-474.

Power,K.（1997）'The material of change：Aboriginal cultures as a source of empowerment',in Landry,C.（ed. ）The Art of Regeneration,London：Demos Comedia, pp. 52-56.

Prahalad,C. K. and Ramaswamy,V.（2004）The Future of Competition：Co-creating Unique Value with Customers,Boston：Harvard Business School Press.

Prebensen,N. K. and Foss,L.（2011）'Coping and co-creating in tourist experiences', International Journal of Tourism Research,13（1）,pp. 54-67.

Prentice,R.（2001）'Experiential cultural tourism：Museums and the marketing of the new romanticism of evoked authenticity',Museum Management and Curatorship,19（1）,pp. 5-26.

Pritchard,A. ,Morgan,N. and Sedgley,D.（2002）'In search of lesbian space? The experience of Manchester's gay village',Leisure Studies,21（2）,pp. 105-123.

Pritchard,A. ,Morgan,N. J. ,Sedgley,D. and Jenkins,A.（1998）'Reaching out to the gay tourist：Opportunities and threat in an emerging market segment',Tourism Management,19（3）, pp. 273-282.

Pritchard,A. ,Morgan,N. ,Sedgley,D. ,Khan,E. and Jenkins,A.（2000）'Sexuality and holiday choices：Conversations with gay and lesbian tourists',Leisure Studies,19,pp. 267-282.

Prospect Tours（2014）www. prospecttours. com/（accessed 15 December 2014）.

Puczkó,L.（2006）'Interpretation in cultural tourism',in Smith,M. K. and Robinson,M. （eds）Cultural Tourism in a Changing World：Politics,Participation and（Re）presentation, Clevedon：Channel View,pp. 227-243.

Puczkó,L. and Rátz,T.（2007）'Trailing Goethe,Humbert,and Ulysses：Cultural routes in tourism',in Richards,G.（ed. ）Cultural Tourism：Global and Local Perspectives,New York： Haworth Press,pp. 131-143.

Puczkó,L. ,Rátz,T. and Smith,M. K.（2007）'Old city,new image：Perception,positioning and promotion of Budapest',Journal of Travel and Tourism Marketing,22（3-4）,October, pp. 21-34.

Pulido-Fernández,J. I. and Sánchez-Rivero,M.（2010）'Attitudes of the cultural tourist：A latent segmentation approach', Journal of Cultural Economics, 34, pp. 111-129.

Quinn, B. (2005) 'Arts festivals and the city', Urban Studies, 42 (5-6), pp. 927-943.

Raj, R. , Griffin, K. and Morpeth, N. (2013) Cultural Tourism, Wallingford: CABI.

Ramchander, P. (2007) 'Township tourism-blessing or blight? The case of Soweto in South Africa', in Richards, G. (ed.) Cultural Tourism: Global and Local Perspectives, New York: Haworth Press, pp. 39-67.

Ramos, A. M. and Prideaux, B. (2014) 'Indigenous ecotourism in the Mayan rainforest of Palenque: Empowerment issues in sustainable development', Journal of Sustainable Tourism, 22 (3), pp. 461-479.

Rath, J. (ed.) (2007) Tourism, Ethnic Diversity and the City, London: Routledge.

Rátz, T. (2006) 'Interpretation in the House of Terror', in Smith, M. K. and Robinson, M. (eds) Cultural Tourism in a Changing World: Politics, Participation and (Re) presentation, Clevedon: Channel View, pp. 244-256.

Rebel Tribe (2013) How to go to North Korea, www. howtogotonorthkorea. com (accessed 13 January 2015).

Red Carpet Tours (2015) www. redcarpet-tours. com/lotr-tours (accessed 12 February 2015).

Reisinger, Y. (ed.) (2013) Transformational Tourism: Tourist Perspectives, Wallingford: CABI.

Reisinger, Y. and Moufakkir, O. (2015) 'Reflections on ethnic andminority communities as a tool for improving intercultural change in tourism', in Diekmann, A. and Smith, M. K. (eds) Ethnic and Minority Cultures as Tourist Attractions, London: Routledge, pp. 86-98.

Religious Tolerance (2003) 'Religious conflicts in Sri Lanka', www. religioustolerance. org/ rt_srilanka. htm (accessed 10 February 2009).

Richards, G. (ed.) (1996) Cultural Tourism in Europe, Wallingford: CABI.

Richards, G. (1999) 'Culture, crafts and tourism: A vital partnership', in Richards, G. (ed.) Developing and Marketing Crafts Tourism, Tilburg: ATLAS, pp. 11-35.

Richards, G. (2001a) 'The development of cultural tourism inEurope', in Richards, G. (ed.) Cultural Attractions and European Tourism, Wallingford: CABI, pp. 3-29.

Richards, G. (2001b) 'Cultural tourists or a culture of tourism? The European cultural tourism market', in Butcher, J. (ed.) Innovations in Cultural Tourism, Proceedings of the 5th ATLAS International Conference, Rethymnon, Crete, 1998, Tilburg: ATLAS.

Richards, G. (2001c) Creative Tourism as a Factor in Destination Development, ATLAS 10th Anniversary International Conference papers, 4-6 October, Dublin.

Richards, G. (2001d) 'The experience industry and the creation of attractions', in Richards, G. (ed.), Cultural Attractions and European Tourism, Wallingford: CABI Publishing, pp. 55-69.

Richards, G. (ed.) (2007) Cultural Tourism: Global and Local Perspectives, New York: Haworth.

Richards, G. (2009) 'Cultural Tourism Research Group Report', Experiencing Difference. Changing Tourism and Tourists' Experiences. ATLAS Reflections 2009, Tilburg: ATLAS, pp. 97-99.

Richards, G. (2011) 'Creativity and tourism: The state of the art', Annals of Tourism Research, 38(4), pp. 1225-1253.

Richards, G. (2013) 'Tourism development trajectories: From culture to creativity?', in Smith, M. K. and Richards, G. (eds) Routledge Handbook of Cultural Tourism, London: Routledge, pp. 297-303.

Richards, G. and Palmer, R. (2010) Eventful Cities: Cultural Management and Urban Revitalisation, London: Routledge.

Richards, G. and Raymond, C. (2000) 'Creative tourism', ATLAS News, no. 23, pp. 16-20.

Richards, G. and Van der Ark, L. A. (2013) 'Dimensions of cultural consumption among tourists: Multiple correspondenceanalysis', Tourism Management, 37, pp. 71-76.

Richards, R. and Wilson, J. (2006) 'Developing creativity in tourist experiences: A solution to the serial reproduction of culture?' Tourism Management, 27(6), pp. 1209-1223.

Richards, R. and Wilson, J. (2007) 'The creative turn in regeneration: Creative spaces, spectacles and tourism in cities', in Smith, M. K. (ed.) Tourism, Culture and Regeneration, Wallingford: CABI, pp. 12-24.

Richez, G. (1996) 'Sustaining local cultural identity: Social unrest and tourism in Corsica', in Priestley, G. K., Edwards, J. A. and Coccossis, H. (eds) Sustainable Tourism? European Experiences, Wallingford: CABI, pp. 176-188.

Riley, R., Baker, D. and Van Doren, C. S. (1998) 'Movie induced tourism', Annals of Tourism Research, 25(4), pp. 919-935.

Rio Carnival (2009) www. rio-carnival. net (accessed 12 January 2009).

Ritchie, J. R. B. and Hudson, S. (2009) 'Understanding and meeting the challenges of consumer/tourist experience research', International Journal of Tourism Research, 11, pp. 111-126.

Ritzer, G. (1993) The McDonaldization of Society, Thousand Oaks, CA: Pine Oak Press.

Ritzer, G. (2004) The Globalization of Nothing, London: Sage.

Ritzer, G. and Liska, A. (1997) '"McDisneyization" and "post-tourism": Contemporary perspectives on contemporary tourism', in Rojek, C. and Urry, J. (eds) Touring Cultures: Transformations of Travel and Theory, London: Routledge, pp. 96-109.

Ritzer, G. and Liska, A. (2000) 'Postmodernism and tourism', in Beynon, J. and Dunkerley, D. (eds) Globalization: The Reader, London: The Athlone Press, pp. 152-155.

Robertson, R. (1992) Globalization. Social Theory and Global Culture, London: SAGE Publications.

Robertson, R. (1994) 'Globalization or glocalization?', Journal of International Communication, 1, pp. 33-52.

Robinson, M. (2013) 'Talking tourists: The intimacies of inter-cultural dialogue', in Smith, M. K. and Richards, G. (eds) Routledge Handbook of Cultural Tourism, London: Routledge, pp. 28-33.

Robinson, M. and Andersen, H. (eds) (2004) Literature and Tourism: Essays in the Reading and Writing of Tourism, London: Thomson International.

Rockwell, J. (1999) 'Serious music', in Melzer, A. M., Weinberger, J. and Zinman, M. R. (eds) Democracy and the Arts, Ithaca and London: Cornell University Press, pp. 92-102.

Rogerson C. M. (2004) 'Urban tourism and small tourism enterprise development in Johannesburg: The case of township tourism', GeoJournal, 60, pp. 249-257.

Rogerson, C. M. and Visser, G. (2007) Tourism Research and Urban Africa: the South African Experience, New Brunswick, NJ: Transaction.

Rojek, C. (1993) Ways of Escape: Modern Transformations in Leisure and Travel, London: Macmillan.

Rojek, C. (1997) 'Indexing, dragging and the social construction of tourist sights', in Rojek, C. and Urry, J. (eds) Touring Cultures: Transformations of Travel and Theory, London: Routledge, pp. 52-74.

Rojek, C. and Urry, J. (eds) (1997) Touring Cultures: Transformations of Travel and Theory, London: Routledge.

Rolfe, H. (1992) Arts Festivals in the UK, London: Policy Studies Institute.

Rosenberg, M. (2008) 'New countries of the world: The 33 new countries created since 1990', 18 February, http://geography.about.com/cs/countries/a/newcountries.htm (accessed 14 January 2015)

Ross, J. I. (2012) 'Touring imprisonment: A descriptive statistical analysis of prison museums', Tourism Management Perspectives, 4, October, pp. 113-118.

Ross, M. (2004) 'Interpreting the new museology', Museum and Society, 2 (2), July, pp. 84-103.

Rotterdam City of Architecture (2007) www.rotterdam2007.nl/english/programma/site-sandstories/index.php (accessed 4 January 2009).

Ruethers, M. (2013) 'Jewish spaces and Gypsy spaces in the cultural topographies of a New Europe: Heritage re-enactment as political folklore', European Review of History, 20 (4), pp. 671-695.

Ruhanen, L., Whitford, M. and McLennan, C. (2015) 'Indigenous tourism in Australia: Time for a reality check', Tourism Management, 48, pp. 73-83.

Rushby, K. (2008) 'The Nadaam Festival', The Guardian, Saturday 2 August, www.guardian.co.uk/travel/2008/aug/02/mongolia.festivals (accessed 21 January 2009).

Russo, A. P. and Qualieri-Dominguez, A. (2013) 'From the city to the tourist dual creative melting pot: The liquid geographies of global cultural consumerism', in Smith, M. K. and Richards, G. (eds) Routledge Handbook of Cultural Tourism, London: Routledge, pp. 324-331.

Sakata, H. and Prideaux, B. (2013) 'An alternative approach to community-based ecotourism: A bottom-up locally initiated non-monetised project in Papua New Guinea', Journal of Sustainable Tourism, 21(6), pp. 880-899.

Salamensky, S. I. (2013) 'Culture, memory, context: Reenactments of traumatic histories in Europe and Eurasia', International Journal of Politics, Culture and Society, 26, pp. 21-30.

Salazar, N. (2013) 'The (im) mobility of tourism imaginaries', in Smith, M. K. and Richards, G. (eds) Routledge Handbook of Cultural Tourism. London: Routledge, pp. 34-39.

Sampson, M. (1986) 'The origins of the Trinidad Carnival', inArts Council of Great Britain, Masquerading: The Art of the Notting Hill Carnival, London: ACGB, pp. 30-34.

Sandercock, L. (1998) Towards Cosmopolis, Chichester: John Wiley.

Sandri, O. (2013) 'City heritage tourism without heirs: A comparative study of Jewish-themed tourism in Krakow and Vilnius', European Journal of Geography, http://cybergeo. revues. org/25934 (accessed 16 December 2013).

Sardar, Z. and Wynn Davies, M. (2002) Why Do People Hate America? London: Icon Books.

Sarup, M. (1996) Identity, Culture and the Postmodern World, Edinburgh: Edinburgh University Press.

Schadler, F. (1979) 'African arts and crafts in a world of changing values', in De Kadt, E. (ed.) Tourism-Passport to Development? New York: Oxford University Press, pp. 146-156.

Scher, P. W. (2011) 'Heritage tourism in the Caribbean: The politics of culture after neoliberalism', Bulletin of Latin American Research, 30(1), pp. 7-20.

Schouten, F. F. J. (1995) 'Heritage as historical reality', in Herbert, D. (ed.) Heritage, Tourism and Society, London: Mansell Publishing, pp. 21-31.

Seaton, A. V. (2002) 'Tourism as metempsychosis and metensomatosis: The personae of eternal recurrence', in Dann, G. M. S. (ed.) The Tourist as a Metaphor of the Social World, Wallingford: CABI, pp. 135-168.

Seaton, A. V. (2013) 'Cultural tourism as metempsychosis', in Smith, M. K. and Richards, G. (eds), Routledge Handbook of Cultural Tourism, London: Routledge, pp. 19-27.

Seaton, A. V. and Lennon, J. J. (2004) 'Thanatourism in the early 21st century: Moral panics, ulterior motives and alterior desires', in Singh, T. V. (ed.) New Horizons in Tourism: Strange Experiences and Stranger Practices, Wallingford: CABI, pp. 63-82.

Selwyn, T. (ed.) (1996) The Tourist Image: Myths and Myth-making in Tourism, Chichester: John Wiley and Sons. Shafer, J. (2008) 'Down with the Newseum', www. slate. com/id/2183936 (accessed 21 September 2009).

Sharp, J., Pollock, V. and Paddison, R. (2005) 'Just art for a just city: Public art and social inclusion in urban regeneration', Urban Studies, 42(5/6), pp. 1001-1023.

Sharpley, R. (1994) Tourism, Tourists and Society, Huntingdon: ELM Publications.

Sharpley, R. (2014) 'Host perceptions of tourism: A review of the research', Tourism Management,42,pp. 37-49.

Shaw,S. (2007) 'Ethnoscapes as cultural attractions in Canadian "World Cities"', in Smith,M. K. (ed.) Tourism,Culture and Regeneration,Wallingford：CABI,pp. 49-58.

Shaw,S. (2010) 'Marketing ethnoscapes as spaces of consumption：'Banglatown-London's curry capital',Journal of Town and City Management,1(4),pp. 381-395.

Shaw,S. (2015) 'Negotiating Asian identities in London and other gateway cities', in Diekmann, A. and Smith, M. K. (eds) Ethnic and Minority Cultures as Tourist Attractions, London：Routledge,pp. 31-40.

Shaw,S. and Bagwell S. (2012) 'Ethnic minority restaurateurs and the regeneration of "Banglatown" in London's East End',in Aytar,V. and Rath,J. (eds) Selling Ethnic Neighborhoods：The Rise of Neighborhoods as Places of Leisure and Consumption, New York：Routledge, pp. 34-51.

Shaw,S. ,Bagwell,S. and Karmowska,J. (2004) 'Ethnoscapes as spectacle：Reimaging multicultural districts as new destinations for leisure and tourism consumption', Urban Studies,41 (10),pp. 1983-2000.

Shaw,S. J. and MacLeod,N. E. (2000) Creativity and Conflict：Cultural Tourism in London's City Fringe,University of North London：Centre for Leisure and Tourism Studies.

Sheller,M. and Urry,J. (eds) (2004) Tourism Mobilities：Places to Play,Places in Play, London：Routledge.

Sigala,M. (2005) 'New media and technologies：Trends and management issues for cultural tourism', in Sigala, M. and Leslie, D. (eds) International Cultural Tourism： Management, Implications and Cases,Oxford：Butterworth Heinemann,pp. 168-180.

Silberberg, T. (1995) 'Cultural tourism：A business opportunity for museums and heritagesites',Tourism Management,16,pp. 66-69.

Simpson,M. (1996) Making Representations：Museums inthe Post-Colonial Era,London：Routledge.

Sims,P. (2007) 'Blackpool launches crackdown on stag and hen parties', September, Mail Online,www. dailymail. co. uk/news/article-480361/Blackpool-launches-crackdown-stag-henparties. html (accessed 23 February 2009).

Singh, N. (2006) 'Experience-Colors of Malaysia Festival', Ezine Articles, 25 August, http://ezinearticles. com/? Experience---Colors-of-Malaysia-Festivalandid = 281332 (accessed 20 February 2009).

Sklarewitz,N. (2012) 'Rebirth of Jewish life in Berlin', JewishJournal. com, 5 June, www. jewishjournal. com/travel/article/rebirth_of_jewish_life_in_berlin_20120605 (accessed 16 December 2013).

Slater,J. (2004) 'Brand Louisiana：Capitalizing on music and cuisine', in Morgan, N. , Pritchard, A. and Pride, R. (eds) Destination Branding： Creating the Unique Destination Proposition,Oxford：Butterworth Heinemann,pp. 226-241.

Smith, K. A. (2000) 'The road to World Heritage Site designation: Derwent Valley Mills, a work in progress', in Robinson, M., Evans, N., Long, P., Sharpley, R. and Swarbrooke, J. (eds) Tourism and Heritage Relationships: Global, National and Local Perspectives, Sunderland: Business Education Publishers, pp. 397-416.

Smith, M. K. (2000) 'Greenwich 2000: Managing sustainable tourism in the shadow of the Dome', in Robinson, M., Swarbrooke, J., Evans, N., Long, P. and Sharpley, R. (eds) Environmental Management and Pathways to Sustainable Tourism, Sunderland: Business Education Publishers Ltd., pp. 285-301.

Smith, M. K. (2003) Issues in Cultural Tourism Studies, London: Routledge.

Smith, M. K. (2005a) 'Glocalisation', in Ritzer, G. (ed.) Encyclopaedia of Sociology, Blackwell: Oxford.

Smith, M. K. (2005b) 'New leisure tourism: Fantasy futures', in Buhalis, D. and Costa, C. (eds) New Tourism Consumers, Products and Industry: Present and Future Issues, Oxford: ButterworthHeinemann, pp. 220-227.

Smith, M. K. (2009) Issues in Cultural Tourism Studies, second edition, London: Routledge.

Smith, M. K. (2009) Re-articulating Culture in the Context of Urban Regeneration: A Thirdspace Approach, Unpublished PhD Thesis, Greenwich, London.

Smith, M. K. (2015) 'Tourism and cultural change', in Hall, C. M., Gossling, S. and Scott, D. (eds) The Routledge Handbook of Tourism and Sustainability, London: Routledge, pp. 175-184.

Smith, M. K. and Carnegie, E. (2006) 'Bollywood dreams? The rise of the Asian Mela as a global cultural phenomenon', Public History Review Journal, 12, pp. 1-10.

Smith, M. K. and Kelly, C. (2006) 'Journeys of the self: The rise of holistic tourism', Journal of Tourism Recreation Research, 31 (1), pp. 15-24.

Smith, M. K. and Richards, G. (eds) (2013) Routledge Handbook of Cultural Tourism, London: Routledge.

Smith, M. K. and Robinson, M. (eds) (2006) Cultural Tourismin a Changing World: Politics, Participation and (Re)presentation, Clevedon: Channel View Publications.

Smith, M. K. and Zátori, A. (2015) 'Jewish culture and tourism in Budapest', in Diekmann, A. and Smith, M. K. (eds) Ethnic and Minority Cultures as Tourist Attractions, Clevedon: Channel View, pp. 188-201.

Smith, M. K., Macleod, N. E. and Hart Robertson, M. (2010) Key Concepts in Tourist Studies, London: Sage.

Smith, M. K., Puczkó, T. and Rátz, T. (2007) 'Old city, new image: Perception, positioning and promotion of Budapest', Journal of Travel and Tourism Marketing, 22 (3-4), October, pp. 21-34.

Smith, V. L. (1997) 'The four Hs of tribal tourism: Acoma-a Pueblo case study', in Cooper, C. and Wanhill, S. (eds) Tourism Development: Environmental and Community Issues, London:

John Wiley and Sons, pp. 141-151.

Smith, V. L. (ed.) (1989) Hosts and Guests: An Anthropology of Tourism, Philadelphia: University of Pennsylvania Press.

Smithsonian Institution (2015) National Museum of the American Indian, www. nmai. si. edu (accessed 13 January 2015).

Sodaro, A. (2013) 'Memory, history, and nostalgia in Berlin's Jewish Museum', International Journal of Politics, Culture and Society, 26, pp. 77-91.

Soja, E. W. (2000) Postmetropolis: Critical Studies of Cities and Regions, Malden: Blackwell.

Sorenson, C. (1989) 'Theme parks and time machines', Vergo, P. (ed.) The New Museology, London: Reaktion Books, pp. 60-73.

Spirou, C. (2007) 'Cultural policy and urban restructuring in Chicago', in Smith, M. K. (ed.) Tourism, Culture and Regeneration, Wallingford: CABI, pp. 123-131.

Stahl, L. (2005) 'Viva Cirque du Soleil', www. cbsnews. com/stories/2005/02/18/ 60minutes/main675104. shtml (accessed 21 January 2009).

Steele-Prohaska, S. (1996) 'The greatest story never told: Native American initiatives into cultural heritage tourism', in Robinson, M. and Phipps, A. (eds) Tourism and Cultural Change, Sunderland: Business Education Publishers, pp. 171-182.

Steinbrink, M. (2012) 'We did the slum!' Urban poverty in historical perspective', Tourism Geographies, 14(2), pp. 213-234.

Steinbrink, M. (2013) 'Festifavelisation: Mega-events, slums and strategic city-staging-the example of Rio de Janeiro', Die Erde, 144(2), pp. 129-145.

Steiner, C. (2010) 'From heritage to hyper-reality? Tourism destination development in the Middle East between Petra and the Palm', Journal of Tourism and Cultural Change, 8(4), pp. 240-253.

Stephenson, M. L. (2014) 'Deciphering "Islamic hospitality": Developments, challenges and opportunities', Tourism Management, 40, pp. 155-164.

Stone, P. and Sharpley, R. (2008) 'Consuming dark tourism: A thanatological perspective', Annals of Tourism Research, 35(2), pp. 574-595.

Stone, P. R (2005) www. dark-tourism. org. uk (accessed 26 January 2009).

Stuart, R. (2002) 'Ayahuasca tourism: A cautionary tale', Maps, 12 (2), summer, www. maps. org/news-letters/v12n2/12236stu. html (accessed 12 June 2015).

Stylianou-Lambert, T. (2011) 'Gazing from home: Cultural tourism and art museums', Annals of Tourism Research, 38, pp. 403-421.

Sullivan, O. and Katz-Gerro, T. (2007) 'The omnivore thesis revisited: Voracious cultural consumers', European Sociological Review, 23(2), pp. 123-137.

Swarbrooke, J. (2000) 'Museums: Theme parks of the third millennium?' in Robinson, M. , Evans, N. , Long, P. , Sharpley, R. and Swarbrooke, J. (eds) Tourism and Heritage Relationships:

Global, National and Local Perspectives, Sunderland: Business Education Publishers, pp. 417-431.

Tahana, N. and Oppermann, M. (1998) 'Maori cultural performances and tourism', Tourism Recreation Research, 23(1), pp. 23-30.

Tan, S., Kung, S. and Luh, D. (2013) 'A model of "creative experience" in creative tourism', Annals of Tourism Research, 41, pp. 153-174.

Tan, S., Kung, S. and Luh, D. (2014) 'A taxonomy of creative tourists in creative tourism', Tourism Management, 42, pp. 248-259.

The Economist (2014) The More the Merrier, www. economist. com/news/americas/21594328-debates-over-immigration-are-often-toxic-not-canada-more-merrier (accessed 21 January 2014).

The Free Library (2005) 'How homophobic is the Caribbean? Find out where you can be gay and "feel irie" on your next island hop', www. thefreelibrary. com/How+homophobic+is+the+Caribbean%3F+Find+out+where+you+can+be+gay+and . . . -a0133014823 (accessed 26 January 2009).

The Guardian Online (2008) www. guardian. co. uk/media/organgrinder/2008/apr/02/withasenseoftiming (accessed 21 January 2009).

The Official Tourism Site of the City of New Orleans (2009) www. neworleansonline. com (accessed 15 February 2009).

The Parekh Report (2000) The Future of Multi-Ethnic Britain, London: Profile Books.

Thimm, T. (2014) 'The flamenco factor in destination marketing: Interdependencies of creative industries and tourism-the case of Seville', Journal of Travel and Tourism Marketing, 31 (5), pp. 576-588.

Tighe, A. J. (1986) 'The arts/tourism partnership', Journal of Travel Research, 24(3), pp. 2-9.

Tilden, F. (1977) Interpreting Our Heritage, Chapel Hill: University of North Carolina Press.

Timetric (2014) 'Halal tourism: An untapped market?', Monday 15 September, https://timetric. com/info/media-center/expert-insight/2014/09/15/halal-tourism-untapped-market/ (accessed 12 June 2015).

Timothy, D. J. (1997) 'Tourism and the personal heritage experience', Annals of Tourism Research, 26(3), pp. 751-754.

Timothy, D. J. (2011) Cultural Heritage and Tourism: An Introduction, Bristol: Channel View.

Timothy, D. J. and Boyd, S. W. (2006) 'World Heritage Sites in the Americas', in Leask, A. and Fyall, A. (eds) Managing World Heritage Sites, Oxford: Butterworth-Heinemann, pp. 239-249.

Toivonen (2005) 'Omnivorousness in cultural tourism: An international comparison', www. tramresearch. com/atlas/timotoivonen. PDF (accessed 3 March 2015).

Tourism NT (2007) 'Special Aboriginal Art Tours set NT apart', Media Release, http://news. aboriginalartdirectory. com/2007/05/special-aboriginal-art-tours-set-nt-apart. php(accessed 12 June 2015).

Towner, J. (1985) 'The grand tour: A key phase in the history of tourism', Annals of Tourism Research, 12, pp. 297-333.

Tram (2009) ATLAS Cultural Tourism Surveys, www. tram-research. com/atlas/surveytools. htm (accessed 15 December 2014).

Trask, M. (1998) 'Culture vultures', in Indigenous Peoples, Human Rights and Tourism, Tourism Concern, In Focus, 29 (autumn), pp. 14-17.

Travelpod (2007) 'Genocide tourism-the memorials', Travelpod, 28 May, www. travelpod. com/travel-blog-entries/djchurch/rtw-2006andon/1180344240/tpod. html (accessed 2 February 2009).

Tremlett, G. (2005) 'Barcelona plans crackdown on tourist louts', The Guardian Online, 20 October, www. guardian. co. uk/world/2005/oct/20/spain. travelnews (accessed 21 February 2009).

Trendhunter (2008) Dubai Builds Fashion Island, www. trendhunter. com/trends/isla-moda (accessed 15 January 2009).

Tresidder, R. (1999) 'Tourism and sacred landscapes', in Crouch, D. (ed.) Leisure/Tourism Geographies: Practices and Geographical Knowledge, London: Routledge, pp. 137-148.

Trevor-Roper, H. (1965) The Rise of Christian Europe, London: Thames and Hudson.

TripAdvisor (2015) Museum of Innocence, www. tripadvisor. co. hu/Attraction _ Review-g293974-d3202914-Reviews-Museum_of_Innocence-Istanbul. html (accessed 13 January 2015).

Tunbridge, J. E. and Ashworth, G. J. (1996) Dissonant Heritage: The Management of the Past as a Resource in Conflict, London: John Wiley and Sons.

Turner, G. (1992) 'Tourism and the arts: Let's work together', Insights, 3 (3), pp. A109-116.

Turner, L. and Ash, J. (1975) The Golden Hordes: International Tourism and the Pleasure Periphery, London: Constable.

Tyrell, B. and Mai, R. (2001) Leisure 2010-Experience Tomorrow, Henley: Jones Lang La Salle.

UNESCO (1982) Culture Industries: A Challenge for the Future of Culture, Paris: UNESCO.

UNESCO (2001) Baltic Cultural Tourism Policy Paper 2001-2003, http://portal. unesco. org/culture/en/files/23640/11033006043bct_short1. pdf/bct_short1. pdf (accessed 7 February 2009).

UNESCO (2003) 'Bamiyan Valley, Afghanistan', http://whc. unesco. org/en/list/208 (accessed 11 February 2009).

UNESCO (2006) Discussion Report of the Planning Meeting for 2008 International Conference on Creative Tourism, Santa Fe, New Mexico, 25-27 October.

UNESCO (2015) 'World Heritage List Nominations', http://whc. unesco. org/en/

nominations (accessed 5 February 2015).

UNESCO (2015a) Intangible Cultural Heritage, www. unesco. org/culture/ich/index. php? lg = ENandpg = home (accessed 13 January 2015).

UNESCO (2015b) Creative Cities Network, www. unesco. org/new/en/culture/themes/ creativity/creative-cities-network/who-are-the-members/ (accessed 5 February 2015).

Urry, J. (1990) The Tourist Gaze: Leisure and Travel in Contemporary Societies, London: Sage.

Urry, J. (2002) The Tourist Gaze, second edition London: Sage.

Uzzell, D. L. (ed.) (1989) Heritage Interpretation: Vol 1: The Natural and Built Environment, London: Belhaven Press.

Van der Ark, L. A. and Richards, G. (2006) 'Attractiveness of the cultural activities in European cities: A latent class approach', Tourism Management, 27 pp. 1408-1413.

Van der Borg, J. and Costa, P. (1996) 'Cultural tourism in Italy', in Richards, G. (ed.) Cultural Tourism in Europe, Wallingford: CABI, pp. 215-231.

Van der Duim, R., Peters, K. and Akama, J. (2006) 'Cultural tourism in African communities: A comparison between cultural manyattas in Kenya and the cultural tourism project in Tanzania', in Smith, M. K. and Robinson, M. (eds) Cultural Tourism in a Changing World: Politics, Participation and (Re)presentation, Clevedon: Channel View, pp. 104-123.

Varlow, S. (1995) 'Tourism and the arts: The relationship matures', Insights, 6 (4), pp. A93-98.

Velmet, A. (2011) 'Occupied identities: National narratives in Baltic museums of occupations', Journal of Baltic Studies, 42 (2), June, pp. 189-211.

Venske, E. (2015) 'Pink tourism in Cape Town: The development of the post-apartheid gay quarter', in Diekmann, A. and Smith, M. K. (eds) Ethnic and Minority Cultures as Tourist Attractions, London: Routledge, pp. 202-214.

Visser, G. (2002) 'Gay tourism in South Africa: Issues from the Cape Town experience', Urban Forum, 13 (1), January-March, pp. 85-94.

Visser, G. (2003a) 'Gay men, leisure space and South African cities: The case of Cape Town', Geoforum, 34 (1), February, pp. 123-137.

Visser, G. (2003b) 'Gay men, tourism and urban space: Reflections on Africa's "gay capital"', Tourism Geographies: An International Journal of Tourism Space, Place and Environment, 5 (2), pp. 168-189.

Visser, G. (2007) 'Gay tourism in South Africa: The Cape Town experience', in Rogerson, C. M. and Visser, G. (eds) Urban Tourism in the Developing World: The South African Experience, London: Transaction Press, pp. 101-126.

Vujadinovic', D. (2008) 'Democratic deficits in the Western Balkans and perspectives on European integration', IMAD JIIDT, 8, pp. 339-922.

Waitt, G. and Markwell, K. (eds) (2006) Gay Tourism: Culture and Context, Binghampton,

NY：Haworth Hospitality.

Wallerstein, I. (1997) 'Uncertainty and creativity', Forum 2000: Concerns and Hopes on the Threshold of the New Millennium, Prague, 3-6 September.

Walsh, K. (1992) The Representation of the Past: Museums and Heritage in the Post-modern World, London: Routledge.

Walton, J. K. (ed.) (2005) Histories of Tourism, Clevedon: Channel View.

Wang, N. (2000) Tourism and Modernity: A Sociological Analysis, Oxford: Pergamon Press.

Warren, S. (1999) 'Cultural contestation at Disneyland Paris', in Crouch, D. (ed.) Leisure/Tourism Geographies: Practices and Geographical Knowledge, London: Routledge, pp. 109-136.

Weil, A. (2013) Spontaneous Happiness: Step-by-Step to Peak Emotional Wellbeing, London: Hodder and Stoughton Ltd.

Weinberger, J. and Zinman, M. R. (eds) (1999) Democracy and the Arts, Ithaca and London: Cornell University Press.

Welch, M. (2013) 'Penal tourism and a tale of four cities: Reflecting on the museum effect in London, Sydney, Melbourne, and Buenos Aires', Criminology and Criminal Justice, 13 (5), pp. 479-505.

Wels, H. (2004) 'About romance and reality: Popular European imagery in postcolonial tourism in southern Africa', in Hall, C. M. and Tucker, H. (eds) Tourism and Postcolonialism, London: Routledge, pp. 76-94.

West, B. (1988) 'The making of the English working past: A critical view of the Ironbridge Gorge Museum', in Lumley, R. (ed.) The Museum Time Machine, London: Routledge, pp. 36-62.

Whittaker, E. (2000) 'A century of indigenous images: The world according to the tourist postcard', in Robinson, M., Long, P., Evans, N., Sharpley, R. and Swarbrooke, J. (eds) Expressions of Culture, Identity and Meaning in Tourism, Sunderland: Business Education Publishers, pp. 423-437.

Williams, R. (1958) 'Culture is ordinary', in Gale, R. (ed.) (1989) Resources of Hope-Raymond Williams, London: Verso.

Wolfram, G. and Burnill, C. (2013) 'The tactical tourist-growing self-awareness and challenging the strategists: Visitor-groups in Berlin', in Smith, M. K. and Richards, G. (eds) The Routledge Handbook of Cultural Tourism, London: Routledge, pp. 361-368.

Wong, C. U. I. (2013) 'The sanitization of colonial history: Authenticity, heritage interpretation and the case of Macau's tour guides', Journal of Sustainable Tourism, 21 (6), pp. 915-931.

Wongkerd, N. (2003) Tourists' Perceptions of the Full Moon Party on Pha-Ngan Island, Thailand, Unpublished Master's Thesis, Texas Tech University.

World Business Council on Sustainable Development (2006) www.wbcsd.org/newsroom/

faq. aspx（accessed 12 June 2015）.

World Commission on Environment and Development（1987）Our Common Future, Oxford: Oxford University Press.

World Heritage Committee（1994）Convention Concerning the Protection of the World Cultural and Natural Heritage, Paris: UNESCO.

World Heritage Site（2015）www. worldheritagesite. org/sites/wieliczka. html（accessed 13 January 2015）.

World Tourism Organisation（2004）Sustainable Development of Tourism, http:// sdt. unwto. org/content/about-us-5（accessed 12 June 2015）.

Wright, S.（2002）'Sun, sea, sand and self-expression: Mass tourism as an individual experience', in Berghoff, H., Korte, B., Schneider, R. and Harvie, C.（eds）The Making of Modern Tourism, London: Palgrave, pp. 181-202.

WTTC（2004）World Travel and Tourism Council Forecasts that Montenegro Will Become the Fastest Growing Travel and Tourism Economy in the World, 15 March. London: WTTC.

Wynne, D.（ed.）（1992）The Culture Industry: The Arts in Urban Regeneration, Aldershot: Avebury.

Xie, P. F.（2004）'Visitors' perceptions of authenticity at a rural heritage festival: A case study', Event Management, 8, pp. 151-160.

Xu, H., Cui, Q., Ballantyne, R. and Packer, J.（2013）'Effective environmental interpretation at Chinese natural attractions: The need for an aesthetic approach', Journal of Sustainable Tourism, 21（1）, pp. 117-133.

Yeoh, B.（2005）'The global cultural city? Spatial imagineering and politics in the（multi）cultural marketplaces of South-east Asia', Urban Studies, 42（5/6）, pp. 945-958.

Yogi Bhajan（2000）'The self-sensory system of the Aquarian Age', quoted in Datta, S.（2003）Open your Heart with Kundalini Yoga, London: Thorsons, p. 24.

Young, C. and Light, D.（2006）'"Communist heritage tourism": Between economic development and European integration', in Hassenpflug, D., Kolbmüller, B. and Schröder-Esch, S.（eds）Heritage and Media in Europe-Contributing Towards Integration and Regional Development, Weimar: Bauhaus Universität, Weimar, pp. 249-263.

Zeppel, H.（2006）Indigenous Ecotourism: Sustainable Development and Management, Wallingford: CABI.

Zeppel, H. and Hall, C. M.（1992）'Arts and heritage tourism', in Weiler, B. and Hall, C. M.（eds）Special Interest Tourism, London: Belhaven Press, pp. 47-65.

Zukin, S.（1995）The Cultures of Cities, Oxford: Blackwell.

译者后记

文化旅游是近几年才出现并流行的一个名词，也是当前旅游的一种新风尚，它是指通过旅游实现感知、了解、体察人类文化的行为。在文化旅游中，旅游景点只是载体，文化体验的获得才是真正的目的。旅游者可以通过鉴赏异国及异族的传统文化、追寻文化名人踪迹或者参加当地举办的各种文化活动以实现进行文化享受、得到教育启示、激发审美及深入了解当地民族和宗教文化的目的。文化旅游具有民族性、艺术性、多样性、神秘性及互动性等特征。

自 20 世纪下半叶以来，受到经济全球化和生活现代化的影响，人类各个民族和国家在人类历史长河中所创造和积淀下来的丰富的文化遗产正在受到来自很多方面的重创，保护和拯救它们已经成为世界上各个国家、政府和人民必须面对的一项重要课题。1972 年，联合国教育科学及文化组织的第 17 届大会通过了《保护世界文化与自然遗产公约》，并于 1997 年通过了建立"人类口头与非物质遗产代表作"的决议，这两大具有法律意义的文件标志着人们已经开始意识到保护几千年来人类创造的文明成果，以及自然界在数亿年间形成的奇妙景观的重要性，并为真正做到人与自然和平共处、文化与自然环境和谐统一而努力。

《文化旅游》（第一版）由 Melanie K. Smith 女士于 2003 年出版，本书是作者继 2009 年《文化旅游》第二版后对《文化旅游》的又一次全方位构架。本书以案例分析佐证理论，将作者的观点徐徐展开，为读者提供了大量详实的素材，读者可以通过案例介绍和分析增强对各种类型的文化旅游及其特点的理解，并增强自己的批判性思维。本书探讨了在城市和乡村环境中的遗产旅游、艺术旅游、节日旅游、土著文化旅游、民族文化旅游和体验式文化旅游，尤其关注了创意旅游这一新兴旅游形式。通过阅读本书，我们能够更好地了解当下文化旅游的内涵、特点，把握文化旅游在这个瞬息万变的世界中的发展趋势，并明确我们应该采取的措施。

全书共有 11 个章节。在第 1 章和第 2 章中，作者对文化旅游研究进行了框架性的描述，并介绍了文化旅游的需求和动机；在第 3 章和第 4 章中，作者从地理学和政治学的角度阐释了文化旅游的概念和特点；在第 5 至第 10 章中，作者依次介绍了文化遗产及博物馆旅游、土著文化旅游、民族和少数民族文化旅游、节日庆祝等形式的文化旅游、创意旅游，以及体验式文化旅游；在第 11 章中，作者以思辨的观点看待可持续发展的文化旅游。

全书内容充实，案例具有广泛性和时效性，各章节之间的逻辑联系很紧密，给读者一种看万花筒般的阅读体验。同时，这也是一本文化旅游的百科全书。

参加本书翻译工作的还有曾尼、李红、张琳娜、刘新颜、苗欣、张蕊、单小桐、远航、王宁、姜吉星、林倩倩、李彩萍等。曾尼是成都大学外语学院教师，李红是辽东学院经济学院教师，张琳娜是大连科技学院教师，刘新颜和苗欣是大连交通大学教师，张蕊是大连外国语大学硕士研究生，其他几位是大连海事大学外国语学院硕士研究生，她们都有扎实的翻译学功底，在学术研究方面具有相当大的成就和潜力。在翻译过程中，大家采取分组方式，对每一篇论文的译稿进行了认真讨论和多轮互校，并在不断理解的基础上建立和推翻一些概念，以期达到更加准确的翻译。全书由徐瑾和曾尼老师负责总校对。辽东学院经济学院的李红老师对翻译过程中遇到的专业难点问题进行了认真释疑。

在此，我们要特别感谢东北财经大学出版社的李季女士，她工作细致认真，对我们的翻译工作给予了很多无私的帮助和支持。我们还要感谢东北财经大学出版社的各位编辑，他们对我们的翻译工作充分信任并且极具耐心，使我们能够有充足的时间对译稿进行反复斟酌。

受时间和译者知识范围的限制，本书难免存在误译之处，欢迎各位同仁与我们共同切磋，指出书中的错误和疏漏之处。

徐瑾

2020 年 11 月 15 日

大连海事大学